前　　言

这是一个谁穷谁就没有面子的时代。富人的阔气和穷人的窘迫，在这个世界里被体现得淋漓尽致。对于大多数没有钱，或没有足够钱的人来说，穷是一种切肤的感受。他们即使不会遭受歧视，但面对两极分化的现实，也会不由自主地感到不寒而栗。于是，他们昼夜冥思苦想：我怎么才能跻身富人的行列呢？

从穷到富的转变是大多数人所憧憬的，但是如果没有掌握致富的理念和手段，富有便成了聊以自慰的幻想。穷人不能只慨叹命运不济，只有站在富人堆里汲取他们致富的思想、比肩他们成功的状态，才能真正实现致富的目标。

为此，我们必须从求财、理财和用财三个方面着手，学习致富的经验，掌握理财的技巧，做到科学、合理地消费。

首先要下决心致富，这是致富的第一步，也是最重要的一步。不管你的现状如何，赚到第一桶金的第一步就是下定决心，接着付诸行动。穷人要翻身致富，就在这一念之间。进取，永远是致富的动力。那些抱着侥幸心理，或试图一夜暴富的人是不可能真正成为富人的。在这个前提下，你才能有效地找到赚钱的方式。

理财也可以致富。俗话说：要避税，买国债；要赚钱，买股票；把钱存银行，不如买邮票。假如你手头上有 10 万元，存在银行里叫“钱”，购买了商品叫“货币”，投资出去是资本，放在家里则成了一堆废纸。如何处理这笔钱财，让它有效地增值，这就涉及到理财的问题。理财也是实现财富梦想、保障生活需要的一个有效途径。

同时，理财不仅是投资的问题，也包含合理消费的内容。换句话说，理财既要“开源”，也要“节流”。也许你会说：“赚钱不容易，花钱难道也不容易吗?”的确，花钱人人都会，但要花得科学、合理，则并不是人人都能做到的。同样的钱，有人花得开心，不仅达到了消费目的，也节省了许多钱；但也有人花了冤枉钱，落得“花钱买气受”的下场。这就是会花钱与不会花钱的区别。

由此可见，求财是从穷到富的开始，理财是财富增值的途径；用财则是合理消费的根本。只有把这三个方面完美地结合起来，你才会逐渐成为一个富人，至少是一个吃喝不愁、终身有保障的人。

本书总结了许多成功人士的致富经验和理财技巧，用简洁明了的语言阐述了赚钱、理财和消费方面的知识，既有理论指导，也有实际操作，具有通俗易懂、一目了然的特点，是一部迎合大众需要的求富必备手册。你在闲暇之余一睹为快，定能从中找到致富的灵感。

编　者

2008 年 10 月 30 日

学会求财——做金钱的拥有者

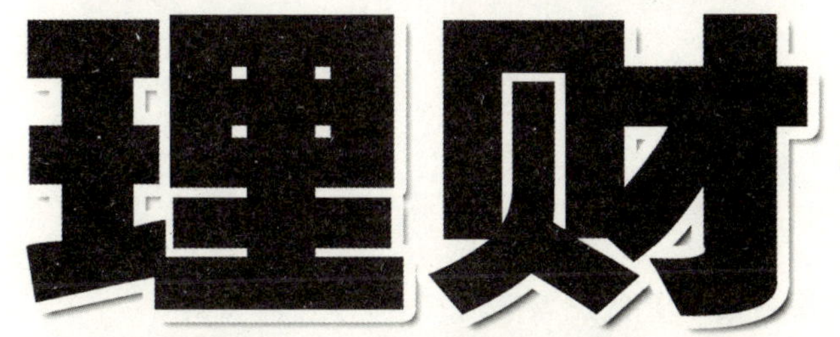

学会理财——做金钱的播种机

用财

学会用财——做金钱的会计师

闻君 金波◎编著

时事出版社

图书在版编目（CIP）数据

求财·理财·用财/闻君，金波编著．—北京：时事出版社，2009.1

ISBN 978－7－80232－200－4

Ⅰ.求… Ⅱ.①闻… ②金… Ⅲ.私人投资—基本知识 Ⅳ.F830.59

中国版本图书馆 CIP 数据核字（2008）第 195614 号

出版发行：时事出版社

地　　址：北京市海淀区万寿寺甲 2 号

邮　　编：100081

发行热线：（010）88547590　　88547591

读者服务部：（010）88547595

传　　真：（010）68418647

电子邮箱：shishichubanshe@sina.com

网　　址：www.shishishe.com

印　　刷：北京市兴城福利印刷厂

开本：787×1092　1/16　　印张：20　　字数：290 千字

2009 年 1 月第 1 版　　2009 年 1 月第 1 次印刷

定价：35.00 元

目录

求财 做金钱的拥有者

第一章 磨炼致富的品质

想致富，就要成为能够致富的人，提高赚钱的品质。

第二章　拥有赚钱的手段

想发财却没能发财，这是因为你还缺乏赚钱的手段。

第三章　求财的误区

违反经营的规律，缺少赚钱的心态，就会妨碍财富的到来。

理财　做金钱的播种机

第一章　你不理财，财不理你

会赚钱并不稀罕，会理财才是硬道理。

第二章　投资理财受益一生

钱是种子，把它埋在生钱的土壤里，就会发芽、开花和结果。

第三章 理财的误区

陷入理财的误区，会让你的财富贬值或白白流失。

用财 做金钱的会计师

第一章 做一个聪明的消费者

花钱需要技巧，也要防止陷阱。如何做到理性消费，全靠你自己。

第二章　用财之道在于“省”

用最少的钱，获得最多的享受，这是花钱的最佳状态。

第三章　用财的误区

用钱不当或花费过度，不仅花了冤枉钱，到头来两手空空。

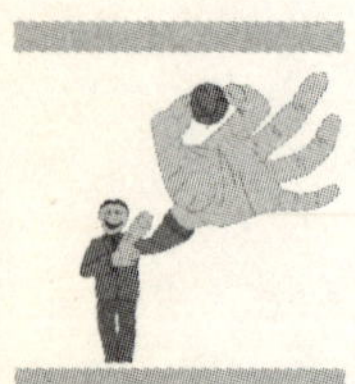

求财 做金钱的拥有者

第一章 磨炼致富的品质

想致富，就要成为能够致富的人，提高赚钱的品质。

追求金钱天经地义

金钱是生活的必需品，我们要生存、要幸福，都离不开金钱。人类社会发展的历史证明：金钱对任何社会和个人都是重要的，它使人们能够从事许多有意义的活动，并使我们在创造财富的同时也在为他人和社会作贡献。

关于金钱的作用，美国作家泰勒·希克斯在《职业外创收术》一书中认为：金钱可以使人们在以下方面活得更美好，即物质财富、娱乐、教育、旅游、医疗、退休后的经济保障、朋友、更强的信心、更充分地享受生活、更自由地表达自我、激发自己取得更大成就、提供从事公益事业的机会等。

随着现代社会的不断发展和家庭收入的增多，人们对生活水平的要求也在不断提高。如今，每个人都信奉这样一个道理：金钱不是万能的，但没有金钱却又是万万不能的。无论是谁，都需要拥有一定的财产：宽敞的居室、时髦的家具、现代化的电器、流行的服装、方便的小轿车……，而这些东西都需要用钱去获得。同时，人们的消费是永无止境的。当你拥有了自己朝思暮想的东西之后，又会渴望得到更新、更好的东西，这仍然需要用金钱去换取。

具体说来，金钱对我们生活的作用或益处，可以从以下几个方面得到体现：

1. 追求金钱就是追求成功

说到追求，每一个人的追求是不同的，但是没有一个人会拒绝追求金钱。在一个追求成功的社会里，更多的人把创造个人财富当做自己的追求目标。因为，拥有创业的成功，你的人生才是圆满的。

中国古代的理想论中，一个重要的理念是君子寓于义、小人寓于利，其实这是中国古代文人无法创造社会财富和自命清高不凡的一种遁世观念。在市场经济条件下，这种观点显然不符合正常的思维习惯。在一个家庭里，如果你不谈钱、不挣钱，那么你的家庭会幸福吗？即使你十分爱自己的家人和孩子，在只能提供粗茶淡饭、旧衣烂衫的情况下，你会心安理得吗？脱离了一定经济基础的爱，只能是一种虚伪的爱，因为时代完全不同了，不管是对家庭、对社会，创造财富都是每一个人应该承担的责任。

一个追求成功的人决不会甘于贫穷，在他心中始终燃烧着追求财富的欲望。美国人约翰·富勒家中有7个兄弟姐妹，他从5岁开始工作，9岁时会赶骡子。他的母亲经常和儿子谈到自己的梦想："我们不应该这么穷，不要说贫穷是上帝的旨意。我们很穷，但不能怨天忧人，那是因为你爸爸从未有过改变贫穷的欲望，家中每一个人都胸无大志。"这些话深植富勒的心中，他一心想跻身于富人之列，开始努力追求财富。12年后，富勒接手一家被拍卖的公司，并且还陆续收购了7家公司。他谈及成功的秘诀时，说道："那是因为我听到了母亲的话，心中燃起致富的欲望。虽然我不能成为富人的后代，但我可以成为富人的祖先。"

犹太人哈同年轻时一无资本，二无专业技术，但他决定成为一名富人。为了实现自己的抱负，他从一个立足点开始。因自己身材魁梧，他在一家银行里找到了一份看门的工作，这是别人不愿干的。而哈同却不那么想，他认为看门赚来的钱是一种报酬，没有丢脸和失身份的感觉。另外，他更有深层次的考虑，“千里之行，始于足下”，在这份工作上找到立足点，今后通过自己的努力奋斗、积蓄力量，最后终归能找到能赚更多钱的路子。

哈同在当看门工时，非常认真、忠于职守。晚间，他利用一切可用时间阅读各种经济和财力的书籍，知识增长很快。老板觉得此人工作出色、脑子精灵，便把他调到业务部门当办事员。哈同一如既往，工作业绩不错，逐步被提升为行务员、大班等。这时，他的收入大大增加，但早怀壮志的他并没有因此而知足。这正如曹操所说的：“人若不知足，既得陇，复望蜀。”1901 年，他认为自己的创业时机到了，便离开了打工岗位，自己开始独立经营商行。

哈同自办的商行取名为“哈同洋行”，为了赚取更多的钱，以经营洋货买卖为主。他看到洋货在市场上相对比的竞争品不那么多，消费者难以“货比三家”。因此，他的经营获得了高额的利润。几年间，他赚了许多钱。

随着资本的增加，哈同没有放缓追求，开始买卖土地和放高利贷。他买入的土地往往从一些急于等钱的人处获得，所以他把价钱压得很低，卖主不得不就范。接着，他将低价买入的土地租给别人造屋，到一定年限后收回，这样连房产也归他所有了。另外，他自己也投资建造楼房供出租，从中获取惊人的利润。到了 50 岁后，哈同便成了一个亿万富翁。正是对于财富的孜孜追求，使他不断获得成功。

2. 金钱可以给人类带来幸福

金钱的使用关键在于用之有道。金钱除了满足基本生活消费外，还可用于慈善事业。许多成功人士通过创业成为杰出的企业家、实业家和大富豪。他们在积累了相当多的财富时，爱心的力量又促使他们成为慈善家。

他们把自己双手创造的财富无私地奉献给那些需要帮助的人，表现出人性中最美的一面。松下幸之助成功后，乐善好施、积极参加社会公益事业，用他自己的话说，“我的财富与荣誉是社会给我的，我一定要回报社会，以实现我感恩图报的理想”。

松下一生从事了大量重要的慈善活动：1991 年 3 月，捐赠 2 亿日元作为松下电气员工福利基金。1964 年 2 月，捐资在大阪站前修筑立交桥一座。1968 年 5 月，鉴于交通事故的激增，在公司创立 50 周年之际，他又捐献 50 亿元作为“防止儿童交通事故对策基金”。1968 年 5 月，为发展人口稀疏地区的产业，松下电气在人口稀少的鹿儿岛开设工厂。1970 年，在大阪举办万国博览会期间，松下电气与《每日新闻》合作，展出“时代之舱”（所谓时代之舱，是把 1970 年人类文化的 2098 件物品及记录装入特殊的金容器中埋入地下，把现代文明留给 5000 年后的人类）。1973 年 7 月，他辞去董事长改任顾问之时，捐款 50 亿日元给日本政府。1976 年，松下电气投资 70 亿日元建立为日本培养 21 世纪人才的松下政经塾。1980 年，松下电气与松下各捐 50 亿日元设立教育基金。

作为“华人首富”，李嘉诚于 1979 年回到阔别 40 年的家乡。当他看到站在道路两边欢迎他归来的衣衫褴褛的父老乡亲时，心里很不好受，心痛得不想说话。那一刻，他真想哭。

回港后，李嘉诚与家乡联系不断，表示:“月是故乡明。我爱祖国，思念故乡。能为国家、为乡里尽点心力，我引以为荣。”“本人捐赠绝不涉及名利，纯为稍尽个人绵力……”

从那时起至今，李嘉诚陆续不断地向家乡各地捐出的款项逾 12 亿港元。抛开功利而言，善行义举显示了李嘉诚崇高的做人品格。从商业角度看，李嘉诚的善举是他商业活动中的无形资产。从某种意义上说，这个无形资产要比有形资产更昂贵、更具价值。

像李嘉诚和松下幸之助这样的例子实在不胜枚举，他们的爱心力量深深地震撼着人们，我们有理由把鲜花和颂歌献给他们。

3. 金钱使人更加自信

许多例子表明：随着一个人财富的增长，他的自信心也会随之增强。中国有两句俗语，一个是“人是英雄钱是胆”，另一个是“财大气粗”，说的就是这个道理。拿破仑·希尔认为：钱，好比人的第六感官，缺少了它就不能充分调动其他五个感官。这句话形象地道出了金钱对于消除贫穷感的作用。

的确，再没有比腰包鼓鼓更能使人放心的了，所谓“手里有钱，心里不乱”就是这个道理。无论那些对富人持批评态度的人怎样辩解，金钱的确能增强凭正当手段赚钱人的自信心。想想吧，如果你钱包里有一张支票或充足的美金，你就可以周游世界，买任何想买的东西；如果没有钱，看到别人实现了自己的愿望，你是不是感到很沮丧呢？如果你非要说自己并不羡慕有钱人，恐怕就有自欺欺人的嫌疑。

激发致富的欲望

要致富，就要有一种坚持不懈的奋斗精神。这种奋斗精神的强弱完全取决于你致富欲望的大小。没有金钱并不可怕，可怕的是不敢向往富裕。梦想的破灭是人生最大的悲剧，一个人一旦没有了梦想，也就预示着他失去了生命的动力。

人人都有欲望，没有欲望就没有人生。欲望是一种生活目标，一种人生理想，它是迈向成功的动力，是生命存在的最主要激励因素。人有了欲望，就有了力量的源泉、奋斗的方向。

不过，人的欲望有大小、高低之分。古人说：“取乎上，得乎中；取乎中，得乎下。”意思就是假如你的目标定得很高，往往会得到中等的收获；而当你把目标定得很普通、很容易完成，收获往往是最低的。任何事情在操作过程中都有可能打折扣。所以，做事情必须要有很大的欲望，这是把事情做好的一个重要前提。

我们的先人经常这样激励自己："朝为田舍郎，暮登天子堂，将相本无种，男儿当自强。"意思是说一个人是否有改变自己命运的强烈欲望，决定了他最终能不能改变自己的命运。同样，一个人致富欲望的大小决定了他今后致富的能力。在中国，允许有一部分人先富起来，这部分人就是具备了致富的能力和先决条件。

1. 欲望是开启财富之门的钥匙

有资料分析显示：人的潜能开发几乎是无穷尽的。可惜的是，人的大脑潜能挖掘得非常少，还不到10%，而其中绝大部分的潜能则被埋没和浪费掉了。人的巨大潜能是非常宝贵的财富。有人为此断言：人类的最大悲剧不是遭受各种灾害，不是经历连年战争，甚至不是受到原子弹的危胁，而是千千万万人活在世上却从来意识不到存在于他们身上的巨大潜力。但是，怎么样才能最大限度地开发潜能呢？保持强烈的成功欲望，无疑是非常好的办法。

巴拉昂是一位法国年轻的媒体大亨，以推销装饰肖像画起家，在不到10年的时间里，迅速跻身于法国50大富翁之列，1998年因前列腺癌去世。临终前，他在遗嘱中说："我曾是一个穷人，却是以一个富人的身份走进天堂的。我不想把我成为富人的秘诀带进天堂，现在秘诀就锁在中央银行的一个保险箱内。谁若能回答穷人最缺少的是什么而猜中我的秘诀，他将能得到我的贺礼——100万法郎。"

遗嘱刊出后，很多人寄来了自己的答案。绝大部分人认为：穷人最缺少的是金钱。还有一部分人认为：穷人最缺少的是机会。也有人认为：穷人最缺少的是技能，或者是帮助和关爱等等。

在巴拉昂逝世周年纪念日当天，律师和代理人打开了那只保险箱。在48561封来信中，有一位叫蒂勒的九岁小姑娘猜对了巴拉昂的秘诀：穷人最缺少的是成为富人的野心。

巴拉昂的谜底和蒂勒的回答引起了欧美国家不小的震动。一些财富新贵就此话题接受电台的采访时，都毫不掩饰地承认：野心是永恒的特效药，是所有奇迹的萌发点。某些人之所以贫穷，大多是因为他们有一种无可救药的弱点，即缺乏野心。

如今，赚钱的欲望深深地扎根于人们的心中。赚钱的欲望是获得财富的原动力，动力越大，行动就越有力；行动越有力，实现财富梦想的几率就越大，这些都是成正比的。但是，要满足这种赚钱的欲望，往往需要打破自己现在的生活规律，打破眼前的樊笼，才能够真正实现。

2. 欲望是“一夜暴富”的首要条件

在当代中国，“一夜暴富”已经不是神话传说。现实生活中，从贫困跻身富裕的新“贵族”已越来越多。当今世界，财富正在前所未有的速度完成着扩散和聚敛。有时，财富就像一个临界状态的原子核，不露声色，而一旦爆发产生的能量足以摧毁人们已有关于财富的所有知识储备。而能够引爆这个临界状态原子核的，首先是那些有着强烈的财富欲望的人。

李嘉诚、盖茨、丁磊、陈天桥……，这些富人无疑都是有财富欲望的人。如果说现在已经获得巨大成功的他们是远在天边的星辰，那么今天拥有财富欲望的年轻人，也许就是明天的“李嘉诚”、“盖茨”。在欲望的牵引下，他们正在一步步地向前迈进。谁也不要讥笑他们是“白日做梦”，有了欲望才有动力，真正可笑的是那些连欲望也没有的人。谁也不要指望这个临界状态的原子核有朝一日会自动引爆，天上的“馅饼”不会直接落在你口中，只有伸手去抓的人才有可能得到。

财富人人追捧，但又有多少人付诸行动呢？“临渊羡鱼，不如退而结网”，这是一句中国的古话。“心动不如行动”，这是一句很时尚的话。它们在告诉我们同一个道理：每天只知道幻想天上掉馅饼的人，最终只能是一枕黄梁。每一个成功人士都是有着极强实践能力的人，他们知道自己应该做什么，也知道应该怎样去做。

不过，“一夜暴富”通常只是一种理想状态。在追求财富的道路上，肯定会有无数人“倒”下。成功者与失败者的最大区别也许并不在于资本的多少，也不在于环境的优劣，而在于他们当中谁能在身心疲惫、精疲力

尽的关键时刻再坚持多走一步。并不是每一个人都可能成功的，但成功的概率对于持之以恒的人来说却是很高的。我们在羡慕成功人士的时候，绝不应忽视他们在成功前一刹那，坚持不懈地付出的最后那一份努力。

我们永远不要抱怨自己现在还一贫如洗。那些巨富绝大多数都是白手起家，而且其中有些人甚至曾经身无分文。但是，正因为贫穷，积累金钱对他们才会有着如此不可抗拒的诱惑力，促使这些人有了勇于为财富冒险的强烈冲动。

3. 欲望是创业的推动力

创业的前提是“想创业”。因为想得到，而凭自己现在的身份、地位、财富得不到，所以才去创业。为的是靠创业改变身份、提高地位、积累财富，这构成了大多数创业者的人生三部曲，也是许多白手起家的创业者走过的共同道路。

许多创业者的欲望来源于现实生活的刺激，是在外力的作用下产生的，而不是靠正面鼓励产生的。刺激的发出者经常让他们感到屈辱、痛苦。这种刺激经常在被刺激者心中激起一种强烈的愤懑、愤恨与反抗精神，从而使他们做出一些超常规的行动，激发出超常规的能力，这大概就是孟子说的“知耻而后勇”。一些创业者在创业成功后往往会说：“我也没有想到自己竟然还有这两下子。”

一个人的梦想有多大，事业就会有多大。所谓梦想，不过是欲望的别名。创业者的欲望总是不安分的，是高于现实的，需要踮起脚才能够得着，甚至需要跳起来才能够得着。

一个真正的创业者具有强烈的创业欲望，并伴随着行动力和牺牲精神。他们想拥有财富，想出人头地，想获得社会地位，想得到别人的尊重。

有人一谈起“欲望”就觉得很庸俗，甚至一些成功者亦不愿提起这样的话题，特别是一涉及到钱，便变得很敏感、很禁忌，其实完全不必如此。禁欲的时代早已经结束，我们完全可以轰轰烈烈、堂堂正正地去追求自己的梦想和希望。

磨炼成功的素质

拥有财富的人有许多特征，其中绝大多数白手起家的都是出身贫穷的人，积累金钱是他们毕生追求的事业。他们很有冒险精神，敢于冒那些脚踏实地、像苦工似地挣钱的人所不敢涉足的风险。他们精明强干，又很有远见卓识，在他们身上有许多成功人士必备的素质。

总结富人致富的原因，许多人归因于他们生来富有、创业成功、比别人聪明、比别人幸运等等。但是，家世、创业、聪明、努力与运气并不能解释所有致富的原因。不少有钱人并非出身在有钱人家，也不是什么大生意人，更不见得很聪明，并且也不一定都受过高等教育，但他们却富了起来。他们靠的是什么呢？靠的是较强的致富能力，和他们身上独有的聚敛财富能力。

一个人想创业，并登上富有之堂，必须磨练以下品质：

1. 胆识

创业者要具备超人的胆量，也要具备超人的学习能力和应变能力。只有具备胆识，才能创大业、守大业。

古今中外的成功故事证明：凡是成功的人都是胆识超出常人的人。首先，胆是创业者必备的第一要素，没有胆、不敢承担责任的人，最好不要创业。其次，胆是创业者敢于行动、雷厉风行的基础，是抓住机会的素质要求。常言道：富贵险中求。创业的整个过程都需要创业者敢于冒风险，敢于险中求胜。第三，胆是雄心壮志的具体体现，梦想有多大，成功的欲望有多强，胆就有多大。

识则是创业者能够长远发展的知识和智慧要求。在中国文化中，“识”字有两层含义：知识和智慧。知识是生活和实践中积累起来的经验和总结，主要是指书本记载前人留下的对事物认知和识别的经验。而智慧是灵活运用知识解决问题的能力，偏重于生活实践中的再认识能力和解决实际问题的能力。从这一点来说，并不一定知识越多的人就能解决问题，而是能灵活运用知识、对知识再认识的人更能解决问题。所以，能创业成功的人并不一定是高学历的人。

胆识两个字放在一起，是因为二者缺一不可。胆在创业的前期起到巨大作用，因为没有胆就不可能谈创业，就不可能有创业的开始，它会一直贯穿于创业的每一次决策中。可识是胆的有力后盾，没有识做支撑，胆大就有可能变成赌博。所以，识也非常重要。

2. 进取心

进取心就是主动做应该做的事情，而不是等待别人吩咐。一个人的进取心是主动的体现，也是一种极为珍贵的美德，它能促使一个人做应该做的事，而不是处在被动接受任务的状态下。可见，树立进取心对人的一生非常重要。

在这个竞争的世界上，许多人能够功成名就，主要是因为他们在创业初期必须为生存而奋斗。许多做父母的因为不知道从奋斗中可以培养出进取心，所以他们会这样说："我年轻时必须辛苦工作，但我一定要我的孩子能过得舒服。"可是，生活过得"舒服"通常反而会害了孩子。

拿破仑·希尔曾担任某位大富翁的秘书。那位先生将他的两个儿子送到外地上学。希尔的工作内容之一，就是每个月各开一张一百美元的支票给他们。这是他们的"零用钱"，可供他们随意花费。后来，这两个人带着各自的文凭回家了，同时还从学校带回了文凭以外的东西——久经训练的好酒量。

原来，他们每月收到的一百美元使他们不必去为生活奋斗，也因此使他们有机会去好好训练他们的酒量。几年之后，他们的父亲破产了，那栋豪华大住宅已被公开拍卖出售。两兄弟中有一人死于精神错乱，另一人现在住精神病院中。

并不是所有的富家子弟都有如此悲惨的下场，但是事实是：懒惰会造成畏缩，畏缩会导致进取心的丧失。如果一个人缺乏这个基本的优点，终其一生都要在不稳定中生活，就如同一片枯叶随风飘荡。

3. 自信心

爱默生说过："有史以来，没有任何一项伟大的事业不是因为自信而成功的。"当自信成为我们的座右铭时，实际上已经为成功做好了准备。

自信心是一种潜伏在我们意识中的能源，一旦开发了，能产生巨大能量。自信心就像我们身上的发动机、推动机，总是给我们提供前进的动力。

缺乏自信的人，多是瞻前顾后、拿不定主意的人。他们往往以缺乏经验为理由，或以曾经失败过为借口，给自己制造前进的障碍，束缚自己的手脚，使自己寸步难行。其实，在我们的人生之路上，很多工作都是无经验的尝试。如果我们相信自己，就会发现成功并非遥不可及。当婴儿出生后，什么都不会，但他却能在短短两年时间内学会了走路、说话，甚至唱歌、跳舞。在学会之前，他们从来没有摇摆不定，想过自己是否能还是不能。他们要做的就是尝试，摔倒了，爬起来；说错了，重新试一次。如果他们像成人一样，对自己没有信心，恐怕真的会产生许多不会走路的瘸子、不会说话的哑巴。

成功的人不是从未被击倒的人，而是在被击倒后还能够高举自信之剑，继续为成功打拼的人。任何幸运都不会无缘无故地光临。决定成败的关键，在于我们的坚定信念。没有自信，人就像一块没有安装电池的手表，无法让生命的时钟运行；拥有自信，我们就会惊异地发现，我们极其渴望和努力为之奋斗的目标完全能够实现。

4. 判断力

具有判断力的人才能赚大钱。俗话说："冰山一角，银山一座。"浮出水面的是冰山的一部分，而在水面下的部分才是伟大的冰山。也就是说，发财的机会往往并不是很明显，没有一定的判断力是抓不住机会的。这个比喻对于想赚钱的人而言，具有特殊的意义。

有一位生意人到南方一座小城调查市场，发觉人们穿的鞋子仍然是20世纪90年代的样式。同当地的消费者一谈，他发现当地人对旧式东西已经习以为常，也没有觉得有什么不好，对新式东西反而没有多大兴趣。如果在这里推出新式鞋，不一定会畅销。但这个生意人并没有放弃他的努力。他回来后，果敢地制作了大量的新式皮鞋，运往这个小城销售。结果一开始卖得不好，但过一段时间后，新式皮鞋在那里大受欢迎，他也从中赚了很多钱。

一份事业，刚开始很难判断它到底能不能赚钱。人们常常只看到冰山一角，便认为自己的事业只能发展到如此大的规模。但实际上，这份事业蕴藏着一座银山。假如看不起小山，认为不适合自己，即只看到冰山一角，是永远不会发现一座大银山的。

5. 豁达开朗

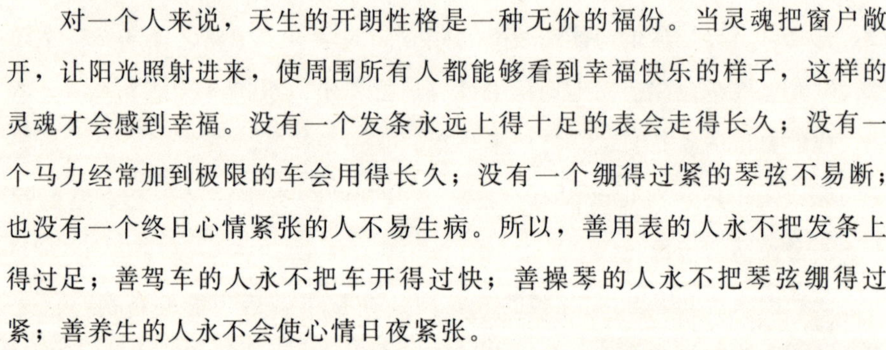

对一个人来说，天生的开朗性格是一种无价的福份。当灵魂把窗户敞开，让阳光照射进来，使周围所有人都能够看到幸福快乐的样子，这样的灵魂才会感到幸福。没有一个发条永远上得十足的表会走得长久；没有一个马力经常加到极限的车会用得长久；没有一个绷得过紧的琴弦不易断；也没有一个终日心情紧张的人不易生病。所以，善用表的人永不把发条上得过足；善驾车的人永不把车开得过快；善操琴的人永不把琴弦绷得过紧；善养生的人永不会使心情日夜紧张。

张先生是一个乐天知命的商人，不论生意成功与否，脸上常露出笑容，走起路来昂首挺胸。他“不怨天，不尤人”的性格，使朋友都很喜欢与他为伍。李先生则为人悲观，洽谈生意时没精打采，一遇困扰就愁眉苦脸。受他的影响，员工工作热情平平、上下关系紧张。由于两人处世的态度不同，做事的方针便有差异。

张先生乐观积极，员工也活跃起来，遇有新构思、新提议，也乐于同他分享，公司上下充满干劲，富有进取精神。李先生的公司恰恰相反，员工们受他的影响悲天悯人，公司上下缺乏闯劲，这家公司无疑难以发展。

会赚钱的人，肯定是像张先生那样的人。因此，我们不要悲观，不要整日忧心忡忡，而要抬头挺胸、谈笑风生，做用快乐感染周围的人。保持活力的形象无疑有助你赚钱生财。

此外，你的朋友也应该是乐天派，交朋友就应该交这样的朋友，以便从他们身上感受积极向上的人生态度，这样你也会跟着奋勇向前。

6. 充沛的精力

我们经常在电视上看到这样的镜头：一个上了年纪而精神不错的男人手臂上挽着一位妙龄女郎。这位男士往往是位成功的男人，在他身上仍有年轻人精力充沛的影子。所以，人们看到这老少一对，并不会产生不协调的感觉。

一个人只有精力充沛，才能对所从事的事业锲而不舍。健康的身体才是成功的本钱。

随着年龄的增长，不但要保养好你的身体，而且要永葆一颗年轻的心。如果你抑郁寡欢、多愁善感、毫无自信，失去了追求和目标，你的身体也会随之快速衰老。让你的生理年龄和心理年龄都大大小于你的实际年龄，你将更吸引人。因此，每天愉快地生话吧，不要太劳心。

7. 谦虚

越谦虚的人就越能赚到钱。拥有平和的态度，对于生意人来说具有特别的意义，即所谓“和气生财”。对顾客要低姿态，是生意人的根本。

美国石油大王洛克菲勒说：“当我从事的石油事业蒸蒸日上，我自始至终晚上睡觉时总会拍拍自己的额角说：‘如今你的成就还是微乎其微！以后路途仍多险阻，若稍一失足就会前功尽弃。切勿让自满的意念充斥你的脑袋，当心！当心！’”这句话的意思也是劝说人们要谦虚，尤其在稍有成就时应格外当心，切勿骄傲。

人们大都会有这么一种想法：越是谦逊的人，你越是喜欢找出他的优点来推崇；越是把自己的所作所为看成了不起、孤傲自大的人，你越会瞧不起他，反而喜欢找出他的缺点加以全力攻击。

金钱就像流水一样，由高处往低处流，愈到下游，覆盖的面积愈大，

土地也愈肥沃。赚钱的情况也是如此：采取低姿态，谦虚、满怀感谢之心的人，金钱就会向他飘流而去。愈是有涵养、德重的君子，态度愈谦虚。相反的，毫无内涵、轻薄的小人，态度愈骄傲。

想要赚钱你就要有谦虚的态度。如此，金钱必会像水一样，不间断地向你涌来。

8. 分享

有些人在还没有赚钱之时，也许有这样的想法："等赚了钱，我一定要好好回报他们。""要是赚了钱，我一定把其中一部分拿出来，分配给大家。"可是，一旦钱赚到手，想法则完全变了，稍有良心的只拿出少之又少的一部分来"犒劳"大家。这样的人太贪心，最终结局一定是众叛亲离。

拿破仑·希尔曾向一家公司董事长推荐一位颇有才干的朋友。他是个赚钱的材料，能力非常强。假若这位董事长能重用他，对公司一定会有很大帮助。果然，这位朋友备受董事长的信任，他所设计的商品推出后没多久，就受到大众的欢迎，赚了一大笔钱。可是，赚了钱的董事长却没有将红利分给这位朋友，他得到的仍是固定的月薪。这位朋友很快就被另一家同行公司"挖"走，并对董事长疏远。由此，失去了这位朋友，这位董事长也失去了很多赚钱的机会。

这位董事长是位典型的具有独占利益观念的人。也许，他也想到这样做不好，可是原始的恋财之心使他原谅了自己。虽然他既有能力又有经验，但他的独占之心限制了事业的发展，不能不说是一件令人惋惜的事。

9. 节俭

越是富有的人，越不会铺张浪费、挥金如土；而钱少的人则往往喜欢打肿脸充胖子来摆阔气。就以旅行为例，真正的大富翁每次全家出外旅行时，穿的都是轻便的牛仔装、球鞋。他们并没有感到寒酸或丢人现眼。可相反的是，每次出外旅游的观光者们经常是穿金戴银的，好像唯恐天下人不知道他们很有钱似的。

事实上，越是有钱的人往往不在乎使用廉价物品，而没有钱的人却认为使用廉价物品会降低了他们的身份。这种心态可以说是人类的一种悲哀。

10. 肯吃亏

如果你只是从事报酬份内的工作，那么你将无法赢得人们对你的有利评价。但是，当你愿意从事超过你报酬价值的工作时，你的行动将会促使与工作有关的所有人对你做出良好的评价，而且还将进一步建立起你的良好声誉。这种良好的声誉将给你带来更多的报酬。

弗莱德先生到一家进出口公司工作后，晋升速度之快让周围的人都惊诧不已。一天，弗莱德先生的一位知心好友怀着强烈的好奇心询问他个中缘由。

弗莱德先生听后无所谓地耸耸肩，含笑答道："这个嘛，很简单。当我刚开始去纽森先生的公司工作时，我就发现每天下班后，所有人都回家了，可是纽森先生依然留在办公室里工作，而且一直呆到很晚。另外，我还注意到这段时间里，纽森先生经常找一个人帮他把公文包拿来，或是替他做重要的服务。于是，下班后我也不回家，呆在办公室里继续工作。虽然没有人要求我留下来，但我认为应该这样做。如果需要，我可以为纽森先生提供任何他所需要的帮助。就这样时间久了，纽森先生就养成了呼叫我的习惯，并对我积极主动的工作留下了良好的印象。这就是我晋升的原因。"

弗莱德"任劳任怨、不计报酬"的做法既锻炼了自己的工作能力，又赢得了老板的好评和信任，最终被提升到很好的职位，这些都是"不计报酬"而得到的回报。

拿破仑·希尔有一次被一所学院邀请去讲学。他受到从未有过的热烈欢迎，并遇见了许多有识之士，从他们身上得到了许多珍贵的教益。他认为不虚此行，因此婉言拒绝了学校付给他的100美元报酬。次日早晨，学院院长对学生动情地说："在我主持这所学院的20年期间，我曾经邀请过几十位人士前来发表演说。但是，这是我第一次知道有人拒绝接受他的演讲酬金，因为他认为他已在其他方面有所收获，足以弥补他的演讲酬金。这位先生是一家全国性杂志的总编辑，因此我建议你们每个人都去订阅他的杂志。因为像他这样的人，一定拥有许多美德及能力，是你们将来离开学校踏入社会时所必须用到的。”

不久，拿破仑·希尔所主编的那家杂志社收到了这些学生6000多美元的订阅费。在以后的两年中，这所学院的学生以及他们的朋友一共订阅了5万多美元的杂志。请问，你能够在别处以其他方式投资100美元，而获得如此大的利润吗？

有一句俗语：吃小亏占大便宜。比如百货公司热情接收顾客的退货，不仅促使他们改进工作，而且会获得广大顾客的信赖，因此购物者更多，这难道不是占大便宜吗？

11. 眼界开阔

人们都喜欢夸耀自己见多识广，对于创业者来说，更要如此。广博的见识、开阔的眼界，可以很有效地拉近自己与成功的距离，使创业历程少走弯路。

一位创业专家研究了上千个创业案例，其中亲自走访的创业者不下数百人。他发现这些创业者的创业思路有几个共同点：

第一，职业。俗话说，不熟不做。由原来所从事的职业下海，对行业的运作规律、技术、管理都非常熟悉，对专业人士、市场也熟悉，这样的创业活动成功的几率很大。这是最常见的一种创业思路来源。

第二，阅读。包括书、报纸、杂志等等。很多人将读书与休闲等同，对创业者来说，阅读就是工作的一部分，一定要有这样的意识。

第三，行路。俗话说：读万卷书，行千里路。行路，到各处走走看看，是开阔眼界的好方法。在创业专家研究的案例中，有两成以上创业者最初的创业创意来自于他们在国外的旅行、参观、学习。行路意味着什么？或者换句话说，眼界意味着什么？如果你是一个创业者，开阔的眼界意味着你不但在创业伊始可以有比别人更好的起步，有时候它甚至可以挽救你和你企业的命运。眼界的作用不仅表现在创业之初，它会一直贯串于整个创业历程。一个人的心胸有多广，他的世界就有多大。我们也可以说，一个创业者的眼界有多宽，他的事业就会有多大。

第四，交友。很多创业者最初的创业主意是在朋友启发下产生的，或干脆就是由朋友直接提出的。所以，这些人在创业成功后，都会更加积极地保持与从前朋友的联系，并且广交天下友人，不断地开拓自己的社交圈子。

眼界开阔的人才能看见更多的钱，赚到更多的钱。因此，想创业的你，有空不妨到处走一走，多和朋友谈一谈天，多阅读、多观察、多思考。机遇只垂青有准备的头脑，让自己眼界大开就是最好的准备。

12．敏感

这里的敏感，不是神经过敏。创业者的敏感是对外界变化的敏感，尤其是对商业机会的快速反应。

一些人的商业敏感来自耳朵，一些人的商业敏感来自眼睛，还有一些人的商业敏感来自于自己的两条腿。

北方人说一个人不懂事，会说他没有眼力见儿，意思是看不出好歹。其实，面对每天在眼前溜来溜去的商业机会，有几个人是有眼力见儿的？有些人的商业感觉是天生的，如胡雪岩，更多人的商业感觉则依靠后天培养。如果你有心做一个商人，你就应该训练自己的商业感觉。良好的商业感觉，是创业者成功的最好保证。

遵循致富的定律

致富与你所处的环境无关，也与你的天分高低无关。富人不是因为他们拥有多么好的致富环境，也不是因为他们比别人拥有更高的才能和天赋，而是因为他们巧妙地遵循财富运作的定律做事。

你常常会发现这样的现象：有两个人处在同样的位置，有着同样的业务，而结果却截然不同。其中一个人发了财，而另一个人却依旧贫穷。这就表明：财富首先不是由外界环境决定的。一些优越的外界环境可能会更有利于人们致富。但是，当上述情况发生时，就表明致富的关键是由做事的特定路径决定的。

同时，有不少富豪几乎没有受到过完整的教育，他们并没有比他人更好的天分和能力。他们能发财不是因为拥有别人没有的才能和天赋，而是因为他们巧妙地按照财富运作的规律做事。

那么，想致富需要遵循哪些规律呢？

1. 从一件事做起

比尔·盖茨只做软件，做到了世界首富；沃伦·巴菲特专做股票，很快做到了亿万富翁；乔治·索罗斯一心搞对冲基金，结果做到金融大鳄；英国女作家罗琳，40 多岁才开始写作，而且专写哈里·波特，竟然写成了亿万富婆。

每个行业都有赚大钱的方法：在商品零售业，沃尔玛始终坚持“天天平价”的理念，想方设法靠最低价取胜，结果做成了世界最大的零售机构；在股市，沃伦·巴菲特一直坚持“如果一只股票我不想持有 10 年，那我根本就不碰它一下”的原则炒股。日本战败后，美国品质大师戴明博士应邀到日本给松下、索尼、本田等许多家企业讲课，他只讲了最简单的方法——“每天进步 1%”，结果日本这些企业家照着做了，并取得了神效，可以说日本战后经济的崛起有戴明博士的功劳。他们赚钱的方法，没有一个不是从一件事做起的。

2. 赚钱要有目标

成功的道路是由目标铺成的。有大目标的人赚大钱，有小目标的人赚小钱，没有目标的人永远为衣食发愁。

要赚钱，你必须要有赚钱的意愿。意愿就是目标，就是理想，就是梦想，就是企图，就是行动的动力。试看天下财富英雄，都是具有强烈愿望的野心家。没有财富野心，就根本产生不了财富。

人生在世,有方向才有动力、有办法、有行动。赚钱的目标要越大越好。

想成为富人，从现在开始你就要“做梦”，当一个野心家，设定赚钱的大方向：终生目标、10年目标、5年目标、3年目标，以及年度目标。然后制订具体计划，并付诸行动。

万事开头难，有目标就不难，创富是从制订目标开始的。天下没有不赚钱的行业，没有不赚钱的方法，只有不赚钱的人。

3. 赚钱要讲谋略

创业是一个斗体力的活动，更是一个斗心力的活动。创业者的智谋将在很大程度上决定其创业成败。尤其是在产品日益同质化、市场有限、竞争激烈的情况下，创业者更要有能力出奇制胜。

谋略或智慧时时贯穿于创业者的每一个行动中。谋略说白了就是一种思维的方式，一种处理问题和解决问题的方法。对于创业者来说，智慧是不分等级的，它没有好坏、高低的区别，只有好用不好用、适用不适用的问题。当年，谢圣明带着“红桃K”一帮人在农村的猪圈、厕所上大刷广告时，遭到了多少人的嘲笑。但是，如今在猪圈上刷广告的谢圣明已经成为了亿万富翁，而当年那些讪笑他的人如今依然贫穷。我们总结一下创业者所必需的智慧：不拘一格，出奇制胜。而因循守旧，很难赚得大钱。

4. 建立赚钱的信心

“金钱遍地都是，赚钱很容易。”你必须确立这样的观念。如果你觉得赚钱很难，那么赚钱真的很难。那些大富翁没有一个认为赚钱是困难的，反倒认为花钱太难。你要牢记，赚钱真的很容易，随便动动脑筋就能来钱。这可不是教你吹牛，这是赚大钱、当富翁的思想基础。例如，炒股赚钱难吗？不难，其实炒股赚钱就六个字：低点买，高点卖。你只要用好这六个字，保你日进斗金，富得流油。华尔街经营之神巴菲特，就是善用这六字真言的世界级大师。用活六字真言，你可以不用看K线图，不用盯着大盘，边玩边赚钱。

钱是价值的化身，是业绩的体现，是智慧的回报。想赚钱，首先你要对钱有兴趣。物以类聚，钱以人分。你对钱有浓厚的兴趣，感觉赚钱很有意思、很好玩，喜欢钱，钱才能喜欢你。这决不是拜金主义，而是金钱运行的内在规律。你看那些富翁都喜欢钱，都能很好地运用钱，看看比尔·盖茨、沃伦·巴菲特、乔治·索罗斯，无不喜欢财富。

如今，经济全球化势不可挡，市场经济大潮波澜壮阔，中国将飞速发展，风景这边独好。人人都遇到了千年未有的机遇，真是生逢良时，你不去赚钱还等什么呢?

5. 行动高于一切

金钱不是从天上掉下来的“馅饼”，不是大水流下来的“漂流瓶”。要赚大钱，一定要针对目标敢于行动。不行动你只能停留在梦想中，不可能赚钱；不敢行动是缺少信心和胆量的表现，也赚不了大钱。

试看天下财富英雄，哪个不是有胆有识敢行动的人？当年的比尔·盖茨放弃哈佛大学学业，白手起家创办微软，是何等的胆识和行动力？美国最年轻的亿万富翁迈克·戴尔，在大学读书时就卖自己组装的电脑，感到不过瘾便开办电脑公司。

生活中的许多人天天把财富挂在嘴上，显示他们对财富很感兴趣，却说得多，做得少。要知道，“说是做的仆人，做是说的主人”。许多经济学家谈财富头头是道，但他们谁富了？中国的股评家评起股来夸夸其谈，但他们谁炒股赚大钱了？如果他们能赚大钱，就不会当股评家了。

德国行动主义哲学家费希特说过：“行动，行动，这是我们最终目的。”要想富，快行动。不要怕，先迈出一小步，然后再迈出一大步。要知道，利润和风险是成正比的。

6. 选择最好的项目

赚钱方法多如牛毛，但要赚大钱一定要有所选择。选择得当，你才能一举成功；而不选择或选择失误，你就会迷失方向，财富就会与你擦肩而过。在市场加速多样化、越来越细分的时代，只有正确选择才能成功。沃尔玛只选择做商品零售，可口可乐只卖饮料，肯德基、麦当劳只卖汉堡，日本的松下、索尼、三洋只做电器。

从世界范围来看，根据多年对世界财富精英的分析，富豪们大多涉猎股票和地产。事实上，美国和欧洲 60%以上的人投资股票。但是，炒股也需要选择，例如：选择什么投资理念和原则，选择长线还是短线，选择什么股票，是组合投资还是专一投资。现在许多人热衷炒短线，在股市频繁进出、频繁换股，一年到头忙忙碌碌，很像操盘高手，结果不仅赚不到钱，还深套其中，既辛苦又心酸。

选择的目的就是达到专一和专注。我国许多大企业现在开始走多元化的路子，包括海尔在内。其实多元化之路危机四伏，很有可能会失败，四通、飞龙、轻骑的失败就是例证。

7. 学习赚钱的技巧

在财智时代，要赚大钱一定要学习如何赚钱。绝大多数人没有学习过，所以他们还不会赚钱。

人非生而知之，谁天生就是赚钱的料？要知道，财商和智商不同，智商多半是天生的，而财商 100%需要后天培养提高。例如，孙正义、李嘉诚、史玉柱等所有大富翁，也不是一生下来就会赚钱，但他们都有两个共同特点：一是有强烈的赚钱企图心，二是有很强的学习力。正是由于他们善于学习赚钱，所以他们超越常人，登上财富巅峰。

聪明不等于智慧，可能赚不到钱，智慧却能赚大钱。真正白手起家的富豪，学历不一定高，但一定很有智慧，是最善于学习赚钱的群体。他们都有过学习如何赚钱的不凡历程，通过学习摸到了赚钱的规律，掌握了赚钱门道，找到了赚钱的技巧，最终成为财富英豪。

真正的赚钱者都是学习者：读赚钱书报、听赚钱讲座、向财富精英学习、向身边高人请教等。比如，炒股你要学习沃伦·巴菲特，尤其学他简单的投资理念。创业你要学习孙正义，他在两年之内读了 400 本书。还有李嘉诚，他为了创业专门到别的公司打工偷艺。向成功者学习，像成功者那样创业，增长你的智慧，提高你的财商，总结赚钱的技巧。

秉持成功的心态

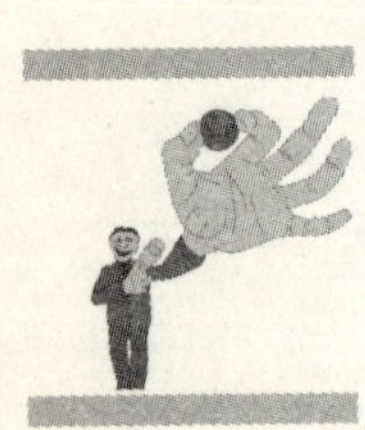

有些人比其他人更成功，赚的钱更多，还拥有不错的工作、良好的人际关系、健康的身体，整天快快乐乐地过着高品质的生活。有些人忙忙碌碌地劳作却只能维持生计。心理学专家发现，此中的奥秘就在于人的“心态”。

一位哲人说：“你的心态就是你真正的主人。”一位伟人说：“要么你去驾驭生命，要么生命驾驭你。你的心态决定谁是坐骑，谁是骑师。”

迈克念大学的时候，一连好几个学期都和福勒在一起。福勒是个好人，是在你缺钱的时候借点小钱或者帮点小忙的那种人。虽然他有这种美德，但是他对自己的生活、前途和各种机会却满是灰暗和极端的论调。

每当同学们谈到如何出人头地时，福勒就抢着说他的发财公式。他说：“迈克，目前只有三个方法可以名利双收：第一就是跟一个富婆结婚；第二个就是神不知鬼不觉地去抢劫；第三个就是想尽所有的方法拉关系，以便有机会多认识一些有头有脸的大人物。”

福勒还时常举例说明他的发财公式如何管用。他会从报纸上担保出一些社会新闻来证实自己的看法。例如，一个非常著名的劳工领袖居然把所有的基金卷走潜逃。他还会一边睁大眼睛看那“水果小贩跟富婆结婚”的花边新闻，一面故意大声念给迈克听。此外，他还知道有些家伙利用第三者的关系辗转认识一些“大人物”，因而争取到一笔大买卖，发了大财。他对靠自己努力成功的观点不屑一顾，认为那根本就是骗人的东西。

不知不觉间，迈克受到了福勒消极观念的影响，开始慢慢地对自己成功抱有怀疑态度，逐渐也变得消极起来。直到有一天，迈克在跟这位老兄长谈一番后，突然恍然大悟，发觉自己正在倾听失败的论调，而这正是引起自己消极心态的源头。

从那以后，迈克再也不相信福勒的话，也不再与他联系。一直过去了11年，迈克也一直没有再见过他。但是有一个他们都认识的朋友后来见过他，据说他在底特律做绘图员，收入很低。

迈克问这位朋友："他的作风有没有改变呢？"

"没有！还是老样子。如果一定要说他有点改变的话，那就是变得比以前更消极而已。我们都知道他确实很有头脑，如果肯积极一些的话，可以赚到五倍的收入。"

这个故事告诉我们：影响我们人生的绝不仅仅是环境，心态控制了个人的行动和思想。同时，心态也决定了自己的视野、事业和成就。

1. 积极心态助你成功

哈佛大学的一项研究显示：一个人获得成功、成就、升迁等的原因，85%取决于这个人的心态，仅有15%是由人的技术所决定的。这意味着我们花费90%的教育时间与金钱来学习15%的成功机会；而仅用10%的时间与金钱来学习85%的成功机会。因此，美国心理学之父威廉·詹姆斯说：这一时代最重大的发现，是我们可以因改变心态而改变命运。

菲尔·强森的父亲开了一家洗衣店，他把儿子叫到店里工作，希望他将来能接管这家店。这个行业虽然发不了多大的财，却也能获得可观的收入，维持生计没有问题。但菲尔却认为，洗衣行业已经到临界点，再无继续发展的可能。而不甘平庸的他，决不情愿在这种普普通通的作坊中消磨自己的一生。因此，他虽暂时在洗衣店工作，却没把心思完全放在这上面，而是一边寻找着其他机会。

有一天强森告诉父亲，他希望做个机械工人——到一家机械厂工作。父亲十分惊讶。不过，强森还是坚持自己的意见。他认为，这个行业有广阔的发展空间，可以从中大显身手。于是，他穿上油腻的粗布工作服，从事比洗衣店更为辛苦的工作。虽然工作的时间更长，但他竟然快乐地在工作中吹起口哨来。他选修工程学课程，研究引擎、装置机械，立志干一场事业。

当他1944年去世时，已是波音飞机公司的总裁，并且制造出“空中飞行堡垒”轰炸机，帮助盟军赢得了第二次世界大战。如果强森当年满足于维持生计而留在洗衣店不走，他和洗衣店——尤其是在他父亲死后——究竟会变成什么样子呢？也许你认为这是人的志趣不同罢了。但更多的因素却是心态的原因——一种积极向上、追求成功与卓越的心态。

心态决定我们今后的路、奋斗目标和是否成功。譬如读书，如果你读书的目的是为了找个好工作，其结果也就是进入一个好单位、好企业罢了；如果你读书的目的是为了赚大钱，也许你就会选择高收入的行业，或自行当老板。

2. 消极心态排斥财富

事实证明：消极的心态会排斥财富，积极的心态则能吸引财富。抱着积极的心态不断地努力，就可以取得你要寻找的财富。现在你可以从积极的心态出发，向前迈出第一步。这时，你也可能受到消极心态的影响，当你距离到达目的地只有一步之遥时，你却停下来了，那么财富也就与你擦肩而过了。

1929年下半年的某一天，奥斯卡在中南部的俄克拉荷马州首府俄克拉荷马城的火车站等候火车准备往东边去。他在气温高达43℃的西部沙漠地区已经呆了好几个月，为一家东方公司勘探石油。

奥斯卡得知，他所在的公司因无力偿付债务而破产了。现在他踏上了归途，面临失业，前景相当黯淡，消极的心态开始极大地影响他。

由于他必须在火车站等待几小时，所以他决定在那儿架起探矿仪器用以消磨时间。仪器上的读数表明车站底下蕴藏有石油。但奥斯卡不相信这一切，他在盛怒中踢毁了那些仪器。“这里不可能有那么多石油！这里不可能有那么多石油！”他十分急燥地反复叫嚷着。

奥斯卡一直寻找的机会就躺在他的脚下，但是由于消极心态的影响，他不肯面对事实，并对自己的创造力失去了信心。

自信是成功的重要原则之一。检验你的信心如何，看看在你最需要的时候是否应用了它。奥斯卡在俄克拉荷马城火车站登上火车前，把他用以勘探石油的新仪器毁弃了，他也丢掉了一个全美最富饶的石油矿藏地。不久之后，人们发现俄克拉荷马城地下埋有石油，甚至可以毫不夸张地说，这座城就浮在石油上。

3. 如何选择积极的心态

决定成功需要有十种积极的心态，它们是：决心、野心、主动、热情、爱心、学习、自信、自律、顽强和坚持。

那么，如何才能选择积极的心态呢？首先，要选择好你的目标，即弄清楚自己到底要达到什么样的结果。其次，要选择好能帮助目标达成的信念。因为信念与态度之间是一种因果关系，信念是头脑里的一种看法，态度是因这种看法而表现出来的一种情绪感觉与状态。第三，要选择好你注意的焦点。凡事都要积极思考，将注意的焦点完全集中在你要的结果上，千万别放在你不想要的地方。第四，要模仿成功者的态度，以及他们的信念、习惯和策略，这是快速取得成功的最佳方案。

修炼顽强的性格

每个人的性格都是一个构造独特的世界，蕴藏着巨大的能量。性格能够支配我们的思想和行为，即使在最沉沦堕落的时候，内心深处仍然有一丝“顽强向上”的意识。一旦有朝一日醒悟过来，便会全面、理智地分析自己，把自己重新定位。这时候，我们就是命运的主人。

有位美国记者在采访银行家摩根时问道：“决定你成功的条件是什么？”摩根毫不掩饰地说：“性格。”记者又问：“资金与性格哪一种更重要？”老摩根仍然肯定地回答：“资金重要，但性格更重要。”

翻开大银行家摩根的奋斗史，就知道他所言不虚。无论是他成功地在欧洲发行美国公债、慧眼识中无名小卒的建议大搞钢铁托拉斯计划，还是力排众议，甚至冒着生命危险推行全国铁路联合，都是由于他具有刚毅和敢于冒险的性格，否则恐怕再多的资本也无法开创投资银行这一具有开创意义的事业。可见，性格对于摩根事业上的成功有着决定性的影响。

1. 成功源于坚持不懈

“牛仔大王”李维斯的西部发迹史中曾有这样一段传奇：当年，他像许多年轻人一样，带着梦想前往西部追赶淘金热潮。一日，他发现有一条大河挡住了他西去的路。苦等数日，被阻隔的行人越来越多，但都无法过河。于是，陆续有人向上游、下游绕道而行，也有人打道回府，更多的则是怨声一片。而心情慢慢平静下来的李维斯想起了曾有人传授给他的一个“信念致胜”的法宝，是一段话：“太棒了，这样的事情竟然发生在我的身上，又给了我一个成长的机会。凡事的发生必有其因果，必有助于我。”于是他来到大河边，“非常兴奋”地不断重复着对自己说：“太棒了，大河居然挡住我的去路，又给我一次成长的机会，凡事的发生必有其因果，必有助于我。”果然，他有了一个绝妙的创业主意——摆渡。没有人会吝啬一点小钱，都坐他的渡船过河。很快，他人生的第一笔财富居然因大河挡道而获得。

一段时间后，摆渡生意开始清淡，他决定放弃并继续前往西部淘金。来到西部，四处是人，他找到一块合适的空地，买了工具便开始淘起金来。没过多久，几个恶汉围住他，叫他滚开，别侵犯他们的地盘。他刚论理几句，那伙人便失去耐心，对他一顿拳打脚踢。无奈之下，他只好灰溜溜地离开。好容易找到另一处合适的地方，没多久同样的悲剧再次重演，他又被人轰了出来。在他刚到西部那段时间，多次被欺侮。终于，最后一次被人打完之后，看着那些人扬长而去的背影，他又一次想起“信念致胜”法宝：“太棒了，这样在事情竟然发生在我的身上，又给了我一次成长的机会，凡事的发生必有其因果，必有助于我。”他真切地、兴奋地反复对自己说着。终于，他又想出了另一个绝妙的主意——卖水。

西部不缺黄金，但似乎自己无力与人争雄；西部缺水，可似乎没有人能想到它。不久，他卖水的生意便红火起来。慢慢地，也有人参与了他的新行业，再后来同行的人也越来越多。终于有一天，在他旁边卖水的一个壮汉对他发出通牒："小个子，以后你别来卖水了，从明天早上开始，这儿卖水的地盘归我了。"他以为那人是在开玩笑，第二天依然来了，没想到那家伙立即走上来，不由分说地对他一顿暴打，最后还将他的水车也一起拆烂。李维斯不得不再次无奈地接受现实。然而，当这家伙扬长而去时，他开始调整自己的心态，再次强行让自己兴奋起来，不断对自己说着："太棒了，这样的事情竟然发生在我的身上，又给我一次成长的机会，凡事的发生必有其因果，必有助于我。"

他开始调整自己注意的焦点。他发现在来西部淘金的人衣服极易磨破，同时又发现西部到处都有废弃的帐蓬。于是，他又有了一个绝妙的好主意——把那些废弃的帐蓬收集起来洗洗干净，就这样他制作出了世界上第一条牛仔裤！从此，他一发不可收拾，最终成为举世闻名的"牛仔大王"。

在追求财富的过程中，挫折在所难免。面对挫折，是自暴自弃让自己沉沦下去，还是把每一次挫折当作一个新的起点、新的机会呢？如果持前一种态度，永远不会成功；如果持后一种态度，成功的希望也就不会遥远。正是这种坚持不懈、不屈不挠的性格，使这位"牛仔大王"获得了成功。

2. 贫穷源于懦弱平庸

《天方夜谭》里讲述了这样一个故事：

巴格达城有一个穷苦的脚夫名叫辛伯达，每天靠给行人背东西挣点小费养家糊口。一天，他背着沉重的货物艰难地行走，突然发现前面有一座光彩四射的豪宅：亭台楼阁、舞榭飞檐，奴仆成群。辛伯达决定去这个美丽的地方歇一会儿。

他刚坐定，一股馨香随着优美的音乐从屋内飘出来，简直令人陶醉极了。辛伯达忽然感慨起来，仰望长空喃喃说道："我主！你是伟大的！你安排了人的命运，想让谁穷就让谁穷，想让谁富就让谁富；想让谁高贵谁就高贵，想让谁卑贱谁就卑贱。就说眼前这座豪宅的主人吧，他正享受着

人间的富贵，而我却在疲于奔命，过着艰难的生活。真主啊，我不敢抗拒你，但希望你处事公平些。”

正在这时，从豪宅走出一位仆人，说是主人请辛伯达进去坐坐。辛伯达跟着仆人走进豪华的内宅，主人正等着他。主人说：“听说你刚才对真主抱怨命运的不平。你能再重复一遍吗?”

辛伯达又把刚才的话重复了一遍。

主人说：“在我的生活里有一段离奇的经历，如果你了解我的遭遇后，就知道我今天的富贵是经过艰险困苦换来的。我曾经为了在社会上争得一席之地，进行过七次航海旅行，而每一次旅行都可以写成一个惊心动魄的故事，现在想起来都很后怕。我在危险面前曾犹豫过、胆怯过，但真主扶助我度过了难关，才使我有了今天。没有经受过生活颠簸的人，就不会体会到今天的幸福来之不易。”接着便讲起了七次航海的遭遇。

辛伯达听完这些故事，深有感触地说：“先生，你才是真正的大丈夫。你使我懂得了幸福是由奋斗得来的，舒服是由苦难换来的。”

正是执着、勇敢、敢于冒险的性格使这位航海家获得了成功；而脚夫之所以依然贫穷，则是由悲观、缺乏挑战的平庸性格造成的。

3. 如何改善性格

改善自己的性格，健全自己的个性，前提是要认识自己的个性，找到自己性格中尚存在的缺陷，对症下药，为明天的成功铺一块基石。事实上，每个人最大的敌人就是自己。人们经常不能发觉自己性格中的缺点，从而让它们毁了自己的生活和事业。

如果我们有着活泼、开朗、谦逊、自信、大方、正直、诚实、果断、坚毅、热情等优良性格，就要有意识地发挥它们的作用，使它们成为创业的好伙伴、好助手。如果有其他不利于成功的性格，也要把它们找出来。

日本推销之神原一平为了能改变自己性格中的缺陷，努力地策划了一个“评原一平”集会。集会的目的是让客户坦率地提出他的缺点，所以他就先确定了三项原则：一是集会要使人人都能畅所欲言，所以人数不能多，以 5 人为为限。二是为了让更多的人都有发言的机会，每次邀请的对象不能相同。三是对主动邀请别人的，一律看做贵宾，要热诚地招待。

第一次批评会使原一平原形毕露：“你的个性太急躁了，常沉不住气。”“你的脾气太坏，而且粗心大意。”“你太固执，常自以为是。这样容易失败，应该多听听别人的意见。”“对于别人的托付，你不知拒绝。”“你面对的是各色各样的人，所以必须有丰富的常识。你的常识不够丰富，所以你必须加强进修。”“待人处事千万不能太现实、太自私，也不能要手段或要花招，一切都应诚实。人与人之间的关系，只有诚实才会维系长久。”……

认识到自己性格中有这么多缺点后，原一平开始逐项改变这些的缺点。就这样，原一平终于改掉自己性格的缺陷，让自己的个性得到了逐步完善。他说：“人一生当中最要紧的是何时发现这些劣根性，并能有效地剥除它。随着劣根性的消除，我逐渐进步、成长、茁壮、成熟。”

其次，要扬长避短。人们常说要“取其精华，去其糟粕”。用在改善性格上，“取其精华”就是坚持和发扬性格中的优点，“去其糟粕”就是要把性格中的弱点剔除出去。没有最好的性格，只有更好的性格。

人品就是财富

无论做什么事情，都需要先做好人。经营靠信誉，它是无可替代的财富。讲究信誉，诚实经营，对用户和顾客负责，这样才能创造出吸引人的强“磁场”，才能赢得消费者的信赖，从而获得丰厚的回报。

人品即商品，人格即财富。这两者决不是矛盾的。一个人品好的商人，人品便是他的名片和吸引人的力量；一个道德败坏的人，不管是做人、做事、从商还是从政，都很难有所发展，更谈不上功成名就。

大企业家查利出身贫寒，很早就在一家机器公司当推销员。有一个时期，查利推销机器非常顺利，不到半个月就跟33位顾客做成了生意。可是，正当查利心里窃喜的时候，却发现自己公司卖的机器比别的公司要贵。查利想，向他订货的客户如果知道了，一定会对他的信用产生怀疑。

于是，深感不安的查利立即带上订货单和定金，花了整整三天时间去逐个地找客户，然后老老实实向客户说明他所卖的机器比别家的昂贵，请他们废弃契约。查利这种诚实的做法使每个订户都深受感动，结果30多位顾客没有一个废约，反而加深了对他的信赖和敬佩。此后，许多人都被查利的诚实所感动、吸引，前来订货的客户络绎不绝。没过多久，查利就成了腰缠万贯的大亨。

成功后的查利在总结经验时说："做生意就像做人一样。要先学会做人，才能做好生意。"

1. 诚信是立商之本

诚信是市场经济的根基，拥有良好诚信资源的市场经济是健康、有秩序的市场经济。在这种状态下，社会运行成本降低，各方面的信任度提高，社会关系和谐。相反，则会出现另外一种情况。

在我国商业史上，"五金大王"叶澄衷就是"人品即商品"的典型。叶澄衷早年在黄浦江上靠摇舢板卖食品和日用杂货为生。有一天，一位英国洋行经理雇他的小舢板从小东门摆渡到浦东杨家渡。船靠岸后，洋人因事急心慌匆忙离去，将一只公文包遗失在舢板上。叶澄衷发现后打开一看，包内装有数千美金还有钻石戒指、手表、支票本等。他没有据为己有，而是急客人之急，在原处等候客人以便归还。直到傍晚，那位洋人到处寻包不见后才懊恼地返回寻找。不过，他没有想到包会在舢板上，更没有想到有船工在等着还他包。洋人打开皮包，原物丝毫未动，不禁大为感动。一个中国苦力竟有如此品德，对外来之财毫不动心，洋人真不敢相信这样的事实，他立即抽出一叠美钞塞到叶的手中，以示谢意。叶澄衷坚持不收，交包后就要开船离去。这位洋人见状又跳上小船，让叶送他到外滩。船一靠岸，洋人拉他到自己的公司，诚恳地邀请他一起做五金生意，叶答应了。从此，叶澄衷走上商途。在日后的经营中，品德高尚的他赢得了人们的欢迎，也一步步地走上“五金大王”的地位。

1998年10月25日，一架英国航空公司的客机从东京飞往伦敦，偌大的飞机只载了一名乘客。

为什么一架飞机只载一名乘客呢？原来，这架飞机因机械故障而推迟了起飞时间，其间其他乘客都被劝说改乘了别的航班，唯独大竹秀子非这趟班机不乘。在此情况下，英国航空公司毅然决定为大竹秀子专门飞一趟。此次飞行，航空公司虽然损失了10多万美元，但却为公司服务品牌的宣传创造了一次绝佳机会，赢得了无数乘客的赞赏和青睐。

与此相反的是，一些经营者对消费者坑蒙拐骗，为了把对方的钱弄到手，不择手段、为所欲为。这样的结果，只能是做一次性买卖，再也没有人相信他了，到头来堵了自己的生意路。

人不诚则无信，无信则不立。在市场经济中，诚信就是一个人或者一个企业的名片，谁失去了诚信，谁就失去了顾客，失去了赖以发展和生存的根基。谁拥有诚信，谁就获得利润，就能在市场竞争中立于不败之地。

中国传统文化讲求“信”，“人无信不立”；讲究“诚”，以诚待人。西方人也把“诚”、“信”列为资本主义商业精神的重要内容。

2. 失信就会失去机会

申文和程成是交往了20余年的老朋友，然而因为股权纠纷，两个人却从莫逆之交变成了路人。

一天在喝咖啡时，申文向程成隆重推荐了一个赚钱计划：“这几天我正在和外国人谈合作，外国人有技术、有声誉，咱们出点资参个股，成立家企业，前途肯定好——现在就差点钱，要不你也投点儿!”

20多年的友谊，加上申文多年来在商场打拼的经验，使程成对老同学的建议深信不疑，7天后便开出40万美元的支票交给了他。随后二人签了协议：程成出资40万美元，拥有玉利汽车装备公司（以下称“玉利”）20%的股份；申文则投资211万美元现汇以及价值90万美元的生产设备。

资金投入玉利的3个月后，程成想：“我在玉利的股份不算少，怎么能不参与日常管理呢?”便向申文表达了自己要参与玉利日常管理的想法。

经过公司董事会的决议，不久程成坐上了玉利公司副董事长的位子。

当上了玉利的副董事长后，程成在工作中渐渐地发现很多地方都“不对劲”。他发现自己只是得到了20%的股份，那40万美元投资被申文挪用了，当做了他个人的出资。而且，整个公司的注册资金一共才50万美元，根本就不是当初签协议时所说的那样。另外，在公司的经营管理中，申文还进行了很多违规操作，侵害其他股东的利益。

程成觉得自己被耍了：明明是自己的钱为什么成了申文的资本？申文的现汇及设备投资在哪里？这时，摸清了底细的程成要求撤股。

玉利公司召开董事会，研究程成的撤股问题。最后，董事会通过：程成的20%股权以40万美元的价格转让给申文。先将公司的一部分房产——中天商务楼一楼门市的出售收入200万元人民币支付给程成，其余的欠款由玉利公司通过远期银行汇票每月支付一次。同时，董事会同意玉利公司对程成的付款可以由申文全权代表，程成不再属于公司股东。董事会作出决议之后，程成和申文在书面协议上签了字。

董事会同意退股还款，程成觉得轻松不少，只等每月到银行看款项是否到位了。可是他没想到，董事会再次开会研究了股权转让和债务清偿问题。这次董事会作出了这样的决定：中天商务楼一楼门市的销售工作由程成负责，而销售情况不好，至今没有买主，给公司造成了损失。所以，程成应该承担责任。

对这个决议一无所知的程成一直在等申文和玉利公司的还款，但却一个月的都没收到，股权转让一事也如石沉大海。苦等5个月后，程成向申文索债。申文告诉了程成“决议”的内容，说玉利是其与德国的凯瑞国际股份有限公司的合作公司，并不是自己的私人企业。所以，公司的股权变更，仅由董事会同意是不行的。

无奈，程成向法院提起诉讼，请求法院判令申文支付股权转让款40万美元，玉利公司连带清偿申文的债务。两人的“朋友”关系从此宣告破裂。

这个故事清楚地表明：缺少诚信的经营合作，失去的何止是财富！

3. 如何做一个“完美”的商人

温州人会做生意是举世闻名的。温州商人的为人处世，也堪称商人们的样板，可以用“八商”来概括他们的为人处事。虽然他们不一定齐备这“八商”，但至少他们是做得最好的商人群体，值得人们借鉴学习。

（1）德商

德商是指一个人的德性水平或道德人格品质，具体内容包括：体贴、尊重、容忍、宽恕、诚实、负责、平和、忠心、礼貌、幽默等各种美德。一个有较高德商的商人，一定会受到信任和尊敬，自然会有更多成功的机会。“台湾10大企业用人调查”显示：企业主用人最先考虑的就是“德性”，占企业选择比例的54.9%。

（2）智商

智商是一种表示人智力高低的数量指标，但也可以表现为一个人对知识的掌握程度，反映人的观察力、记忆力、思维力、想像力、创造力以及分析问题和解决问题的能力。智商不是固定不变的，通过学习和训练是可以开发增长的。温州商人能成功，就是靠不断学习得来的。

例如：万向集团董事长鲁冠球一般不陪客吃饭、不在外过夜，挤出的时间都用来学习。他每天从晚上7时到12时看书、看报、看新闻，就是外出开会也坚持做到。因此，只读过初中的鲁冠球已有60多篇论文在《求是》、《人民日报》、《光明日报》、《经济日报》发表，成为一个出口成章并著书立说、能写会说的农民理论家。

（3）情商

情商就是管理自己的情绪和处理人际关系的能力。如今，人们面对的是快节奏的生活、高负荷的工作和复杂的人际关系，没有较高的情商是难以获得成功的。情商高的人，总是能得到众多人的拥护和支持。同时，人际关系也是重要资源，良好的人际关系往往能获得更多的成功机会。

温州人过生日、孩子考上大学、搬新房等，都要请客摆喜酒。如此一来，大家互相都记得，以后我家里办喜事也会请你，彼此间的感情就拉近许多。如果没有什么交往和走动，即便原来是亲戚朋友的，关系也会渐渐淡去。温州城郊和所属几个县的人们，尤其注重这种交流方式。

（4）心商

心商就是维持心理健康、调试心理压力、保持良好心理状况和活力的能力。有专家指出：21 世纪是“抑郁时代”，人类面临较大的心理压力。提高心商、保持心理健康已成为时代的迫切需要。现代人渴望成功，而成功越来越取决于一个人的心理状态，取决于一个人的心理健康。从某种意义上来讲，心商的高低直接决定了人生过程的苦乐，主宰人生命运的成败。

（5）财商

《富爸爸·穷爸爸》一书首次提出了财商概念，轰动了全美国和世界。在当今时代，它的提出完全符合人们追求金钱、发财致富的心理。那么，什么是“财商”呢？简单地说，财商是指一个人在财务方面的智力，是理财的智慧。它包括两方面的能力：一是正确认识金钱及金钱规律的能力；二是正确应用金钱及金钱规律的能力。财商是与智商、情商并列的现代社会能力三大不可或缺的素质。可以这样理解：智商反映人作为一般生物的生存能力；情商反映人作为社会生物的生存能力；而财商则是人作为经济人在经济社会中的生存能力。

（6）志商

志商就是意志智商，指一个人的意志品质水平，包括坚韧性、目的性、果断性、自制力等方面。如能在学习和工作中具有不怕苦和累的顽强拼搏精神，就是高志商。从政要一步一个台阶，凭一项项政绩走上更高的岗位。生意人则必须以利润为目的，尽可能赚最多的钱。“坚持到底不退缩，绝不能中途下场”是大多数温州人的人生信条，是温州商人的共性，也是温州文化的一部分。

（7）逆商

逆商是指面对逆境承受压力的能力，或承受失败和挫折的能力。当今和平年代，应付逆境的能力更能使你立于不败之地。巴尔扎克说：“苦难对于天才是一块垫脚石，对于能干的人是一笔财富，而对于弱者则是一个万丈深渊。”

伟大的人格只有经历熔炼和磨难，潜力才会被激发，视野才会开阔，灵魂才会升华，最终走向成功。一个人能吃常人不能吃的苦，必然能做常人不能做的事。

（8）胆商

胆商是一个人胆量、胆识、胆略的度量，体现了一种冒险精神。胆商高的人能够把握机会，该出手时就出手。无论是什么时代，没有敢于承担风险的胆略都成不了气候。而大凡成功的商人和企业家，都是具有胆略和魄力的。

忍耐是成功之道

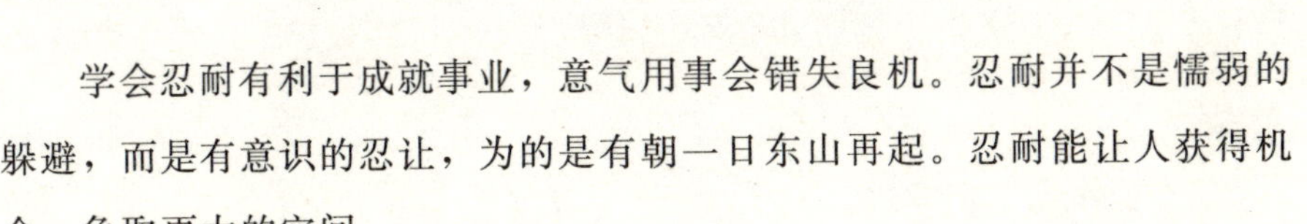

学会忍耐有利于成就事业，意气用事会错失良机。忍耐并不是懦弱的躲避，而是有意识的忍让，为的是有朝一日东山再起。忍耐能让人获得机会，争取更大的空间。

对一般人来说，忍耐是一种美德；对商人来说，忍耐却是必须具备的品格。要想赚钱，就必须要有“忍”的精神。

一位富翁给别人的经验之谈是：赚钱就要以“忍耐”为重，即使身处逆境或贫困深渊，也要心想明天一定能成功而坚韧不拔。例如：当生意失败、公司破产，你遭受了极为惨重的损失，甚至想要自杀时，你也必须忍耐，不可放弃斗志。如果工作得不到预期的成果，也要把痛苦当作经验而忍耐下来，心中默念：总有一天能够成功。

商业行为中的忍耐能带来财运，如果只是争一口气、好面子，不懂得忍耐之道，不知晓伸缩之理，那么你会看见钞票从眼前哗哗流过而自己一无所获。

1. 忍耐是一种磨炼

有一句话叫做“艰难困苦，玉汝于成”，还有一句叫做“筚路蓝缕”，意思都是说创业不容易。表现在哪里呢？首先是要忍受肉体上和精神上的折磨。王江民40多岁到中关村创业，靠卖杀毒软件几乎一夜间就变成了百万富翁，几年后成为亿万富翁，他曾被称为中关村百万富翁第一人。王江民的成功看起来很容易，不费吹灰之力。其实不然，王江民困难的时候，曾经一次被人骗走了500万元。他的成功可以说是偶然之中蕴含着必然。3岁的时候，王江民患过小儿麻痹症，落下终身残疾。他从来没有进过正规大学的校门，20多岁还在一个街道小厂当技术员，38岁之前不知道电脑为何物。他的成功在于对痛苦的忍受力，从上中学起，他就开始有意识地磨练意志，经常去爬山，500米高的山很快就爬上去了，慢慢地也就不感觉到累。再一个就是下海游泳，他从不会游泳、喝海水到会游泳，一直到坚持冷泳，锻炼自己在冰冻的海水里提高忍受力。他就通过这样的锻炼，来磨炼自己的意志。当他40多岁辞职来到中关村，面对欺骗，面对商业对手不择手段、不遗余力的打击，都能够坦然应对最后终拔了百万富翁的头筹。

2. 忍耐是一种品质

丘吉尔说：“飞得最高的风筝是逆风的风筝。”人的一生中，会遇到许多令人难以忍受的事情，比如贫困和疾病、困难和磨难甚至还有偏见和歧视、打击和嘲讽、压迫和摧残……这些不幸也许会降到我们身上。面对这些不幸，我们最容易心灰意冷、失去信念。但是，坚强的人却能挺过来。他们面对人生的沧桑、生命的磨难，性格中那种坚忍不屈的个性反而被激发出来，让一切困难低下了头。

苦难和不幸并不可怕，可怕的是我们没有认识到苦难和不幸本身蕴含的契机。很多问题看似难以克服，很多困境看似不能扭转，这时我们若有一颗百折不挠的心，愈挫愈战，就能在逆境面前泰然自若，就能使自己的命运与成功接轨。

对一般人来说，忍耐是一种美德；对创业者来说，忍耐却是必须具备的品质。“电话大王”吴瑞林是“侨兴”的创始人。当初他创业失败后，平时笑脸相迎的乡邻竟然一夜之间形同陌路，不断有人在身后指指点点。没多久，孩子们就哭着回家告诉他，老师把他们的位子从第一排调到最后一排去了，学校里的同学也不和他们玩了。吴瑞林不得不带着家人，选择在一个月黑风高的深夜悄悄离开了生他养他的故乡。“指甲钳大王”梁伯强当初一次次地创业，一次次辛苦地累积财富，而每一次点滴积累的财富最后总是被各种各样莫名其妙的原因剥夺了，可梁伯强都忍下来了。

俗话说：“吃得菜根，百事可做”。对创业者来说，肉体上的折磨算不得什么，精神上的折磨才是致命的。如果有心自己创业，一定要先在心里问一问自己：面对从肉体到精神上的全面折磨，你有没有那样一种荣辱不惊的“定力”与“精神力”。

永远不要满足现状

永不满足是使事业成功的强有力刺激，尤其是与特定的目标相结合的时候。有人曾经辉煌，后来却失败了，他们不是没有机会继续成功，问题在于他们已满足现状。而自满正是人生成功的拦路石，它让人徘徊、停顿，无法超越过去，更无法拥有未来的辉煌。因此，追求财富不能满足现状，而要有一颗不满足的心。

世界上总有那么一些人，他们缺乏进取心、容易满足、安于现状。他们缺乏较高的自我要求以鼓励自己前进，并没有足够的进取心去开创事业，更没有足够的忍耐力去完成艰苦的工作。

自我满足是追求财富的第一大敌人。舒适的生活和对困难的恐惧会征服许多人。有些人因为其进取心不够坚韧，所以通常难以战胜自我满足这个大敌，不能引导自己去追寻更多的财富，获取更大的成功。

有人问世界首富比尔·盖茨成功的秘诀是什么，他回答说："我还没有成功呢！我前面总有更高的目标。"也许有人认为比尔·盖茨矫情：这个世界上，他不成功谁还能算得上成功？但恐怕谁也不能否认盖茨的智慧以及这句话中蕴含的道理。由此可见，那些成功人士绝不会满足现状，而是要求自己做得更好。如果你信守这个观念并坚持不懈地追求新目标，那么你的人生之路一定会成功。

诺思克利夫爵士是伦敦《泰晤士报》的大老板，被称为"新闻界的拿破仑"。最初每月只能拿到80英镑的时候，他对自己的处境非常不满。后来，《伦敦晚报》和《每日邮报》都装入他囊中的时候，他还是感到不满足，直到他得到了伦敦《泰晤士报》之后，才稍稍觉得满意。

就算成了《泰晤士报》的大老板，诺思克利夫爵士还是不肯善罢甘休。他要利用《泰晤士报》"揭露官僚政府的腐败，打倒几个内阁，推翻或拥护几个内阁总理，而且不顾一切地攻击昏迷不醒的政府……"由于他这种大胆的努力，提高了不少国家机关的办事效率，在某种程度上还改革了整个英国的制度。

诺思克利夫爵士对于那些自我满足的人同样也是很反感的。

有一次，他在一个从未见过的助理编辑的办公桌前停下来，和那个助理编辑聊了起来："你到这里来有多久了？"

"将近三个月了。"那位助理编辑答道。

"你觉得怎么样？喜欢你的工作吗？对我们的办事程序熟悉了吗？"

"我很喜欢我现在的工作。"

"你现在的薪水是多少？"

"一星期五英镑。"

"你对现在的状况满意吗？"

"很满意，谢谢您。"

"啊，但是你要知道，我可不希望我的职员一星期拿了五英镑就觉得很满足了。"

我们——也包括诺思克利夫爵士相信，这位助理编辑甘于平凡和甘于平庸。但是，世界上确实有许多甘于平庸的人，这也就是小人物与大人物的区别：一个容易满足，一个不断进取。只有平庸的人才会认为自己是成功者，而真正伟大的人物从不认为自己达到了目标。因为在取得更大进步之后，他们的标准也会越定越高。随着自己眼界的开阔，他们的进取心也会逐渐增长。

如果你在一个平庸的职位上得到了一笔不菲的薪水，就此失去了向更高位置努力的动力，那是非常危险的。因为你的进取心会从此开始逐渐消退。虽然你的能力能让你做得更好，但是由于你已经满足于现状，所以也许只能永远做一名普通职员。

对于一些人来说，生活中最悲惨的情形莫过于：自己本来雄心勃勃地满怀希望出发，却在半路上停了下来。因为他们满足于现有的一切，漫无目的地虚度余生。如果我们雄心不再，进取心消磨殆尽，那么我们就会失去力量，那种懈怠和厌倦的感觉就会左右我们，使我们一蹶不振。

一个人满足于在平凡的生活中随波逐流，安于已经取得的成就，对大部分未被利用的潜力无动于衷，没有足够的进取心，他就不会付出努力，不会发掘自己，也就不会创造出成绩来。而只有不满足现状、不断进取、精益求精的人，才会成为最终的胜利者。

格斯特经常在报纸上发表诗作，是深受全世界读者喜爱的一位诗人。他之所以会成功，很大一部分原因就是他常常向上望着理想中的自我，而不是满足于现实中的自我。他说："现在的自己永远是有待提高的。"

格斯特还说："在去年暑假里，我便是如此，发觉我所希望的那个自我比现在的自我要聪明一些。在我那个远离城市喧嚣的乡间茅舍里，我列出了一个表，一方面写出我所要的东西，一方面写出我所不要的东西。这个表使我的人生变得更丰富、更快乐。"

正如克里特·斯通所说：满足于眼前成就的人会停滞不前，而进步者却总是感到不满足。一个不断追求完美的人是无法满足于已有的成就，而不断去追寻更伟大、更完善、更充实的东西。

最初的成功，对许多人来说就像鸦片，麻痹他们进取的心灵，而只有不满足和恒久的进取心才会消除这种不良情绪。只要我们具有一颗不满足的心，再加上积极的努力，就可以把眼前的事情做得更好。

第二章　拥有赚钱的手段

想发财却没能发财，这是因为你还缺乏赚钱的手段。

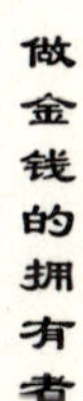

做好创业前的准备

金钱不是凭空来的，需要用劳动来获得。它可以用体力和汗水去换取，也可以用智力和知识去换取。要想更多、更快地获得金钱，只有靠创业。创业是赚钱的最佳途径。

“创业”这两个字很轻，但是真正做起来却很难。创业是不容易的，我们应该把方方面面的事情考虑进去，只有考虑周全了，创业才会成功。

“创业”这两个字充满了激情，但是却不容许我们出错。因为我们的机会只有一两次，如果失败了，也许我们就再也爬不起来了。所以，创业是艰难的，创业之前我们应该做好充足的准备。

1. 心理准备

自我创业比做一般的雇员要承受更大的压力。对一个创业者来说，创

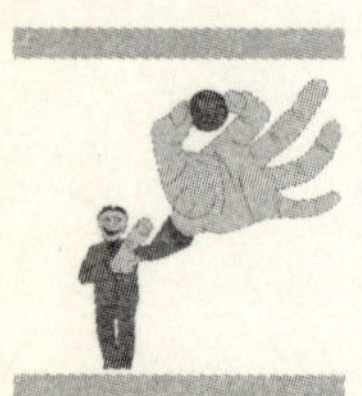

业的艰辛不是一句两句能说清的。你经常会遇到诸如资金、从事、市场等方面的各种困境，在挣钱过程中可能会有数不清的障碍和困难。只要有一个问题没解决，只要有一个障碍迈不过去，就可能前功尽弃。

在人生的旅途上，总是充满各种困难和挫折，有的挫折是由于自己粗心大意造成的，有的则是不可避免或意想不到的。有的人在失败和挫折中沉沦下去，而有的人却在失败和挫折中奋发起来，其中缘由就在于各人意志力的差别。做生意也是如此，大概没有哪个生意人没尝过失败的滋味。经济成长时期生意比较好做，似乎哪一行都有钱赚。经济衰退时期许多企业都会陷入困境。一项决策的失误或计划不周密而导致经营失败，也是常有的事。人在得意时，往往呼风唤雨、事事顺手，当处于困境时则事事为难：银行不愿贷款，卖主不敢批货，买主不愿购货，雇员离心离德，各有打算；更有那些落井下石的人趁火打劫。身处逆境中，要么咬紧牙关勇往直前，要么一路退败前功尽弃。怕失败是人性之弱点，失败之后那种挫折感能彻底摧毁一个人的自信心，有些人会因此一蹶不振。但人生没有永远的失败，也没有战胜不了的困难，办法总比困难多。一个人只要有信心，有勇气和不屈不挠的精神，以积极的态度去迎接挑战，就能渡过难关，最后取得成功。

不论从事什么行业，自我创业都可能会遇到各种困难和挫折，这就需要我们有吃苦的心理准备，需要有遇到困难和挫折的心理准备，需要有失败的心理准备。有了心理准备，就能在遇到困难挫折的时候泰然处之、渡过难关，走出失败的阴影，到达理想的彼岸。

2. 资金准备

可供选择的创业项目很多，有些不需资金或仅需少量资金，但你拥有的资金越多，可选择余地就越大，成功的机会也就越多。因此，要有必要的准备资金。

首先，你必须准备一笔启动资金。如果没有资金，一切就无从谈起。资金的来源可以通过各种渠道筹划，如自有资金、集资、贷款，以及与别人合伙等。启动资金越充分越好。这是因为经营启动后可能会遇到资金周转困难的情况。特别是刚开始经商，这种可能性更大，而边经营边筹划资金的能力又远不如已经有一定根基的商人。如果准备资金不到位，就可能因一笔微不足道的资金弄垮你刚刚起步的事业。因此，要充分考虑开业资金的筹措，适时、适量、适度地储备和使用，做好资金使用的统筹安排，力求把风险降到最低程度。

3. 市场调查

创业前，必须做好市场调查，这是非常重要也是必不可少的。准确的市场调查，已经让你成功了一半。

市场调查的内容，一是看这个行业的潜力有多大，即这个行业有多少消费群体。二是看这个行业有多少人在竞争。三是看谁是这个行业的龙头企业、龙头企业有什么优势。四是看你自己的优势是什么，你的卖点在哪里。五是看竞争对手的经营模式。六是看你自己的经营模式有没有自己的特色。七是看竞争对手的服务如何，你要如何更好的为客户服务。八是看你的进货渠道是否有优势，货源与价格是否稳定。这些都要充分考虑。

4. 硬件准备

所谓硬件，就是你的经营设施和必要的条件。即使选择在家庭工作挣钱的业务，也必须准备诸如电话、传真、电脑、维修工具、交通工具等挣钱的基本硬件。如果你选择外出挣钱，需要准备的硬件条件就更多了。

首先，经营总离不开一定的场地，场地选得好能使你如鱼得水、生意兴隆。选择一个较好的场地，考虑的因素很多，从自身的经营项目及规模、地理位置、人口因素、外部环境，到公众形象、气候条件等，均须仔细斟酌。重点要考虑经营项目的特点、经营场地周围常住人员和流动人口状况、交通及通信条件。经营项目不同，选择场地也就不同，有的宜热闹繁荣，有的宜安静典雅，有的避灰尘，有的防噪音。例如：繁华街道与居民住宅的情况不同，机关、学校与车站、机场的情况各异。因此，经销的商品种类、数量及销售方法也应有区别。城市中心、车站机场人口流量大，综合购买力强，一般宜开设大、中型百货商店、饮食店、娱乐厅等；

在靠近居民住宅区的地方，则应以方便群众生活的经营项目为主，开设副食品、日用杂品、医药品、普通服装鞋帽等类型的中小型商店；机关团体、学校所在地，则经营图书、文具、体育用品，照相服务、大众文化娱乐及快餐服务等比较适宜。

场地选择还要注意不一定都选人口稠密区，许多行业在择址时有很强的针对性。比如火车站、轮船码头附近开饮食店、旅馆；医院旁边开水果店、食品店是比较对路的；集贸市场及证券交易所附近开盒饭、快餐店恰到好处；旅游景点出售照相器材和旅游产品，游泳场附近卖泳衣、遮阳伞和帽子等等都是很有针对性的。

场地的选择还要考虑经济性。一般来说，人口稠密的商业区地价租金贵，主要靠上门服务和电话联系业务的项目就没必要选择商业旺铺。因此，要因行业择址、因地制宜，兼顾经济实用的原则。

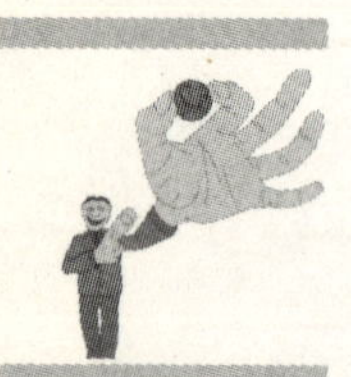

场地选好后要进行布置和门面装潢。其目的一要吸引路人注意和顾客的兴趣，二要便于开展业务。门面如同一个人的外表，要有自己的特色和风格，要和你所开展的业务相关联。在装潢布置中，要注意避免两种倾向：一是为了突出特点、吸引公众注意而盲目追求豪华怪异，有违大众审美观或民族感情。如有的店铺用外国国旗或图案装饰外形，有的取名荒诞怪异，引起公众不解或反感，结果适得其反；另一种倾向则是对装修和布置不重视，认为只要“里子”好、产品好、服务好就行了，“面子”装不装饰无所谓，舍不得花钱和精力去布置。结果门庭冷落，少有人问津。

硬件条件还包括必要的交通通讯设备、交通工具、货柜货架、维修工具等。这些东西可根据自己的经济条件和业务需要逐步添置。

5. 知识准备

自我创业不论干哪一行，都要具备一定的商业知识和经营之道。你一旦选择了自谋生路，就要眼观六路、耳听八方，没有丰富的商业知识和经营之道，就难以把握商机，甚至开展不了业务。试想，一个人不懂食品卫生知识，怎么能办起小饭店；不懂交通法规和营运知识，怎么能开好出租车或搞个体运输；不懂商品成本、利润、批发、零售等基本知识，怎么能干好经营销售业务；不懂工商税务知识，怎么能办齐各种手续，合法经营依法纳税；不懂历史和旅游知识，怎么能干好导游。所以说，准备必要的商务知识和专业知识，是自谋生路的第一课。

6. 工商登记

如果你有实力和能力与别人（自然人）或独立的法人成立合伙经营的有限公司，则须按公司法办理规范的工商登记手续、税务登记手续等。

办理合法开业手续，一方面是你开展业务、合法经营的前提条件，另一方面也是维护你合法权益的保证。日常生活中，常常有这样一种情况：有些人忙前忙后联系了一笔业务，真要签合同、交款、提货时，却因为自己没有合法经营手续、没有合同章、没有银行账号、没有发票而不得不找第三者转手，被第三者分了利。更有甚者被第三者得利后甩掉，自己分文未得，白忙活一场。因此，如有条件办理合法开业手续，有自己的名称、字号、公章、合同章、银行账号和发票，就可以光明正大、独立自主地开展业务了。

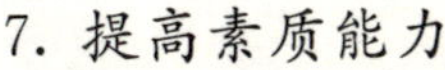

7. 提高素质能力

要创业，就要努力使自己具备一个企业经营者应有的素质和能力。不论你的生意大小，都要面对顾客、面对复杂多变的市场，都要应付各种各样的社会关系，都要努力降低经营成本，以最少的投入获得最大的经济效益，这些都需要一个经营者具备综合素质和经营能力。

掌握创业的法则

创业确实令人着迷和向往，那么创业是怎样获取财富的呢？有什么捷径吗？其实，就像代数和算术有一定的定理、公式一样，创业也是由一定

法则支配的，任何人只要抓住了这些法则，就可以获得成功。

财产和货币的所有者都是在特定的路径下创业得来的结果。科学调查表明：那些按照特定路径创业的人，不管是有意的还是偶然的，都会获得财富；而那些不按照特定路径创业的人，不管付出多大的努力，也不管他们是多么地有能力，最终还是停留在贫穷的境地。

按照自然的法则，种瓜得瓜、种豆得豆。这样，任何人只要按照这种路径去做，就会获得成功。那么，这些创业法则有哪些呢？

1. 把握行业趋势

了解各行业的发展趋势，有助于你建立自己的事业。假如你预计到某个行业的变动将可能带来的影响，就能相应了解到其带来的赚钱机会。例如，数年前，社会尚未普遍流行名牌，而最早引进一系列名牌产品的公司都以有名牌的宣传手法推广产品取得了成功，这就不能不让人赞叹这些公司的独到眼光。

趋势是受多方面因素影响的。如社会风气、经济、家庭结构、人口和个人喜好等。例如，现在实行“只生一个”的生育政策使出生人口相对减少，但以儿童为对象的行业并没有因此而受影响。相反，由于父母重视自己唯一的“宝贝”，玩具、儿童服饰等更加兴盛。又如，目前家庭结构多由一父一母加子女组成，女性已不再像几十年前那样安守本分，在家里当贤妻良母。她们大多数与男性一样，有一份工作，在这种情况下，课余托管的服务需求就多起来。

置身于行业爆炸的年代，对任何人来说，认识电脑、学习电脑是刻不容缓的事。于是，各种电脑培训班越来越多，所教的内容也越来越深。

以上说的都是近年来涌起的社会现象，从中我们也可以看到各种行业的发展及其趋势。当然，每个人的信息都是有限的，不能看到所有的行业情况，但你最低限度必须了解与自己所从事的行业及与之相关的行业情况，这样才能找到创新的构思。

2. 善于捕捉商机

商机就像大海里的鱼，需要你主动去捕捉，而不是等待。你只有全身心地付出和投入，才不会错过商机。商机永远属于勤奋的人，对于那些只想把握商机，而不愿付出努力的人，商机永远不会为他带来财富。

一次，爱华德·狄斯尼夫妇因为付不起房租而被旅店的老板粗暴地赶了出来，他们无精打采地坐在公园里的长椅上一筹莫展。这时，突然有一个小东西跳到了狄斯尼的脚上，他定神一看，原来是一只可爱的小鼹鼠。狄斯尼发现这个“小家伙”一身油黑油黑的毛皮，不停地转动着灵光四射乌溜溜的大眼睛，就像个小精灵一般。他越看越喜欢，突然心机一动：“我如果把它画出来，让很多人都喜欢它，我不就可以以此创造财富了吗。”当全世界人都逐渐熟悉并喜欢上米老鼠时，狄斯尼也由当初无家可归的流浪汉摇身变成了亿万富翁。

3. 从小处着眼

“小生意、大计划”，任何人的成功都是从眼前一点一滴的小事做起的。不切实际地盲目追求高起点，只会为自己设置障碍，最终一事无成。

有“尿布大王”之称的多博川早年留学海外。学成归国后，他做了一个令所有人都不敢相信的决定——经营婴儿尿布。这是当时很多人都不放在眼里的一个小生意。当时，日本每年都有大约 250 万名婴儿出生，按每个婴儿每年只需 2 条尿布的最低标准计算，仅日本国内一年就需要 500 万条尿布。几年后，多博川公司生产的婴儿尿布不仅占领了整个日本市场，而且畅销海外、遍及全球，销量占全世界尿布市场的三分之一以上，小产品最终做成了大市场。

4. 了解大众需求

创造新的经营方式是每个懂得经营的人必须做到的一步，具有先见之明尤为重要。先见之明指具有丰富的想象力，得知大众将需要什么产品。例如，上了年纪的人对风调雨顺的经验往往比天文台的科学仪器更为准确。他们可以准确地预料该年是多雨还是多旱。聪明的商人根据此点，会制造出一大批迎合大众的产品。如多雨的地方，雨具必然畅销；多旱的地方，水桶家家都需要。

这只不过是最简单的联想。如果你是位大企业经营者，将它用到企业上，同样会产生效果。一个地区的人口增加，地产市场就必定会热，建筑材料就必然增多。建筑材料增多，性能产生你自己的一套新经营方式，以领先于时代。这样，你赚大钱的机会也就来了。

5. 勇于创新

美国富豪亚默尔原先是一个贫穷的农夫。加州发现金矿以后，他和许多人一样加入了淘金大军之中。荒山野谷、天气酷热、水源奇缺，在恶劣的自然环境下，每天都有淘金者渴死热死。同样身处困境中的亚默尔目睹眼前惨景，毅然改变了初衷，放弃淘金，专门寻找水源。他勘察地质，挖掘水渠，引水入池，然后把水过滤澄清再分袋包装出售。几年下来，当初与亚默尔一起淘金的人绝大多数都沦为了乞丐，甚至抛尸荒野。而亚默尔却赚足了卖水钱，一下子成为美国当时屈指可数的大富翁。

古语云："穷则变，变则通，通则达。"此语道破了创新的真正要义。在市场竞争中，如果谁能够用心发现不断变化的市场需求，然后用自己力所能及的方式来满足这种需求，谁就会尝试到创新所带来的成功喜悦。

6. 敢于冒险

冒险是一把"双刃剑"。你要想取得更大的成功，就必须敢于冒险。世界上没有万无一失的赚钱之道，不管做什么事都会有一定的风险，只是大小不同而已。只要你敢于付出，就一定有回报。

一家出版社出版了一本由外国人写的书。新书推向市场后，却遭到了滞销的厄运，被大量堆积在仓库里。这时，有个书店老板听到这个消息后，马上买了一本回去研究。他觉得这本书其实写得很好，只是书名缺乏形象化，使许多读者都误以为它是一本理论读物，担心读不懂，所以无人问津。这个书商对市场进行仔细研究分析后，做了一个几乎令所有人都震惊的决定：以成本价全部买下这批书和该书的版权。在别人猜疑的目光中，他开始在各大媒体上请名人做宣传，详细向读者介绍该书的精彩内容。结果，所有的书销售一空。因为他拥有了该书的版权，所以他又多次印刷并因此赚了个够。

7. 敢为人先

世上最容易获得的事，就是抢先下手做别人还没有做的事。不要小看衣、食、住、行等平常小事，因为各行各业都有可开垦的处女地。那些在旁人眼里极寻常或根本不屑一顾的生意，往往蕴藏着许多可供挖掘的宝藏。只要瞅准了去做，没有不发家的道理。

生活中往往有这样的现象：看别人富了手，就模仿别人，有时竟趋之若鹜。这样的人是没法大富大贵的，只不过是跟在成功者后面拾些漏掉的小钱罢了。

8. 独辟蹊径

独辟蹊径，就是走一条与众不同的路。在市场经济条件下，人云亦云、亦步亦趋，其结果只有死路一条。只有充分把握市场行情，以顾客需求为中心，运用智慧引导顾客需求，想别人不敢想，做别人不敢做，才能走出一条与别人不一样的创富之路。

有一个日本人在东京开了一家世界上最豪奢的咖啡店，这个店被装潢得如宫殿一般，服务员也都打扮成古代宫女的模样。更令人称奇的是，这里的咖啡竟卖到了5000日元一杯。盛咖啡的杯子全部产自法国，每只价值4000日元以上，十分名贵。当顾客喝完咖啡后，杯子将被包装好送给顾客。

其实，来这里喝这种咖啡的人很少，绝大多数顾客来这里只是喝普通的咖啡或其他饮料。这位日本人之所以这么做，是因为他独辟蹊径地运用了“欲擒故纵”的战术，即以贵咖啡为招牌狂销普通咖啡。

9. 出奇制胜

现代商战中的一条通用法则就是贵奇忌平。所谓“奇”，就是用非常规的思维方式、立足实际、追求创新，从而突破人们固有的思维方式，以令人大吃一惊的非凡措施产生出人意料的结果。

日本一家钟表公司为了打开澳大利亚市场，用直升飞机从高空把手表

直接扔到地面，并承诺谁捡到就归谁。当一块块手表从高空砸落到地面的时候，人们发现很多手表虽然落在了石头上、水坑里或者马路上，但没有一块手表被摔坏，不仅完好无损，而且时间也分秒不差。顿时，日本手表防震、防水、质量好的消息不胫而走，一下子成了澳大利亚消费者非常信赖的品牌产品，市场销售也随之红红火火。

在激烈的市场竞争中，没有出奇制胜的招数，想突然抢占市场制高点，无疑是痴人说梦。日本钟表公司的案例正是说明了这一点。

借钱生财最高明

在商业经营中，有几个数字在打开成功之门的暗码锁中是非常重要的，如果你失去了其中一个或几个数字，你就不能打开这把锁了，直到你重新找到它们为止。资金或信贷就是打开创业之门暗码锁的一个重要暗码。借用他人资金是那些原来贫穷的创业者致富的手段。

借用他人的资金来实现自己的赚钱目标，这是一条致富的路途。许多人想创办自己的公司，可又埋怨自己没有创业的本钱，无法涉足商场。不错，涉入商场同迈向战场一样，也需要“三军未动，粮草先行”。初涉商场创业时，须有一定的资金，才能使自己的事业有效地运转起来。不论是多么好的目标、设想和计划，如没有一定的经济力量作为支撑，只能是纸上谈兵。难怪许多创业者觉得：资金是维系事业生命的血液。

在创业过程中，筹措资金的方法是多种多样的，借贷就是筹措的主要方法之一。可总是有许多经营者前怕狼后怕虎，不敢借贷、不愿举债，从而耽误了许多赚钱发财的机会。美国著名小商品经营大王格林尼说过：“真正的商人敢于拿妻子的结婚项链去抵押。”这不正是提醒人们要在经商过程中勇于借贷吗？

只想小心谨慎地做自己的生意而不敢借贷，往往在商场上成不了什么气候。而大胆地前进一步，勇敢地向银行贷款、举债，则更可能会走向成功。其实，在某些时候，机会使得你强迫自己贷款，这样能够帮助自己达到获取利润的目的。

事实上，在商场，如果不是为了消费，为什么不可以贷一万元或者更多的钱呢？把贷来的钱用于投资你看准了的项目，一年或二年之后，当你还清本息，你的银行账户上还可以留有一大笔钱。当然，你必须首先还清本息，并且贷款利息要高得很。然而，你还是赚到了钱，这笔钱是如何赚来的呢？因为贷款的利息是督促你加紧干的最有效的动力，如果你不使资金周转起来并创造利息，可能连贷款的本息都还不上。

西方商界有句名言：只有傻瓜才拿自己的钱去发财。在现代，将巨额财富的起源建立在借贷基础之上，是最快捷的成功方式。就是说，要发大财必先借贷。没有本钱怎样能发大财呢？借贷就是行之有效且相当成功的手段。自然，借钱就得付出利息，但你利用别人的钱来赚钱，赢得的部分可能远远超出你所付的利息。

成功的经营者们常常这样说：“借债就是一把双刃剑，你若小心运用，会使你致富，你若不小心，会适得其反。”借债有其不利的一面，但关键要看是什么债。若是“消费性借贷”，那的确应极力避免。但“投资性借贷”又是另一种情况。事实上，少有白手起家的富翁不借债的。富人之所以能够成功，是因为他们深谙借钱、贷款的力量。

不过，借用“他人资金”的前提条件是：你的行动要合乎最高的道德标准——诚实、正直和守信用。你要把这些道德标准应用到你的各项事业中去。不诚实的人是不能够得到信任的。

“借用他人资金”必须按期偿还全部借款和利息。缺乏信用是个人、团体或国家逐渐失去成功诸因素中的一个重要因素。

希尔顿的旅社公司过去靠数百万美元的信贷在一些大机场附近为旅客建造了一些附有停车场的豪华旅社。这个公司的担保物主要是希尔顿经营诚实的名声。

诚实是一种美德，人们从来也未能找到令人满意的词来代替它。诚实比人的其他品质更能深刻地表达人的内心。诚实或不诚实，会自然而然地体现在一个人的言行甚至脸上，以致最漫不经心的观察者也能立即感觉到。不诚实的人，在他说话的每个语调中，在他面部的表情上，在他谈话的性质和倾向中，或者在他待人接物中，都可显露出来。

借钱有一个规律，就是每次都只借一小笔。想要取得对方对你的信任，你必须每次都主动讲明归还的时间，而且没有任何一次延期归还的现象发生。

小笔借钱的好处，卡耐基归结为如下三个要点：

一是有利于消除对方的某种心理障碍。因为你借得少，他就不会担心你不还他，即使你赖账，他也觉得损失无足轻重，却由此可以看透你这人，下次不借给你就行了。同时，他也不会认为你会为了这么一笔钱就付出丢人的代价。因此，你借一小笔钱的话，一个本来不想借的人也极有可能会同意你的要求。反之，如果你开口要借一大笔钱，他可能会基于种种顾虑，诸如：借给你后会否影响到我的开支？你会不会赖账？你有没有偿还能力？本来愿意借给你，也变得犹犹豫豫，最终婉言拒绝了你。

二是有利于按期归还。由于你借得少，偿债的负担不致于太沉重，还起来也就不会那么吃力。

三是有利于博得对方的信任。你借得少，还得及时，并且每次都如此，大家很快就会对你产生信任感。当你某一次真的急需一笔较大的借款时，人们也会毫不犹豫、毫无顾虑地向你伸出援助之手。

人脉就是财脉

创业者成功的重要因素之一是人缘广。八面玲珑，自然财源广进。从商人的角度来说，并非每一个人都值得花时间和精力去结交的，但是可以做到不去得罪人。在无伤大雅、没有损失的前提下，不妨处处与人为善。

俗话说：财源茂盛通三江。想要“通三江”，如果没有人缘，很难达到。一个涉足商场的人，如果拥有良好的社会关系基础，那么在创业时就会事半功倍。凭借良好的社会关系和人际关系，我们在创业的时候就会找到朋友，就会寻求到帮助，使我们能早日到达成功的彼岸。反过来说，假如我们在创业时，没有储备良好的社会关系，就会比别人付出更多的劳动，甚至会有许多莫名其妙的社会势力和我们作对，阻碍我们的创业步伐，使我们无论干什么事都变得很艰难。

1. 打造人脉的意义

为什么人脉资源对我们的创业十分重要呢？打个比方说，你的创业方向是做生意，只要做生意就一定要同人打交道。但这又有另一个问题，同什么人打交道呢？同各种各样的人打交道，那么这些人中你认识的人是一少部分，而大部分人你并不认识。但是，要创业你最终还是得面对这些人。怎么办呢？那就得使出浑身解数，这也就是人们说的所谓“攻”关口。

生意场，也就是一个没有硝烟的公关战场。在这个看不见硝烟的战场上，你如果没有足够的人际关系网，可以说是寸步难行。因为在人际关系这张网上，网织着很多关系，如人缘关系、业务关系，甚至还网织着办事的渠道、信息的来源等等。它是一种很微妙的东西，它的存在可以说是无处不在、无时不在的。这种无形的东西已渗透到社会关系的每个角落，甚至已渗透到人的心灵深处。因此，它不但影响着个人的行为，而且也影响和决定着社会存在，自然也就影响和决定着你生意的成败，决定着你创业的成败。

明智的创业者，在创业之前，如果已有意于从事某个行业，他就会尽自己的所能去结识这个行业里的知名人士，虚心向这些知名人士或成功人士请教，聆听他们的教诲，讨要他们的名片，把这些作为重要的资源储备起来，以便在将来发挥作用，帮助自己解决许多实际问题。

过去，成功的企业家都有一本又一本的名片册；现在，每一个成功的人都一定拥有一个掌上电脑。这名片册和掌上电脑并不仅仅是一个工具，它里面储存着丰富的社会资源。它就是众多成功人士走向成功、叩开成功大门的敲门砖。

2. 储备人脉的原则

储备人脉的方法各种各样，并且因人而异，但基本的方法与原则却是人人都适用的。

(1) 认清目标

建立关系，首先要认清目标，接着寻找有相同需求的人，最后与之联系，建立关系。也就是说：目标是有相同需求的人。有人单靠直觉建立“关系”，也有人要努力不懈才去发展一点点“关系”。前者往往难以预料结果，而后者比较知晓建立关系的“天时地利”。因此，“关系”通常要花一点工夫才能取得。举个例子来说吧，某类产品面临滞销，有的商人急得像无头苍蝇一样不知如何是好，也有的商人则打电话联络，寻找下一个市场。我们可以相信，后者一定比前者更容易度过困境。事实上，“关系”就是事业的生命线，只有与外界保持某种程度的“关系”，消息才会灵通。

(2) 不轻易树敌

在交往过程中，还可能会碰到各种类型的人，其中有你喜欢的人，也有你不喜欢的人。对于你喜欢的人，交往亲近起来非常容易，团结这些人并不难。问题的关键是，如何同你不喜欢的人建立良好的关系呢？首先，尽量找出他们身上的优点，并用包容的心态对待他的缺点，如果能做到这些，或许就能与你不喜欢的人结为朋友。但也有可能你无论如何也找不出他的优点，或根本无法包容他的缺点。对待这种实在无法与他交往的人，你就要做到喜怒不形于色，做到不当面指责或指出他的毛病，避免和他争吵及发生任何的正面冲突。这样就不至于使他们成为敌人，因为一旦成为敌人，他们就会给你带来很多不必要的麻烦。

(3) 善于说话

素昧平生或者关系浅淡的人，并没有义务在你需要的时候帮助你。假如有求于对方，就要用婉转的、易于接受的方式提出。首先寒暄，聊大家都关心的事情，最后在不经意间表达你的请求。无论谁，即使地位再高，也会在交往的过程中把对方视作朋友，如此做事才可能会顺利。此外，还要有“见人说人话，见鬼说鬼话”的本事，不能永远都用同一种方式说话。应对不同的人，要有不同的方式。否则，稍不注意就很容易得罪人。有了这样的意识，遇到人就会自动将他们分类，形成自己的一套待人处事逻辑。我们可能会遇到来自世界各地不同背景的人，环境变化很快，因此要有很强的应变能力。

(4) 注重礼节

不管和什么人交往都应注意礼节，这也是储备人际关系时必须掌握的一个原则。当然。和有身份的人交往，这一点可能很容易就能做到，因为对方的权势、地位、实力足以使你为之敬畏，不由得你不注重礼节。但很多人在交往时却往往容易步入这样一个误区，即熟不拘礼。他们认为和朋友讲礼节论客套就好像会伤害朋友的感情。其实，这种认识是非常错误的，他们并没有意识到，朋友关系也是一种人际关系，而任何人际关系之所以能够存续下去的前提就是相互尊重，容不得半点的强求。礼节和客套虽然繁琐，但却是相互尊重的一种重要形式。如果离开了这种形式，朋友之间的关系也就难以存续。

要知道，即使是朋友，每个人都希望拥有自己的一片小天地，不讲礼节就可能侵入到朋友的禁区，干扰到朋友的生活，如果这种情况出现得多了，自然就会伤害到朋友的情感，再好的关系也会因此而终结。因此，从这个意义上讲，礼多不怪的确是前人总结出来的一个生活真理，可以有效地防范我们出现的交往错误。掌握了储备社会关系的原则和方法，下一步怎么做，就需要你来决定。

3. 最需要的人脉资料

要创业，就要与许多人打交道。通过他们，你可以结识更多这样的人，关系自然也就拓展开来了。假如想在创业中有所突破，某种程度上就得牺牲一些个人空间，多跟事业伙伴接触，只有这样，才会有更多成功机会。

(1) 社会名流

社会名流都是社会上有影响的人，这些人个个神通广大，社会关系复杂，办起事来容易，若能与这些人建立良好的个人关系，那么就无异于为我们的创业插上了翅膀。所以，能与这些人交往自然是一件很有益的事。

但这些名流往往都有他们固定的交际圈，一般人很难进入到他们的圈子里，而创业者绝大多数在创业之前都没有良好的社会背景，可能都是一些无名之辈，因此，结交这些人更是难上加难。但这并非没有可能，我们可以从以下几个方面入手和名流交往。

比如，在与名流交往前，多了解有关名流的资讯、托人引荐、多参加社会公益活动、多出入名流常常出入的场所，这样做，你就会有机会结交到这些社会名流。当然，在结交这些社会名流时，还得注意给对方留下一个好的印象，千万不要死缠着别人不放，这样做只能得到相反的结果。与这些人交往，要想通过一次性交往就建立良好的关系也是比较难的，应多制造一些机会，通过多次的接触才能建立较为牢固的关系。

(2) 成功人士

俗话说：近朱者赤，近墨者黑。这句古训讲的就是这个道理。我们之所以要多结交成功人士，就是这些成功的人比我们优秀，我们可以从他们身上学到很多有益的东西。他们的优秀品质时时刻刻都能使我们的缺点暴露出来，他们可以成为我们一个很好的学习榜样，他们成功的事例能不断地激励我们在创业中前行。如果我们和这些成功者关系非常好的话，这些人还会伸出友谊之手在关键的时候教我们一招或者拉我们一把，总之，和这些人交往有利无弊。相反，和那些失败者交往，或者和不如我们的人交往，显然我们不能学到任何东西。因此，与优秀的人和成功者交往应是储备人际关系的一个重要原则。

（3）关键人物

俗话说，一把钥匙开一把锁，再精密的锁也有钥匙开。抓住了疏通关系的关键人物，就是抓住了赢得客户之锁的钥匙。

在生意场上要想办成事儿，最好针对直接目标下功夫，突破这道关卡，谋求他的赞同，问题往往很容易得到解决。但是，有些时候要想在解决问题过程中稳操胜券，除了着眼于你的直接目标对象外，还应该争取足以影响你的直接目标的非正式“权威人物”，即直接目标周围的边缘人物的同情、支持和帮助。这些人不显山、不露水，但他们都有可能是你走向求人成功的垫脚石。所以，一定要时刻保持高度的关注，抓住每一个可能发挥作用的人物，这样成功的可能性大得多。

（4）与事业相关的人

在进行创业时，有几类人士需要下功夫结交，甚至巴结，千万不可得罪。

一是银行家。最善作生意的人，是不用自己的黄金白银的人，钱从何来？最主要的还是银行，与银行家多多交往，一般不会白费精神的。

二是大客户。无论有没有生意来往，大客户一定要巴结。今天做不成生意望明天，许多生意是要先吃小亏的，先来些免费服务、额外服务，是为了将来可能占大便宜铺路。

三是推销员。不论是否有生意做，你不能得罪推销员，并且一定要不时接见一下他们，跟他们谈话。行内的秘密不会从同行口中得知，但推销员则是行中消息最多的人。因此，即使公司没有采购部门，仍要打开这个情报来源。

四是竞争对手的员工。这也是重要的情报来源，在适当有利的情况之下，不妨挖墙角，这是扩大自己、削弱别人一举两得的招数。

小本可以赚大钱

“只有大钱才能赚大钱”，这是传统的经营理念，它束缚了我们的思维。其实，赚钱不在乎本钱的多少，如果你能掌握市场、抓住机遇，用奇招取胜，虽然本钱不大，也照样可以赚大钱。

不少人都有这样的发财梦：幻想自己有朝一日能财源滚滚，潇洒地做一回大老板。但是，实际情况却是：大多数人终其一生，却难以如愿。这是什么原因呢？这是因为有些人赚钱心太急切了，导致了致富心态的失常。他们只想发大财、赚大钱，而对能赚小钱的机会看不上眼，进而忘记了积少成多、聚沙成塔的道理。

1. 薄利可以多销

一些企业在选择新项目时，都将眼光投向高、精、尖产品，而不愿意生产小产品，研究小项目，认为小产品、小项目市场小、利润低，小打小闹难以成大气候。这是一种极其错误的看法。事实表明，对小产品不能“小”看。小产品只要一以贯之、不断创新，也能获得令人羡慕的成功。世界500强中的美国吉利、麦当劳，其当家产品也不过是剃须刀、汉堡包加薯条的小产品而已。日本尼西奇公司则是凭借一块尿布闯天下，使不起眼的尿布成为畅销海内外70多个国家和地区的大生意。

如今的市场越来越规范，竞争越来越激烈，一夜暴富的神话已难再有。而且，任何一个行业，只要利润空间稍大，就必然会有大量资本迅速进入，利润就会陡然下降。摆在全球商人面前的一个难题就是：怎样面对这个微利时代？

薄利多销是应对微利时代的不二法门。它既能达到使产品较快地进入买方市场、提供有效供给、服务于社会、产生产品的综合效益，同时又能促进企业生产力的充分发挥、增加生产、加速资金周转速度、盘活生产资金，是增加企业盈利的有效管理手段。

在践行“薄利多销”的经营思想方面，浙江义乌商人做得比较成功。以牙签为例，是追求1根牙签赚1元钱，还是只要100根牙签赚1分钱？义乌商人毫不迟疑地选择了后者。原因是：如果1根牙签能赚1元，因为利润丰厚，大家会抢着卖牙签，经销商和消费者也不会千里迢迢到义乌来。而100根赚1分钱的生意，却不是谁都能经营下去的，因为没有相当大的销售量，卖牙签恐怕连摊位的租金都赚不回来。

2. 小本也可以掘大金

从小本经营做起，可以成就大事业。这个观念已被越来越多的人所接受。实际上，许多成功的企业家都是从小本经营起家的。所谓小本经营，顾名思义就是做小本钱生意。比如摆个地摊、推个手推车什么的，卖点小东西，投资几百元、几千元均属小本经营。别小瞧了这些小买卖，只有善于从小本经营做起，才有可能成就大事业。创业致富的企业家，不少人都是从小本经营起家的。

为了使小本经营少走弯路，尽快找到一条适合自己的发财之路，你不妨参考以下方法：

(1) 慎选项目。小本创业，不要哪儿热闹往哪儿挤。小本经营者，求稳心理比较重，别人做什么我做什么，走一条无风险、稳赚钱的经营之路。然而，此路往往是走不通的。趁热投资的小本经营者，不是去面对一个同行业的市场巨人，就是去收拾人家已无“油水”的“残羹剩饭”。也许，这正是不少人看到人家赚钱，而自己却赚不到钱的关键吧。

(2) 因人而异。做小本生意要从自己熟悉的行业做起。经过市场调查后，尽量选择自己熟悉的行业和已掌握了相关知识的行业投资，要充分发挥自己所掌握的知识和技能，尽量选择与亲属、朋友从事的工作相关或相近的项目，这样可得到他们的指导和帮助。

（3）谨慎投资。刚开始投资，心里没有底，看到别人的生意做得很大，也想“一口吃个胖子”，动辄开店办厂，甚至向亲朋好友借贷，到头来，很有可能由于缺乏经营管理经验而出现严重亏损。当你瞄准某个项目时，最好适量介入，用比较小的投资来了解认识市场，等到自认为有把握时，再大量投入，放手一搏。

（4）快速反应。经营环境常常是瞬息万变的，市场行情也是此一时彼一时。小本经营“船小好调头”，只要时刻保持清醒的头脑，及时对市场变化作出灵敏快捷的反应，抢先抓住稍纵即逝的机遇，一定能够实现小本大利。

（5）有利即为。赚大钱是许多人的梦想，但大钱是一分一毫的小钱累积而来的。生活中不少腰缠万贯的人当初就是靠赚不起眼的小钱起家的。

抢占市场的制高点

在商场中，谁抢先占得商机，谁就抢得了市场的制高点。当一个崭新商机出现于人们视野之内，有些人还在观望、徘徊甚至研究的时候，精明的商人已经大赚了一笔。

从当今世界500强企业的发展史中，我们可以发现，它们的发展扩张都遵循了“灵活多变，因地制宜”的原则，视情况而结盟，看行势而分裂，没有固定的朋友，只有永远的敌人。其策略既有大刀阔斧的兼并、购买、重组，也有暂息斗争的联盟、合作，还有“以退为进”的收缩、分离。情况不一，具体策略也各不相同，而目的都是为了抢占市场的制高点，赢得先机。

要赢得先机，抢占市场的制高点，必须做到以下要求：

1. 勇敢应战

商战如实战。面对强大竞争对手的攻势，真的英雄不会向险恶低头。况且现实是：你越逃避，越想息事宁人，对手和险境就越是欺人太甚。因此，遭遇强敌时，要有你强我更强的思想，勇敢地迎上，才有可能依靠自己的勇气和智慧战胜对手。

哈勃公司以“配方 409”的清洁剂喷液闻名于世，销售也一直看好，占领了美国市场 5%的份额。这引起了大名鼎鼎的宝洁公司的不安。宝洁公司是该行业的龙头老大，为了防止哈勃公司的强大，宝洁公司对它发起了大规模的毁灭性攻击。宝洁公司在短时间内推出了一系列高质量的清洁剂新产品，同时把推销的重点放在了哈勃公司的大本营，大有不毁灭哈勃不罢休之势。

面对强敌咄咄逼人的态势，哈勃公司的内部产生了分歧，有人甚至建议转行。但哈勃的总经理经过冷静分析，认为必须迎接挑战，否则，这次退让之后，将来再面临对手竞争时，哈勃将无以为生。

于是，哈勃公司的反攻在全美展开。它把以前用小瓶装的清洁剂改成大瓶装。这不是简单地换包装，而是在降价，在给顾客以实惠。因为，一小瓶仅能用一个月，而现在的大瓶能用半年，可价钱却只有以前的三倍多。而且，用的时间长，还为顾客节省了老跑商店的时间和路费。加上声势浩大的广告宣传，哈勃公司的营业额大幅度飙升；而在同时，宝洁公司的产品却鲜有人问津。就这样，弱小的哈勃公司赢得了生存和发展。

2. 出其不意

面对强大的对手，冷静分析他的实力情况，不从正面冲突，而是袭击他没有意料到、没有防备的地方，也能达到站稳市场、巩固市场的目的。

第一次世界大战初期，中国一直从事盐业生产的民族企业家范旭东，看准西方各国忙于战争，输入我国的纯碱大幅度减少的机会，创办了我国历史上第一个制碱企业——永利制碱公司。大战结束后，曾一度独占我国碱市场的英国卜内门公司，急忙重返中国市场。面对新生的竞争对手，在采取了种种软硬兼施的办法而没有达到挤垮永利的目的时，内门公司便调来大批纯碱，以原价40％的低价在中国市场上倾销，企图不惜血本挤垮永利。

面对这种低价攻势，永利举步维艰。但范旭东发现，大战刚停，百废待兴，对方公司的产品数量有限，能运到远东的碱数量更为有限。将大量的碱运到中国的同时，造成了其远东最大市场日本的相对紧张。于是，范旭东以低于卜内门10％的价格在日本销售纯碱，宛如一支奇兵向卜内门在日本的碱市场发起了进攻。

卜内门措手不及，为了保证日本市场，不得不随之降低价格。由于卜内门的纯碱在日本的销量远远大于在中国的销量，这样一跌价，使其元气大伤。权衡利弊，卜内门觉得保住日本市场远比在中国赢得永利重要得多。最后，不得不主动上门拱手言和。

3. 抓住对方的弱点

任何公司的产品，都会有长处也有短处，有优势也有弱势。即使优势产品，也会优中有劣，不存在十全十美、白玉无瑕。产品的长处和优势是竞争力强之实，产品的短处和劣势是竞争力弱之虚。抓弱点，就是避其强而击其弱，避其实而击其虚。

一般来说，小公司利用强大竞争对手的弱点，寻找市场空隙的途径有以下几条：

（1）利用自己的地理优势。美国爱荷华牛肉加工公司在肉类产业方面采用的是创新性的后勤补给策略，在地理上对快速包装公司进行攻击。爱荷华牛肉包装公司在芝加哥西边饲养牛群的平原上把牛肉切成中块后，再销往各超级市场，把细部切割的工作交由各超级市场去做。该公司所采取的这种策略，使它节省了大量的运费和劳工成本。在数年内，爱荷华牛肉公司夺得了市场地位，使快速包装公司望尘莫及。

（2）针对对方市场占领上的弱点。日本富士胶卷在攻入美国市场时，为了避开强大的竞争者——美国柯达公司的锋芒，首先选择了柯达尚未涉足的市场区域，而与较小的竞争对手如凯玛特和西尔斯等胶卷公司进行竞争，同时也对在美国市场竞争地位薄弱的爱克发加以攻击。不仅如此，富士公司为了逐步蚕食全世界最大的胶卷厂商柯达的世界市场，在选择目标国家时，首先攻击那些柯达势力不甚强的发展中国家，以扩大销售量，磨练其行销竞争的能力，以便日后直接向柯达发难。

(3) 针对对方产品功能、实用价值上的弱点。美国是世界汽车王国。美国的汽车豪华、马力大是优点，但油耗高是弱点。日本本田汽车公司抓住美国车的这一弱点，研制以省油为特点的小汽车，打入美国市场，以己省油之强，击彼费油之弱，一举击败了美国的大型汽车，名声大振，占领了美国汽车市场。

(4) 针对对方技术上的弱点。瑞士是世界钟表王国。瑞士钟已有四百年历史，享誉全球。瑞士机械手表精工优势是其强，但价高是其短。瑞士人对电子石英技术的开发缺乏敏感和远见。日本人抓住其弱点研制出准确而价廉物美的电子石英表，一举击败了瑞士的机械表，成为世界钟表王国。

选对目标好赚钱

选择恰当的经营目标，对于成功与否非常重要。有些经营者获得成功，并不完全靠大量的资金做后盾。他们由于资金缺乏，所以才想尽办法苦寻赚钱的办法，慎重地选择资金投向，尽量生产顾客爱好的产品，来达到谋取利润的目的。

决定将你的资金投入哪个经营项目、经营哪种商品，这是一种投资决策。投资决策事关事业成功。在选择投资项目时，必须考虑这项投资是否有助于实现公司现在的目标和中长期战略，是否能够顺利得到足够的回报。显然，我们应将资金投向那些符合我们经营战略，且投资收益超过投资成本的投资项目。

1. 研究市场走势

势，就是趋向。要想赚钱关键是要做对方向，这个方向就是势。比方说，大势向空，你偏做多；或者大势利多，你偏做空，这两种选择都会让你赔钱。

势又分大势、中势、小势。创业的人，一定要跟对形势，要研究政策。这是大势。很多创业者是不太注意这方面工作的，认为政策研究假、大、虚、空，没有意义。实则不然。对一个创业者来说，大到国家领导人的更迭，小到一个乡镇芝麻小官的去留，都会对自己有影响。在政策方面，国家鼓励发展什么，限制发展什么，对创业之成败更有莫大关系。做对了方向，顺着国家鼓励的层面努力，可能事半功倍；做反了方向，比如说，某个行业、某类型企业，国家正准备从政策层面进行限制、淘汰，你偏赶在这时懵懵懂懂一头撞了进去，一定会鸡飞蛋打。

中势指的就是市场机会。市场上现在时兴什么、流行什么，人们现在喜欢什么、不喜欢什么，可能就标明了你创业的方向。假如你准备创业，而你的资金不足，经验又不足，那么你可以看看周围的人都在做什么，大家一起做的，你跟着做，一定没有错，虽然不可能赚到大钱，但赔本的风险也小，较适合于那些风险承受能力较弱的创业者。能赚平均利润，对于小本经营的创业者就不错了。通过这样的锻炼，可以慢慢学习赚大钱的本领，慢慢积累赚大钱的资本，一旦机会来临，是龙翔九天，还是凤舞岐山，还不是由你说了算！假如你的本钱雄厚，风险承受能力强，你当然可以从创业伊始就去剑走偏锋、寻冷门、赚大钱，只是这样的创业者不多。

小势就是个人的能力、性格、特长。创业者在选择创业项目时，一定要找那些适合自己能力，契合自己兴趣，可以发挥自己特长的项目，这样才有利于你做持久性全身心的投入。创业是一项折磨人的活动，创业者要有受罪的心理准备。

2. 最具“钱”途的创业概念

在思考经营项目时，最重要的是要抓住市场潮流的脉动，才能降低创业风险。据有关统计，最具“钱”途的创业概念前五名依序为：平价概念、健康概念、个性化概念、教育概念与女性概念。其中最具赚钱潜力的行业前十名依序为：儿童文教、健康医疗、成人补教、健康食品、个性化商品、早餐店、瘦身美容、电子商务、休闲饮品与中式小吃，我们不妨先行了解再行动，才能少走冤枉路。

(1) 平价概念

以零售业态发展来看，愈是文明程度的国家，平价概念发挥得越极致。因此，像美国、日本等国家，处处可见大型过季商品购物中心，而日本的百元商店也因此创下亮眼的业绩。另外，因为经济不景气，产业竞争日趋激烈，也是平价概念店盛行的原因之一。

平价概念的创业业种，投资门坎以餐饮业较易进入。根据调查显示，如今最具赚钱潜力的行业，其中第六名的早餐店、第八名电子商务、第九名的休闲饮品与第十名的中式小吃，都具有平价概念，但以餐饮业为多数，显见即使是最不受景气影响的餐饮业，现阶段要开店，还是要以低价的餐饮最有赚钱机会。

(2) 健康概念

随着知识水准、国民所入的提升，人们对于健康的概念也愈来愈重视，不再是因为生病才有医疗需求，预防医学的观念已深植人心，这可从数年前曾风靡一时的灵芝、芦荟，到后来蕃茄产品的热卖得到印证，甚至现在坊间多了很多健身俱乐部、养生餐厅等，就连饮用水及生态蔬果也会因为强调有益健康而大受欢迎。

(3) 个性化概念

所谓个性化概念可以分成两种，一种是商品个性化，主要是抓住时下年轻人多变、求新、个人意识高涨的特质，将自我意识形象化，为每位客户量身打造独一无二的个性化商品，以满足消费者潜在的爱美情结，因而产生商机。而另一种则是店铺个性化，由于国内许多零售服务业已进入完

全竞争的阶段，因此现阶段开店的致胜关键是让消费者产生认同感，要具有独特的店铺个性，例如卖咖啡的星巴克、卖生活用品的小超市、卖美容保养品的美体小铺等，就是具有店铺个性化的代表。

市面的个性化商品很多，如大头贴、数字照片印章等，不过这类产品由于技术层次低，流行热潮褪去后，不易再做创意变化，也容易使得商机退烧。另外，有的高价位艺术品，如琉璃等，受到市场限制，也不是每个人都消费得起，因此在个人创业上，应以周遭生活商品切入，再量身订做属于个人化的创意商品。

（4）教育概念

符合教育概念的行业极具赚钱潜力。随着双薪家庭的比例愈来越高，望子成龙的心态让父母在教育子女的投资上毫不吝啬，因此造就了儿童文教业市场的繁荣。而上班族则因为失业率攀升，惊觉到现在是人求事的时代，为加强竞争力而积极培养第二专长，于是让成人家教业的商机浮现。

（5）女性概念

犹太人总结自己的生意经：男人从事劳动挣钱，女人使用男人挣得的钱来维持家庭生活。生意经谈的是如何赚钱，且不论古今东西，一想到赚钱，立即会联想到女人，因为钱都在女人手中，这是犹太人的公理。所谓“赚女人手中钱”，便成了犹太人生意经的圣言。

在那富丽堂皇的高级商店里，那些昂贵的钻石、豪华的礼服、项链、戒指、香水、手提包……无一不是等待女顾客的。那些豪华商店乃至普通百货公司所展卖的各种商品，均是女性产品占绝对统治地位。犹太商人就是瞄准了这个市场，获得了比别人更大的利润。当然，如今赚女人的钱已不是犹太人的专利。随着女性经济独立自主，消费力提高，很多产品纷纷以女性为目标市场。另外，专为女性推出的信用卡，也是着眼于女性的强大消费力。

买菜时可能会为了一两块钱计较的女性，为了让自己更美，却是花钱毫不手软，尤其许多瘦身美容业者不断透过大众媒体的广告宣传攻势，激起女性美的欲望，也因此带动瘦身美容产业的兴隆。再者，随着饮食的精致化，国内有瘦身减肥需求的人数也不断攀升。根据调查，有高达七成以上的女性对自己的身材不满意，这是瘦身美容业有商机的原因。

3. 冷门最易成功

日本肥料大王浅野总一郎年轻时，从故乡富士山来到东京。因身无分文，又找不到工作，有一段时间每天都陷于半饥饿状态之中。

有一天，他发现有个水泉，已挨饿整整两天的他就用水来试饮充饥，一喝觉得非常清凉可口。“干脆卖水算了。”他想。这样，他便在路旁开始了摆摊卖水的生活。卖水所需的工具大都分都是捡来的。

“来，来，请喝冷水。”浅野使尽浑身的力气大声喊叫。虽然是水，里边加一点糖就变成钱了。这最简单的卖水生意使这位吃尽千辛万苦的青年不必再挨饿了。

两年后，浅野卖水已经赚了不少钱，于是开始经营煤炭零售店。当时的横滨市长听到浅野很会把无价值的东西产生价值，就召见他说：“你是以很会利用废物闻名的，但是人的排泄物，我想，你是没办法的了。”

“只收集一两家粪便是不会赚钱的，但是收集数千人的大小便就会赚钱。”于是，浅野就替横滨市设置了 63 处日本最初的公共厕所，因而成为日本公共厕所的始祖。

厕所做成后，浅野就把汲粪便的权利以一年 4000 元代价卖给别人。两年后，他设立了一家日本最初的人造肥料公司。

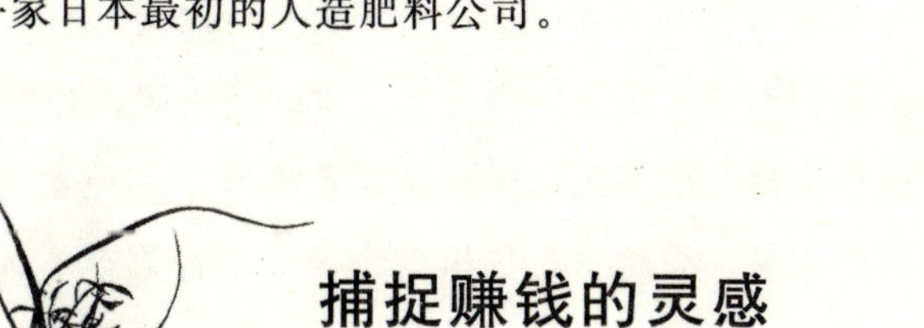

捕捉赚钱的灵感

人的灵感是智慧的火花，灵感也可以在经营中得到体现，商人的灵感便是赚钱的兆头。经营灵感的核心，就是创新。一般经营者只知道遵规蹈矩，按习惯和传统来管理企业，只有那些敢于创新、富于冒险精神的经营者才有可能在竞争中不断取得成功。

创新来源于灵感，灵感是思考和创造的火花。在当今日新月异、瞬息万变的商场上，每个企业都将面临愈来愈烈的竞争。小企业受到大企业的竞争压力，稍有闪失就会全军覆没；大企业面对竞争对手的咄咄逼人，同样疏忽不得。商场就是是竞技场，虽然没有硝烟，却也狰狞可怕。

白手起家、历尽艰险、终成世界巨富的老约翰·洛克菲勒曾经说过："假如你想成功，你就应该自己辟出一条新路来，而不要沿着一条路走下去。"古今中外无数成功的创业者所走过的道路，都验证了这句话的正确性。所以，企业经营者要想使企业长期生存、发展乃至后来居上，赶上先进企业，就必须不断创新，努力培养自己卓越的创造才能。

那么，经营者的创新灵感表现在哪些方面呢？

1. 经营自己的特色

有特色的，才是与众不同的，也是有吸引力的。在竞争的社会，在众多同类商家林立的情况下，谁有自己的特色，谁就可以更多地招揽顾客。

美国得克萨斯州的"东方咖啡"饭店是由多尔西·马格和伊莲娜·马丁两位女士联合开办的。开业之后，由于没有什么特色，顾客不多，饭店面临倒闭。后来，她们觉得店后那个大花园闲置着倒不如开发成菜园，以自产的新鲜蔬菜来吸引顾客，也许生意会有所改观。

于是，她们聘请贝蒂·佩雷兹女士来改造花园。有13年菜园工作经验的贝蒂干得很出色。没多久，饭店花园就变成了一座菜、果、花三合一的综合园。各种蔬菜、果树、花草相互间种，布置得很美观，既可食用，又可观赏。顾客到了这里，不仅可以吃到刚从饭店菜花园里采摘来的新鲜蔬菜、水果，而且也可以到菜花园里去散步、聊天，观赏菜盘中的食物是怎样生长的，采摘园中的果蔬来品尝。在别的饭店吃南瓜，却不知南瓜是什么样子；吃茄子，不知道茄子有多大。到她们饭店可以边吃边看，十分有趣。

由于主要靠自己园中的蔬菜供应顾客，"东方咖啡"饭店可以不受市场上菜价猛涨的影响，蔬菜价廉物美，而且新鲜、味道好。因而顾客越来越多，生意越做越好，店里的利润也越来越可观。

2. 好点子可以点石成金

好点子也是财富。试看那些“点子”公司，专门替人出主意、想办法、策划方案，不也干得红红火火吗？

一个好点子就能带来一笔财富。美国某天文物理研究所出版的星相目录中，有25万颗星星还没有正式命名。得到这一消息后，加州出现了一个“星相命名公司”，并在全国大登广告：星星出售——你现在可以给一颗星星以你自己的名字或你爱人的名字命名。最先登记的25万幸运者将名垂青史……你的星星和它的新名字，将永远注册于国会图书馆。每颗星星的命名费25美元。

其实肉眼看得见的星星很早已有了传统名字，星相命名公司专门出售肉眼看不见、只有编号还没命名的星星的命名权。25美元可以买一张星座图，指出你买的那颗星的位置，并且还有一份正式登记证。

这个星相命名公司怎么扯上国会图书馆的呢？原来他们把目录上的星星编号印在空页上，每填满一页名字（大约100个），就把它送到国会图书馆去登记版权。显然这是发财的好主意，不多久，他们就赚得一大笔钱。

加拿大多伦多市出现了一家相同性质的公司，要价也是每颗星星25加元。他们还把新命的名字制成显微胶片，“永远”存在瑞士和多伦多的保险库里。这家公司的老板请约克大学一个教授写了一本书，把新命的名字附在其中，那书将会登记版权，于是他们也可以宣称“在国会图书馆永远注册”了。自然，这个星相公司也找到了一条发财的好路子。

3. 小东西派大用场

小东西不起眼，容易被人忽视。但换个角度，小东西也能派上大用场，创造原本可能想都不敢想的奇迹。这一切，都需要一个善于思考的头脑。生活、工作中，也许就有许多这样的小东西放错了位置，不妨经过思考给它一个更合适的位置，发挥更大的效用。

春秋时期，宋国有户人家，祖传以漂洗丝绵为业。因为冬季干活时常常冻手，后来他们发明了一种“不皲手药”。此后，冬天干活时把药涂在手上，就再也没有什么问题了。

一天，有位吴国的商人来到他家，说要用重金购买不皲手药的药方。

这家主人召集家人商量，商议的结果是：“我们家世世代代以漂洗丝绵为业，一年到头，收入也不过仅够吃饭而已。现在我们仅仅卖一个药方，便可以得到许多钱，这又何乐而不为呢?”一家人觉得这是个发财的好机会，就把药方卖了。

吴国商人买下不皲药方后，到王宫里去见吴王，说：“越国和吴国关系不好，我听说越国今年秋季遭了水灾，收成不好，人心惶惶，不如乘这个机会去攻打他们。我有妙计可以打败他们。”吴王同意了他的请求，派兵去攻打越国。

当时正值三九隆冬，吴国有不皲手药，不怕冻手，所以将士们个个奋勇争先，以一当十。越国的将士个个冻得手拿不稳武器，大大影响了战斗力。这一仗越军大败，损失惨重。

吴军打了胜仗，吴王很高兴，把打胜仗的将领晋升高官，同时也重赏了商人。而这位商人此时得到的赏金，不知比当初买药方时花的钱高出多少倍。

4. 与众不同发财快

与众不同的，才是有魅力的。松下幸之助创业之初是由生产电插头起家的，由于插头的性能不好，产品的销路大受影响，没多久，他就陷入了困境。

一次，一对姐弟的谈话引起了他的注意。姐姐正在熨衣服，弟弟想读书，却无法开灯（那时候的插头只有一个，用它熨衣服就不能开灯，两者不能同时使用）。

弟弟吵着说：“姐姐，你能不能快点开灯，我想看书!”

姐姐哄着弟弟说：“好了好了，我就快熨好了。”

“老是说快熨好了，已经过了30分钟了。”

姐姐和弟弟为了用电，一直争吵不休。

松下幸之助边走边想：只有一根电线，有人熨衣服，就无法开灯看书；反过来说，有人看书，就无法熨衣服，这不是太不方便了吗？何不生产出同时可以两用的插头呢？回去后，松下认真研究了这个问题，不久，他就想出了两用插头的构造。

试用品问世之后，很快就卖光了，订货的人越来越多，简直是供不应求。松下只好增加工人，也扩建了工厂。松下幸之助的事业，就此走上稳步发展的轨道，逐年发展，利润大增。

5. 敢于异想天开

异想天开，就是出奇招，想他人不敢想、不能想，或根本想不到的。旧时美国是没有夹心雪糕的，要吃雪糕的话，卖雪糕的人就用一支竹签把雪糕挑起，盛在一个纸杯内，然后顾客就用小木棒挑来吃。

本来，像这种小事，根本不需要动脑筋的。可是，偏偏就有这样的“傻瓜”，要在装雪糕的方法上动脑筋。

有一天，这傻小子买了几杯雪糕给孩子吃，总觉得这种雪糕吃起来不方便，尤其是小孩子，常常弄得满脸雪糕，甜腻腻的，怪不舒服。他一边替孩子们擦拭，一边想：如果把这方式改变了，对顾客，尤其是孩子们，是否会更便利一些呢？于是，他的脑筋开始一心一意想这个问题。

他想了很久，也没有想出什么好方法来。他把这个念头写下来，并且抄了很多份，送给他的朋友看，请他们提供点意见，希望能帮助他早一天替雪糕穿上外衣。

但是，他只得到一些揶揄、嘲笑。当然，其中还夹杂着一些诚恳的劝告，劝他放弃这个傻念头，不要想这个无聊的问题了。

他并不因此而放弃这个目的，他执着地想着这个替雪糕穿衣服的念头。花了三四个月的时间，他终于替雪糕设计了一件很美观的外衣，就跟我们现在吃的夹心雪糕很相像，吃起来方便得很。

本来，他决定自己开设一家雪糕厂来制作夹心雪糕，但因资金不足，

只好把这个小小的新发明卖给一家大雪糕厂，换取一笔相当可观的财富，成了个小富翁。

就是这“傻子”的“傻”劲儿，成就了一项发明，使雪糕也由此穿上了外衣，销往全世界。

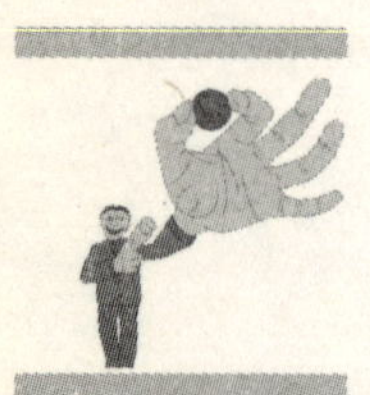

第三章　求财的误区

违反经营的规律，缺少赚钱的心态，就会妨碍财富的到来。

初次创业的误区

凡事都有个第一。俗话说：文章好写头难开。初次创业并非易事，因为创业者很容易陷入前所未有的困难和问题中。有些问题看似简单，但创业者“当局者迷”，不能果断而科学地进行决策，进而贻误企业的发展。

我们知道，创业的关口很多，其中至少要闯过三道关：一是资金关，起码拥有启动企业的资金；二是人脉关，要有平衡各种社会关系的能力；三是心理关，要有承受创业之艰难的能力。单就创业者的心理而言，可以说是极其复杂的，例如害怕赔钱、想一口吃个胖子、想一开始就以高起点运作自己的企业、想把企业的形象迅速推出去……这些想法是可以理解的，但结果只能是事与愿违。

据相关统计资料显示，我国初次创业的企业成功率不足5%，低于西方发达国家。因此，有必要对初次创业的误区进行归纳、分析并加以诊治，让创业者把握成功要素，尽快踏上财富征程。

初次创业的人，会存在以下误区：

1. 贪多求快

创业要按程序办，这是不能违背的规律。从许多人的创业经历中可以得出这样的经验：投资创业，产品制造，市场营销，千万快不得。

快了，会断裂发展过程。“治大邦若烹小鲜。”同样的道理：企业的成长同人一样，任何过程的跳跃与阶段的短缺都会导致脆弱生命的夭折，至少是埋下隐患。我们只能朝着目标努力地、积极地、抓紧地、一件一件地去做。任何焦躁都于事无补。

快了，会打乱系统平衡。企业全部活动的结果是销售收入。这个结果由若干个单元、在系统的平衡运动中产生。比如，管理制度是驾驭其他单元的操作软件。一套合理实用的管理制度决不是一朝一夕能够产生的。王永庆有名言，叫“点点滴滴”，在管理上，要点点滴滴追求合理化。如果你套用一套制度，或组织个班子花几天搞出一套制度，而不是从你企业的实际出发慢慢形成，那么，系统的混乱比你想象的还要快。

快了，会破坏生存基础。成功创业的愿望一旦遇到诱人的项目就会燃烧起来。愿望毋庸置疑，问题是，任何新的项目和新的领域都会有风险。风险通常来自两个方面，市场的不确定性和所必需的能力。前者会在前进中逐渐变得清晰，后者也会在摸索中逐渐获得。只有当冰山浮出水面，又有了可以把握的底数，方可最后下决心。

快了，会失去掌控主动权。以营销计划为例，一个有规模的市场营销计划，在实施中会碰到许多不曾预料的事，甚至全盘推翻原来的计划。如果在执行中走得过快，就会与系统不能协调，直接碰撞的是：财务预算和现金流量；生产系统对新市场特点的适应；现有工艺技术对市场细分的要求等。这些都会直接动摇系统的平衡和稳定。

2. 追求高起点

在投资中一开始就追求高起点，虽然能够运转起来，但生存下去的很少。创业是一个事情的初始，初始的东西总是小的。

在经济生活的现实中，你会发现，企业强不强与大小无关。小的未必弱，大的也未必强。例如，在日本的500多万家企业中，中小企业占99%，和中国的情况差不多，而它们提供的就业人数则占企业从业人数的75%左右。它们在激烈的市场竞争中有着旺盛的活力，正由于是小企业，所以它们往往把产品做得很专业、很精密、很细致、很有特色、很有深度。小是美，小是强，投资从小开始是正路。

3. 一味扩大规模

规模失当导致投资失败的可能通常不易被人察觉，但它却是一个巨大的隐性因素。不适当地扩大规模，其颠覆作用发生在三个致命处：一是把投资者本应该在实践中逐渐增长的能力过早地推到了极限，由此发生混乱与失控；二是对投资对象的内涵，本应该在成长过程中不断地加深认识和理解，却在一步迈大的过程中省略了；三是绷紧了资金的链条，应该是宽松有余地的资金链条，被拉紧再拉紧，以至于完全没有松动的余地，一旦绷断，则运转就中断了。

对于规模，当然不是说小就是好，而是要适当。以下是选择企业规模的一般知识：

（1）依行业种类而定。比如鲜花店、网吧、美容院、食杂店等，它由周边辐射的居民数量决定，很难做大；而连锁则另当别论。相反，搞农业种植养殖，小商品批发，没有一定的规模就很难赢利。

（2）依市场容量而定。企业规模要与市场需求量相适应。有的产品价值小重量大，利润会被运费吃掉。也有的产品受保质时间限制，不宜开拓远方市场。这两类产品受产地市场的容量限制，进而就决定了企业的规模。

（3）依开拓能力而定。新的产品与开拓市场的能力有直接关系。你是否拥有这种能力，同样决定产品的数量，进而决定企业的规模。鉴于产品制造容易，而销售相对困难，规模设定就一定要与你在一定时期，比如一年可能具备的市场开拓能力相适应。

（4）依流动资金而定。流动资金的供给必须持续到良性循环，即销售收入开始进账的那一天。这时，企业运转的耗费才开始得以补偿。在这一天到来之前，资金是不断地投入且不能中断。如果资金的准备不能维持到这一天，投资的项目就会夭折。

（5）依管理能力而定。管理能力的形成，建立在企业发展的过程之中。比如管理费用，哪些绝对不可以发生，哪些要控制，控制到什么程度，如何控制，等等，都只能在实际操作中作出规定。既然能力的产生是实践的过程，投资规模就要与管理能力相适应，否则便将败于管理。

4. 追求产品完美

为了追求最好的产品质量，有的创业者把原辅材料档次提高了一大步，从而使产品成本增加。此外，他们不考虑市场容量与潜力，把产品目标客户定位于高端，与市场脱节；低档产品高档包装，“内容”与“形式”不统一。

殊不知追求质量也是要有成本的，过高的质量成本，对开发市场很可能会起到反作用。最好的办法就是从市场的角度去定价，然后再回过头来研究成本，再选择与成本相对应的原材料；产品要与目标客户群体相对接，要考虑目标客户的消费心理、消费能力与消费形态，确定最适销对路的产品；产品与包装要匹配，核心产品与附加产品（形式产品）要高度统一，注意的是不能“挂羊头卖狗肉”，只有华丽的外表而没有实质的内容，最终也难以打动消费者。

5. 追求高额利润

一些企业以高利润行业的利润标准衡量本行业，定价脱离市场，价格虚高，有价无市，不能根据市场变化灵活调整价格，一味地谋求高利。

创业伊始，给自己和员工树立信心是最关键的。因此，第一桶金对老板和员工来说都是至关重要的。好的开局是成功的一半。建议老板们不要只看到眼前的利润，形象、品牌、市场份额似乎更为重要。不应以其他行业的利润率作为确定企业目标利润率的依据。市场会惩罚那些不尊重市场价格规律的企业，没有卖不出去的产品，只有卖不出去的价格；竞争会使企业的价格趋向一个更能为广大消费者接受的额度，因此不适市而动，只有死路一条。

6. 做能力不及的项目

一些企业无资金基础却运作资金密集型企业；无核心技术却想在市场上跟风，追逐其他企业；上马政府法律法规明文规定限制或禁止的经营项目。这些必将为自己的企业埋下隐患。

要知道，搞企业不能搞“千里马”，也不能搞“浮夸风”，更不能学某些企业家声称的“没有做不到的，只有想不到的”那一套。在融资能力范围内，有多大能力办多大事；在技术上盲目跟风是很危险的，因为竞争对手可能已有专利、商标等知识产权方面的保护，仿冒跟风可能要惹上官司，乃至“赔了夫人又折兵”；创业要考虑政策风险，没有哪家企业有改变国家相关法律法规的本事。

7. 做市场四面出击

一些企业没有主打产品，产品线过广、过深，产品全面上市；产品全面进入全国市场，如通过成立分支机构或选择经销商；广告遍地开花，全国上下一盘棋。这些企业本想“四面开花”，把产品推向全国，接受的人越多越好，但结果事与愿违。

实际上，那些成功的企业都有自己的主打产品，或称拳头产品。这种产品的市场成长性好，并且是企业利润的主要来源。如果与竞争对手攀比产品种类，那样企业在做市场时将失去重点，甚至市场份额；选择重点区域进行试销，如脑白金、黄金搭档、羚锐贴膏等，待试销取得成功后再全面推广，这样可以减少进入市场的风险和降低资金、人员风险，这也为调整后期销售策略奠定了基础。全国各区域的实效媒体各不相同，并且消费习性（消费心理、消费特征）、购买能力、市场环境等因素也不尽相同，因此应采取差异化的区域性市场营销策略，而不是全国上下一盘棋。

8. 进入不熟悉的行业

有些企业不是跟着市场走，而是跟着厚利行业走；与朋友或其他合作方共同开发自己不熟悉的市场领域；盲目地同时启动多个项目，包括自己不熟悉的行业。这种进入熟悉行业进行创业的结果，往往使人感到迷茫。

生意不懂不做，这是一个法则。行业间虽然有一定的共性，但每个行业都有其深度所在，这个深度构成了企业进入这个行业的（关键）门槛。不懂就会带来盲目与浮躁，使经营管理肤浅而泛化。创业者应该懂得：每个行业的厚利都有其阶段性，因为规范的市场环境下将打破垄断，充满了竞争，竞争会促进各行业最终平均利润的形成。

因此，要跟着市场走，而不是跟着利润走，更何况创业者并不是对每个厚利行业都熟悉；即使与朋友合作，也不要盲目，因为一旦牵扯到自身的经济利益，就会产生利益分配上的矛盾或经营管理上的分歧，在这种情况下，“不懂”就意味着“吃亏”。集中精力做好一件事，这是成功的法则。先从自己熟悉的行业做起，这样更有利于资本的原始积累，这样更有利于企业的健康发展。

9. 坐等机会

有些企业前期准备时间过长，总是觉得时机不成熟，不敢去承接业务；在市场面前习惯于徘徊观望，决策速度缓慢；开发市场缺乏主动性，往往被动应变市场变化；重生产而轻营销与产品研发，企业经营管理重心失衡。他们坐等机会，被动应对，其结果是使企业不断走下坡路。

“有条件要上，没条件创造条件也要上”，这是前人说过的话。创业者对这句话应该充分“咀嚼”一下。很多企业都是边创业边完善，边完善边发展，乃至最后企业形象和品牌效应都形成了。创业者应该懂得：机会不等人，可以边干边摸索，错了不怕，怕的是畏缩不前；市场形势瞬息万变，需要创业者果断决策、及时应对；市场属于开拓者，市场是有容量的，但却是相对容量，哪家企业主动，哪家企业就有更多的机会获得更多的市场份额。

抓住市场和技术进步，这是企业的两把成功钥匙。如今，企业不应是“纺锤型”（轻研发、营销，而重生产），而应是“哑铃型”（重研发和营销）。

10. 任人唯亲，排斥“外人”

有的创业者把重要岗位（如财务）都安排自己的亲属；听信亲属的有关谏言，偏信亲属；以亲信做耳目，监督其他员工工作；亲属在企业内为所欲为，仗势行事；夫妻对唱，里应外合，不分主次。这种“任人唯亲”的管理模式，看似“保险”，实则隐患不少。

很多私营企业在创业过程中都有一个特定阶段，即家族化阶段。应该承认，很多企业在开办初期，受企业的经济实力、工作环境等方面制约，难于吸引一些人才加盟，因此企业家族化有其客观性因素。当然，也有其主观性因素，如企业老板认为家族成员可靠，值得信任等。要知道，企业家族化对经营管理是一个难题，尤其将来企业做大后更是一个难题，会引发企业家族“元老”安置的问题。这些私人企业的老板应该懂得：企业用人需要以德为本，量才使用，给家族员工与家族外员工以平等的竞争与上岗机会；要知道“兼听则明，偏信则暗”，“谗言”不能作为考核员工的依据，人品和业绩才是考核指标；管理要有层级，但不排斥员工间的相互监督，可是把亲属都当成“千里眼”和“顺风耳”却不够恰当，有时会错怪好人；在家族企业内部，家族成员不能“以善小而不为，以恶小而为之”，否则企业所立的“规矩”将被打破，容易使企业散作一盘沙；夫妻共同创业本是正常事，但是也要职责分工，否则在决策时难于出个结果。夫妻之间也要能者上、庸者下，做自己擅长的工作。企业不是家庭，如果没有现代企业的管理观念，私人企业想做大做强是难以想象的。

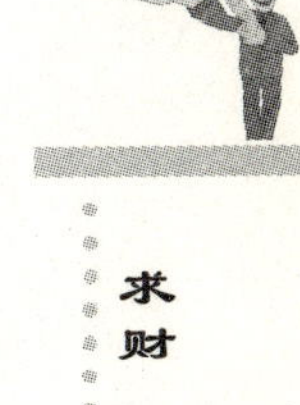

缺乏正确的经营理念

为了追求财富，创业者无不殚精竭虑、日夜奋斗。但创业是一个艰辛的历程，尤其是在经验不足、资金短缺、市场无法打开等各种压力下，如

果没有正确的经营理念，不经过科学、客观的决策，往往会走入创业的误区。

“认识决定行为。”创业需要一定的创业理念，这个理念指导着创业者的决策和行动，自然也导致了相应的结果。经营理念正确，就能做出正确的决策；反之，就会陷入困境，甚至导致创业失败。以下就是一些常见的经营理念误区。

1. 一招鲜吃遍天

“一招鲜吃遍天”的口号，是相对闭塞的传统创业者而言的，但面对知识经济和网络时代带来的急剧变化，现在很难再有这样的事情了。看上去一项很“牛”的技术或者项目，一旦被市场所关注，立刻就能迅速复制出来。比如，曾经有个“掉渣饼”风靡一时，但没过多久大街小巷都开满了“掉渣饼”店，又过了一些日子，都悄然不见了，再好吃的东西也会吃腻的。其实做生意是长久的事情，现在人复制能力那么强，试问你能鲜多久？所以，最好还是选择一些你身边有人在做的，比如亲戚朋友在经营的行业试试，以保本为首要，不要相信暴利的神话。

2. 金钱是创业的唯一目标

人们对那些一夜发家致富的创业者羡慕不已，书店中也充斥着成功企业家如何一朝抓住机会成功致富的案例分析，以及教人如何短时间致富的书。但许多人不知道现在的成功人士在没有成功以前经历了多少艰辛和波折，更不知道导致他们成功的关键点是什么。原始资本这个概念不一定是钱，甚至说“第一桶金”也不一定是钱，相反，更有价值的是你对这个社会的认识、对人际关系的认识，以及对某个行业的认识，等等，这些都是宝贵的财富。钱不是企业存在的唯一目标，单纯追求利润（尤其是短期利润）的企业是难以长久的。

3. 大树底下好乘凉

现在随处都可以看到铺天盖地的加盟连锁广告，按照投资者乐观的想法，加盟一家稳定发展的连锁集团，集团总部统一配送资源，依托相对成熟的管理机制，加盟者只需投资租一块适合的门店即可，背靠这棵“大树”，加盟后等着盈利就行了。然而，很多加盟商虽充满创业激情，信念十足，却不愿深入了解行业的深层情况，甚至很多人尚未熟悉这个行业就盲目投资。连锁集团所提供的方案和产品并不一定适合创业者当地的市场，而且加盟者处于劣势地位，甚至一些加盟合同存在多条“霸王条款”，隐藏着不少陷阱，例如，前期门槛低，后期门槛高，迫使加盟者在交了加盟费不久便自动退出。为了避免风险，加盟者应深入企业总部、门店熟悉情况，最后再判断自己是否适合这个行业，是否与这个企业相互适合，然后再决定是否开店。

4. 把宝押在大客户身上

在创业过程中，最需要的就是客户和市场，只有自己的产品或服务卖出去了，才能产生收益，而此时大客户出现自然让创业者喜上眉梢。也许这样一个大客户的实力雄厚，足以让你的小公司“吃饱”。殊不知，仅仅依靠大客户，而不思进取或者不再去开拓其他市场，危险可能随时会来。当客户突然有一天要终止与你的合作时，你会发现，失去了这个客户，公司将很难存活下去，因为你根本没有发展其他客户。居安思危是每一个创业者时刻牢记的。

5. 迷信市场预测

一些经营者，不管做什么生意，都热衷于对市场做一些调查和预测，诸如抽样、问卷、电话等方式的需求测试，完全依赖预测得来的数字来判断市场，进而作出决策。这是许多初次创业者容易走进的误区。但是也许就在你进行预测的过程中，市场的供求关系已经发生了变化；有的人的心理就像天上的云游移莫测，经济学中的价值规律碰上了心理这个东西也会失灵。要知道，市场的魔力恰恰在它的不可预知性，如果市场可以通过技术方法预测，那计划经济就是可行的了。不能否认市场预测有一定的科学性，但创业者要客观地对待，不能过度“迷信”那些预测。

6. 一心二用

有的人本来有份工作，又很想自己做点生意，或者希望手里的存款通过投资做生意迅速增值，可是不舍得放弃身边的工作，于是“兼职创业”。但是这部分人大多在经营上难以投入太多的时间和精力，一边兼顾工作，一边又要自己创业，这样的成功例子很少，一心二用难以成事。既然决定出来做生意了，为什么不舍得放弃身边的一点利益呢？俗话说“破釜沉舟”，只有全心投入才能有成功的希望。当然你决定出来自己创业的时候，必须要对比身边所有的资源。如果非要“一心二用”，不妨考虑一下扮演股东的角色，不要去参与经营为好。

7. 知识＝经济

有很多手持高学历文凭的创业者聚集到一起，想以知识投资创业，但最终他们会发现任何传承的专业知识都代替不了创业的真本事，光凭知识投资创业的，都避免不了在历经失败之后，补上“经济”这门课。尤其是对创建一个经济实体的产业投资而言，知识同土地、厂房、设备、原材料、劳动力一样，是构成项目的资源或要素。结论是：经济中有知识，知识中包含不了经济，知识是一种好的资本形式，但不是经济。

8. 资本是唯一需要的资源

资金并非唯一需要的资源，对于有些行业而言，甚至不是最重要的资源，市场上充斥着缺乏出路的资金，所缺的是懂得有效运用他们的公司的企业领导人。白手起家的人往往缺乏资源的支持，资金只是这种资源的组成部分，其他还包括以下的一系列资源：客户基础、供应商支持、有能力的员工和团队支撑、品牌和声誉、技术和服务支持体系、生产工艺流程等。

创业者应该在创业前就学会如何在非常有限的资源下作战，提早进行充足的准备和积累。其中一个好办法是在没有正式创业之前尽量在目前的工作中模拟，使自己适应将来需要面对的相似环境。资源的积累需要一个过程，企业家的成熟需要付出代价。每个人的成长都要交学费，初创的企业由于资源有限，注定了难以承受大的失误，没有多少资源可供浪费。而这些代价通常是要付出的，所以如果不在创业前交足够的学费（类似工作中所经历的失败教训、从中获得的感悟等)，很可能会在创业初期栽跟头，也可能导致初步成功后的滑铁卢。

9. 追求短期成功的快感

成功需要天时、地利、人和以及足够的运气。不要小看运气，如果时运不佳，再出色的企业家也得在困难中挣扎。创业之路就像走一条漆黑的隧道，在看到曙光前都将会是一片黑暗。看到光明前的心理承受能力和实现理想的执著，是决定成败的重要因素。真实的创业故事都不是一帆风顺的，你必须在创业前积累足够的资源，令你能撑到成功的那一天。许多人抱怨被房子、车子的供款捆住，家庭无法承受创业的风险。事实上，在买车、买房之前，你就应该考虑买后对以后造成的影响。创业是很早就应该考虑的一个人生目标，其他的家庭决策都要与之相配，创业是一项系统工程。

10. 跟着别人走

大多数人没有自主创业的实践和经验。无论是生存型创业，还是机会型创业，创业者常常不知道选择什么项目、怎么创业，于是，一些急于求成的创业者认为，别人怎么创我也怎么创，这是一条捷径。结果，人家创业成功，自己创业却失败。原因在于，创业不是就业，跟村里的熟人一起出去打工，一般都能找到活干。创业就不同了，创业是组合劳动、知识、技术、管理、资本等生产要素，进行创造性的生产性活动。任何一个创业者，选择任何一种创业项目，首先要有自己的优势。这种“优势”就是组合生产要素的优势。步入自己不懂的行业，创办自己陌生的企业，是不可能实现成功创业的。盲目地跟着别人走，丢掉自己的强势，认定别人能做的自己一定能做，结果正如哥德所说的：“有才能的人看旁人做的事总是自信也能做，这其实不然，他总有一天会追悔浪费精力。”

没有成功的创业心态

在创业的过程中，如果我们的思想和认识存在问题，就不能很好地调整方向、端正心态。心态不好，必然影响自己的行动。中外许多事例表明，正确而积极的心态，是创业成功的关键。

一个人具有良好的创业心态，就能准确地权衡自身的实力，把握自己的奋斗方向；就能平静而豁达地看待生意场上的得失利弊，胜不骄、败不馁；就能做事有度，各方面平衡协调。一个成熟的企业家，必将具有成熟的人格特征。

但是，在创业中，一些人却存在着这样那样的心态问题：

1. 追求大摊子

做事情要眼光远，但也不能好高骛远，切记要量力而行。创业者往往雄心万丈，最易犯这个错误。

一开始就喜欢把摊子铺得很大，几乎是一些创业投资者的共性，殊不知种种危机蛰伏其中，一不小心就可能爆发。同时，在经济快速增长的时候，人们容易信心超支，对未来估计过于乐观，藐视风险，从而形成投资泡沫，一旦有风吹草动，泡沫瞬间破灭，投资者就会陷入危局和困境。投资者应从风险与收益平衡的角度考虑企业的投资导向，选择合适的投资项目，并且将投资规模控制在适度的范围内。在具体投资时，应将资金分批次、分阶段投入，尽量避免一次性投入，应留有余力，以防万一环境变化，风险发生，手中再无资金可以周转，以致满盘皆输。

2. 幻想马上成功

大凡创业者，谁都想在短期内创成大业，谁都想自己的企业快速发

展。但是，创业不是赌钱、不是炒股，创业企业都是由小到大逐步成长的。风险投资家有一句古老的格言：柠檬只要两年半就成熟了，但珍珠需要7～8年才能孕育成功。几乎没有一家新企业可以在少于3～4年的时间里打牢基础。欲速则不达，一口吃不成胖子。例如，有的人开酒馆，几个月就想收回成本，结果半年不到从宰客开门到无客关门。企业的成功，发展的加快，无一不是靠扎实务实、诚信诚实、开拓创业。市场不相信大话、空话和豪言壮语，贵在求真务实。据说温州的一大批做大做强的私人企业，大都是经历了20年的风雨历程才有今天的。急于求成、急功近利是成不了大事的。

3. 靠一个人的力量

大量创业事例告诉我们，单个创业者通常只能达到维持生计。要想单枪匹马地发展一家高潜力的企业是极其困难的。最成功的创业者通常是组建起自己的团队、自己的组织，然后是自己的公司。他们与同事、顾问、投资者、重要顾客、关键供应商等都要保持有效的工作关系。

有的人创建企业，总想完全拥有整个公司的所有权和控制权，不让别人参股，这样只会限制企业的成长。创业者如果成为孤独的“狼”，无法与他人相处共事，那只能算是地摊式的小业主，而无法成为统领千军万马的企业家。走出“单枪匹马”，一要有开阔的眼界，二要有广阔的胸怀。

4. 把创业当赌博

创业热情很高，这是许多创业者的精神面貌。可是，为什么其中有些人就是创不成业呢？原因是他们缺乏理智，认为创业就是一种赌博，凭的就是运气。投资某一项目，不是进行周密的市场调查和预测，达到科学决策，而是凭一时胆大，面对所谓的机遇，便大喊大叫：“这回我要赌一把！”

其实，成功的创业者会预期风险，小心翼翼。在有选择的情况下，他们通过让别人一起分担风险、避免或最小化风险来左右成功优势的倾斜方向。他们常常把风险分割成可接受、可消化的小块；那时，他们才肯付出时间和资源，他们不会故意承担更多的、不必要的风险。当风险不可避免时，他们也不会胆怯、退缩。“赌一把”偶尔有可能赢，但绝大多数是输。

5. 向大企业看齐

有些创业者为了实现快速发展、做大做强的目标，往往不从自身“小”和刚创办的实际出发，盲目套用大公司的成功经验，认为选择这一路径不会有错。因此，张口不是国内大企业是怎么做的，就是世界500强是怎么做的，一心要按照大公司的模式来打造自己。结果如何呢？有的创业企业一开始就得了“大企业病”，成立这个部门那个室，机构臃肿，反应迟钝，决策缓慢，执行力不强。有的小企业按照大公司的经验运作，成了中看不中用的摆设。企业的管理、成长有自身的特点，硬用国内外的大企业的经验套，肯定“水土不服”，适得其反。

6. 贪图大资金

大量创业故事表明，个人创业成功与起始资金量的多少没任何联系。比尔·盖茨辍学创立微软，休利特和帕卡德在自家车库创立惠普，创业资金都很少。而那些倒下来的企业，其中不乏曾经实力雄厚者。所以，对个人创业者来说，选对一个能快速产生“现金流”的行业，比什么都重要。

7. 追赶“热门”行业

一味赶所谓的“时髦”，也误了许多创业者。当然，一个热门行业，注定机会多多，甚至会产生几名“首富”，例如IT行业。但是，这些行业竞争惨烈，所谓“一将功成万骨枯”，微软的成功，也是挤压无数中小公司倒闭而铺就的。还有，就是“最热门”的行业，注定吸引优秀人才的汇集，你有没有把握在这些最优秀的人中再次“拔尖儿”？所以，瞄准高成长却相对处在“盲区”的行业，成功率才高。

8. 想赚所有人的钱

你不可能把所有人的钱都赚到自己的腰包里。麦当劳可不可以兼卖鱼翅捞钱？五星级酒店有没有可能把地下室改成招待所，能不能用低价格把低收入人群也“一网打尽”？对于这样的问题，你恐怕也心知肚明，“捞过界”的后果是把自身原有的顾客群也一并丢掉。

准确的“创业定位”，是成功的第一步。而大量证据表明，针对小资金的创业者，去赚高附加值的部分，尤其那些高端收入人士的钱，更容易成功。

9. 为自己的年龄所囿

年轻人所特有的精神是创业的优势，有助于创业的成功。但是，年龄绝不是创业的障碍。创立高潜力企业的创业者，其平均年龄在 35 岁左右，60 几岁才开始创办企业的创业者为数也不少。关键是要掌握相关的技术、经验、关系网，它们非常有助于识别和捕捉商机。有一位官员，1997 年退休后自己创办企业，经过 10 年奋斗，挣了 15 亿元。20 世纪 80 年代的著名企业家马胜利，如今已经年近古稀，几年前被双星集团总裁汪海请出山，出任“双星马胜利纸业有限公司”总经理。在美国，据说有个人 80 岁开始创业，93 岁成功。所以说，创业没有年龄界限，创业者只有素质高低之分。

忽视信息的重要性

在社会飞速发展中，信息开始扮演着愈来愈重要的角色。埋头苦干的时代已经过去，只有更快、更多地获取最新信息，才能在市场上占得先机，才能不出家门就能聚敛财富。忽视信息的力量，必将为自己的失败承担苦果。

当今的社会已是信息的社会，能够最快、最多地掌握信息的人，才能更容易找到成功的方向，迅速准确地做出决断，才能更容易碰到成功的触角。如果一个人只知道埋头苦赚钱，却不知道搜集社会信息的话，那么，他获得机会的几率就要少一些，成功也就会来得慢一些。

有这样一个故事：一个美国人，一个俄罗斯人和一个犹太人要被关进监狱三年，监狱长同意满足他们三个人每人一个愿望。美国人想钱都想疯了，要了1万美元；俄罗斯人喜欢喝酒，要了30箱伏特加；而犹太人说，他要一部与外界沟通的电话。

三年之后，美国人第一个冲出来，他的钱在监狱里的第二年就花光了，剩下的两年他就在贫困中苦苦挣扎，变得憔悴不堪。接着出来的是俄罗斯人，由于饮酒过多，酒精中毒，他得了肝硬化，身体受到了很大损害，看起来一副弱不禁风的样子。最后出来的是犹太人，他精神焕发，神采奕奕，紧紧握住监狱长的手说："这三年来，我每天与外界联系以获得我需要的信息，我的生意不但没有停滞，反而增长了4倍，为了表示感谢，我送你一辆劳斯莱斯！"

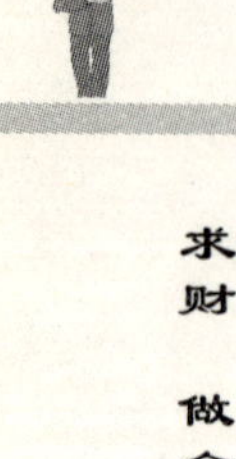

从这个故事我们可以明白：无论是创业还是生活，信息都具有重要的作用。善于搜集和把握信息，你才能更好地创造财富。

然而，有很多人却把信息看得无关紧要。他们仅仅把信息看做是些文字，或者画面，看不出它所蕴藏的价值，更想不到如果加以运用，这些信息将会带来滚滚财富。

在这个竞争激烈的社会里，一个人能否发财致富，往往取决于他是否具有搜集信息的能力。因为现在的工作，很多都是需要信息来辅助的，没有信息就很难完成。

所以，想想怎么搜集信息、需要哪些信息，比思考如何赚钱更重要。赚钱是以信息作为依托的，不收集和分析信息，只一味地做着赚钱的白日梦，到头来赚钱只能是一个梦想。只有搜集有用的信息，才能打开财富与成功之门。

维亚斯和亚利同在一家公司上班。刚开始他们都是普通职员，拿同样的薪水，可后来，维亚斯却被提升到了部门主管的位置，薪水当然也比亚利多出许多。

亚利不服，工作上处处和维亚斯作对，而且还吵到了老板那里。到了老板的办公室，亚利说："我比维亚斯早进公司半年，为什么他又是晋升、又是加薪，而我却什么也没有?”

老板什么也没说，马上安排他俩去期刊市场做一个调查，看眼下的汽车杂志上市了多少种。

等调查报告一交，亚利就再也不敢有什么怨言了。维亚斯不明白什么原因，就问老板是怎么回事。老板笑着说：“你俩都是按我说的去市场考察了一中午，可我又让亚利重新考察了三次。第一次，他报告说目前上市的汽车杂志有62种。我问他价格怎样，于是他又去了一次，问好了价格。我又问他是哪些杂志社出版的，有多少页码，采用什么纸张，他又去了一次。而你，去了一次就把这些全搞清楚了。不但如此，你还总结调查结果，哪类杂志已趋于饱和，利润甚微，不宜再发展，哪类杂志更受顾客喜爱等，而且你还绘制了图表加以说明。当我把你的报告交给亚利看时，他再也无话可说了。”

由此可见，收集信息对创业者而言是多么重要的一件事。维亚斯的成功就在于他善于搜集所需要的信息，从而使他在竞争中占据了绝对的优势。

既然信息如此重要，那么，应该如何去搜集它呢?我们应该努力做到以下几点：

第一，对任何事都抱有好奇心。不要对任何事都漠不关心，尤其是有关生意上的信息，更应该给予必要的关注，否则会忽略许多有用的信息。当然，我们也不能把所有信息都搜集起来。在众多的信息中，我们要学着把对自己的生意非常有用的信息识别并收集起来。这是一个相当重要的步骤，这不但要求我们培养自己对事物的敏感度，而且还要求我们提高自己的分析和选择的能力。

第二，主动及时地搜集信息。要养成主动搜集信息的习惯，也就是培养对信息的敏锐观察力，只要有信息出现，就要搜集起来。当然，我们更要注意信息的时效性，因为在大多数情况下，旧信息往往会失去利用的价值，而一条新信息却往往意味着某一生意的成功。

我们可以从各种媒体上收集，比如报刊、广播、电视、网络等，也可

以做市场调查，还可以主动向别人探询信息。当然，询问的时候一定要态度和蔼，一定要尊重对方，这样才有可能得到想要的信息。

第三，有针对性地搜集信息。在不同的发展阶段，我们所需信息的层次和内容也会不同。根据自己的要求，处理不同事情的时候，有侧重地搜集信息，往往能带来事半功倍的效果。

第四，建立自己的信息网络。同学、朋友、生意伙伴，以及他们所认识的人，都可以成为我们的信息来源。只要平时注意多与他们交往，能把这些人融入到自己的信息网络中，就是一笔可观的无形信息资产。

要建立自己的信息网络，就不能把范围局限于公司或单位内部，而要广泛联络，多方收集。

第五，让信息自动流向自己。一般来说，信息往往能够主动流向“有魅力的人”。由于这类人懂得尊重别人，为人谦虚和蔼，他们能够体恤对方，并且给予善意的回应，别人也会诚心与他们交往，愿意主动地与他们分享信息。太自我、太自私的人，会惹来别人的反感，自然无法从别人那里收集到有用的信息。

如果想让信息自动流向你，你就要注意自己的行为。要经常保持微笑，不要在别人面前表现出不愉快或是厌恶的样子；要谦虚，对别人的意见要诚恳接受，并由衷地感谢；别人说话时，不要粗鲁地打断，更不能用轻蔑的语气批评对方以示反对等。如果能做到这些，大家肯定会乐意与你交往，诚心诚意地向你提供各种各样的信息。

不愿赚“小钱”

1. 小钱是大钱的祖宗

“小钱是大钱的祖宗”，这是一位百万富翁说过的话。其实，许多富翁当初都是靠赚不起眼的小钱而起家的。据统计，国外90%以上的大富豪是白手起家或靠小本起步的，只有10%不到的人是靠继承遗产发家的。而在中国，改革开放之前大部分是穷人，改革开放后靠赚小钱起家的富人估计要占到99%以上。

想赚钱，就不要嫌钱太小。“大钱赚不到，小钱不愿赚”的人，结果是失去了嫌大钱的机会，又让小钱白白流地流走。事实上，赚小钱是赚大钱的必要步骤，因为在赚小钱的过程中，可以增加经验、见识、阅历，培养金钱意识和赚钱能力，同时积累人情关系。试想，一个连小钱也赚不到的人，他能经营起上百万的企业吗？所以，我们要想赚大钱，还是要脚踏实地，从小钱赚起。

“一分钱也能致富”，温州的商人如是说。当年温州的补鞋匠，都是从几毛钱缝缝补补做起，一分一文地积累，结果每年他们的纯收入居然可达到数万元。他们做着这种别人看不上眼的小生意，挣小钱打基础，日积月累达到一定数目后，就回家办制鞋厂或者其他企业，并一步步跨入富人行列。这是南方人典型的创业模式。

一分钱也能致富，听起来似乎是天方夜谭，但一细想其实也不奇怪。因为一分钱的利润从单个看，确实是微不足道，但如果产量上去了，规模达到了，就会成为可观的财富。不少美国企业对拥有十几亿人口的中国消费市场很感兴趣。一家经销阿司匹林药的经营者，曾感慨地说：“上帝啊，如果我们能够一天卖给一个中国人一片阿司匹林，就能使我们的销量成倍

增长!"

2. 创业从赚小钱开始

很多年轻人一踏入社会大都雄心万丈，就想做大事、赚大钱，恨不得三年五载甚至更快就成为比尔·盖茨第二。实际上，从小钱开始创业才是成大事者常规的步骤。一心想发大财而不屑于赚小钱，结果必然是大钱杳无踪影，小钱也没有赚到。

在世纪之交这个飞速发展的社会，是有一些人一不留神就成了亿万富翁；而且在过去的时代，得来容易的百万、亿万富翁也并不鲜见。或许正是因为这些原因吧，如今的许多人都想狠赚大钱、快速暴富，对蝇头小利不那么感兴趣，甚至根本不屑一顾。

然而，世界上许多富翁都是从"小商小贩"做起的。这样的例子我们可以举出许多：李嘉诚最初是卖塑胶花的、王永庆最初是卖大米的、松下幸之助最初是卖自行车车灯的……就连现在年轻人的榜样比尔·盖茨，他创业初期的一单大买卖好像也不过 5 万美元。这说明，只有扎扎实实地从小事情做起，才会为将来的事业打下坚实的基础。

比尔·盖茨说："你不要认为为了一分钱与别人讨价还价是一件丢人的事，也不要认为小商小贩没什么出息。金钱需要一分一厘积攒，而人生经验也需要一点一滴积累。在你成为富翁的那一天，你已成了一位人生经验十分丰富的人。"

当然，"做大事，赚大钱"的志向并没什么错，有了这个志向，你就可以不断向前奋进。但社会上真能"做大事，赚大钱"的人并不多。这是因为，要想有高起点，当然要有好基础，问题是绝大多数人并不具备这样的条件：含金衔玉而来的人毕竟太少了。所以，当你没有良好的家庭背景时，"先做小事，先赚小钱"，绝对没错!

"先做小事，先赚小钱"，最大的好处是可以在低风险的情况之下积累工作经验，同时也可以借此了解自己的能力。此外，"先做小事，先赚小钱"还可培养自己踏实的做事作风和金钱观念，这将使我们终生受益。

美国一名 13 岁的学生李斯德，曾经替人照看婴儿以赚取零用钱。他留意到家务繁重的婴儿母亲经常要紧急上街购买纸尿片，于是灵机一动，决定创办电话送尿片公司，只收取1美元的服务费，便会送上纸尿片、婴儿药物或小件玩具等商品。

最初，李斯德只给附近的家庭服务，很快便受到左邻右舍的欢迎，于是他印了一些卡片四处分送。结果业务迅速发展，生意很好。但由于李斯德还在上学，只能在课余用自行车送货，于是他用每小时6美元的薪金雇用了一些大学生帮助他。现在，李斯德已拥有多家规模庞大的公司。也许，李斯德在我们看来不够权威，那就让我们再看看股神沃伦·巴菲特。无独有偶，此人也是“以小钱”起家的典型。巴菲特从11岁就开始投资股市，历经几十年坚持不懈。因此，他认为，他今天之所以能靠投资理财创造出巨大财富，完全是靠近60年的岁月，慢慢地积累起来的。巴菲特强调，千万别自大地认为你是个“做大事，赚大钱”的人，而不屑去做小事、赚小钱。要知道，连小事也做不好、连小钱也不愿意赚或赚不来的人，别人是不会相信你能做大事、赚大钱的！如果你抱着这种只想“做大事，赚大钱”的心态去投资做生意，那么失败的可能性就会很高。

吉邦搬家中心总公司创办于1989年，仅用了9年时间，它的年营业额就增加了356倍，达到了110多亿美元，并从一个地区性小型公司，发展成覆盖全美近60个城市、拥有众多分公司或联营公司的大型企业。欧洲一些国家还争相购买它的搬家技术专利。

说起来，搬家并不是什么大生意，不过是替顾客跑跑腿，工作的技术含量也不高……显然，这生意赚钱有限，起点不高，要让我们“天之骄子”这样的大学毕业生去做，似乎有些“屈才”。然而，这项小生意在全美国却有着600亿美元的市场空间。

杰克的公司开张后，果然生意很红火，许多顾客都打电话提前预约。杰克经营之初就对搬家技术做过全面的了解，根据顾客的需要，他对搬家技术进行了一系列革新，开发出许多附带的服务项目。他抓住顾客珍惜家财和怕家财外露的心理，设计了搬家专用车，把家用器具装在这种车上，既安全可靠，又不会被路人看见。针对城市住宅多是高层公寓，杰克专门设计了搬家专用吊车和集装箱，高层公寓居民搬家时，只要用吊车把集装箱送至窗前即可进行作业。此外，杰克还提供与搬家有关的服务多达400余项。

杰克十分重视公司的服务质量。该公司每完成一宗搬家任务后，都要请顾客填写《完成证明书》，它的背面则是《赔偿请求书》。作业人员如果连续10次向公司交回《完成证明书》，杰克就亲自奖励给该员工1万美元；如果出现索赔事故或受到顾客批评，不但得不到奖金，还要被扣罚薪水。这种严格的业绩考核方法，使公司员工都把提高服务质量与自己的切身利益紧密联系起来。吉邦搬家中心以其优质服务和创新经营，得以在美国众多的搬家公司中脱颖而出，并遥遥领先。

杰克及其搬家中心的斐然业绩证明，即使一些不引人注目的行业，以及那些被人瞧不起的新行业，也能造就杰出的企业家。

因此，美国不少专家、学者都在研究杰克成功的诀窍。他们连篇累牍地发表文章、出版书籍，可是在杰克看来，这里面的道理简单明了，那就是："我们只是认真对待汉堡包生意。"

还应该指出的是，在事业做大了的时候，也仍然不可以不屑于小钱。也许有人会说，既然生意已经做大了，还赚小钱干什么？其实，道理再简单不过：大钱是由小钱积累起来的。生意总会有起伏，只盯着大生意而忽视小生意，到头来可能大钱赚不着，小钱也丢了，甚至可能造成企业的震荡与毁灭。看看那些火几年就消失了的大企业或大人物，就不难弄清楚这个问题。细水长流的小钱的积累，也许会使一个大企业在资本链断裂的时候起死回生。

综观一些富豪的成功之路，我们可以发现，这些人无不是从小事做起，从小钱赚起，在小事和小钱上坚持下去。赚的小钱多了，小钱也会变成大钱。因此，我们要想成为有钱人，就不要不屑于赚小钱。

让创业资金捆住了手脚

很多人都有成为富翁的梦想，因此，不少人都希望自己做生意。然而，做生意需要资金，于是感叹说："我没有资金，如何做得成生意？"其实，做生意并不在于自己手上有多少钱，而在于能调动、运用多少资金。

能够自己当老板是很多人的梦想，然而，并不是每个想当老板的人都有充足的资金实现自己的梦想。遇到这种情况究竟应该怎么办？很多人选择先积累资金，等到凑足了资金后再开始自己的梦想。这样做并没有什么错，但问题是，致富的过程将比较漫长，而且不太容易把生意做大。更进一步，如果固执于这一点的话，那你就陷入了误区之中。因为当你积累到你所需要的资金时，你也许已经没有什么机会了。

福斯一直渴望着能够有一家属于自己的公司。可是他刚刚大学毕业没几年，手里并没有多少积蓄。自己的家庭经济条件不是很好，父母也认为他长大了，应该独立，不能再依靠家里的帮助。因此，尽管福斯一直希望可以自己做生意，却因为没有资金而苦恼。他决心更加勤恳地工作，尽快赚到自己所需要的资金。为此，他兼了一份职，从早上忙到晚上，一刻也舍不得休息。

就这样，5 年过去了，福斯已经快 30 岁，此时，他已存了不少钱，但办一家公司还远远不够。更为不幸的是，福斯生病了。在去医院检查后，医生说，福斯由于省吃俭用导致了营养不良，而过于劳累也使他身体健康状况极差。医生建议福斯多休息，否则将来即使赚够了做生意的资本，他的健康状况也无法保证他能够维持一家公司的运转了。

想要等到手中有充足的资金之后再开始自己的致富梦想，也许你这一生都要处于失望的贫困中了。要知道，你现在还没有成为千万富翁，并不是因为你缺少资金，而是因为你缺乏创新的勇气。太多的条条框框在你的头脑中阻碍着你的行动，观念的僵化限制着你的发展。而你却还没有意识到自己的错误，还在怨天尤人地抱怨自己没有资金。

请暂且先停止抱怨，先来看看世界巨富马利德的发迹史吧。马利德最初家境不好，为了生计，他 5 岁参加劳动，9 岁之前就像大人一样以赶骡子为生。当他在母亲的鼓励下开始思考致富后，他让如何走向富有的念头占据了全部心思，而把杂念统统抛到了脑后。他选择了做一名肥皂推销员，挨家挨户地推销肥皂。12 年之后，他终于有了 2.5 万美元。这时，马利德获悉供应他肥皂的那家公司要拍卖，售价是 15 万美元。马利德兴奋极了，由于兴奋，他竟然忘记了自己只有 2.5 万美元。他与那家公司达成协议，先交 2.5 万美元作为保证金，然后在 10 天之内付清余款，否则，那笔保证金——也就是他的全部财产——将不予退还。马利德兴奋地只说了一个字："行。"

这时，马利德其实已经把自己逼上了绝路，但他感到的不是绝望，而是成功的兴奋。是什么使他如此冒险？就是那个致富的念头，就是他对于人生的积极心态。

马利德开始筹钱。由于做了 12 年的推销员，他在社会上建立起了很好的人际关系。朋友们借给他 11.5 万美元，只差 1 万美元了。但是，这时已经是规定的第十天的前夜，而且是深夜，所以那 1 万美元就不是个小问题。

马利德发愁了。但是，致富的念头使他充满力量。他在深夜再次走上街头，祈求上帝引导他见到一个能及时借给他 1 万美元的人。他在街上走了很久，终于在一幢商业大楼看到了一缕灯光。

这时已是深夜 11 点。马利德走进那幢商业楼，在昏黄的灯光里看到一个由于工作而疲乏不堪的先生。为了顺利履行那份购买协议，马利德忘记了一切，心中只有勇气和智慧。他不假思索地说："先生，你想赚到 1000 美元吗？"

"当然想啊。"那位先生因为这个好运气的突然降临而有点惊慌失措。

"那么，给我开一张 1 万美元的支票，等我归还您的借款时，我将另付

你 1000 美元的利息。”

马利德于是讲述了他面临的困境，并把有关的资料让那位先生过目。

就这样，马利德拿到了那 1 万美元。机遇终于在那天深夜降临，此后马利德一发不可收拾，迈进了世界巨富的行列。

创业致富，没有资金是最令人头痛的事。但是，不能把眼光仅仅盯在自己的口袋上，而是要树立利用别人的钱赚钱的意识。现代社会已经不再是过去那种以家庭或家族为单位慢慢累积资金，然后把生意做大致富的时代，而是利用大众资金致富的时代。社会大众为人们提供了充足的资金，善加利用，就既可以为自己赚钱，也可以为大众生利。大众的资金为你所用，虽不能说这钱就是你的，但它确实是你做生意的资本，从这个意义上说，现代社会有一种说法：你能调动资金，你就是有钱的人。

调动资金的方法有千种万种，无奇不有，它简直就是一门艰深的学问。哪一个优秀的经营者不是调动资金的高手呢？哪一个富翁是仅靠自己的资金赚钱的？哪一位成功的大亨不和银行打交道？所以，现代社会的特点是：别人的钱就是你的钱，只要社会上有钱，你就不可能没有钱，关键是如何调动。

现代社会的另一种观点是：人的才智也是资本，即所谓智力资本。没有钱不要紧，只要有才华、有智力，也同样可以创业，同样可以用来做生意。存在人脑中的这笔钱，比起口袋里的来，可以说是取之不尽、生生不息。有了这样的“财富”，你同样可以做成大生意，成就大事业。

钱就是资本，一切做生意赚钱的前提，都要落到这个“钱”上。没有资本，谁也赚不回属于自己的钱。而在这一方面，一个乡下老汉卖鸡蛋赚来的 1 元钱，与洛克菲勒的 1 亿美元，并没有本质的区别；自己的 10 万元和从银行贷来的 10 万元，也没什么本质的区别。所以，想自己当老板的人，首先得从观念上改变一下对自己的看法：我尽管钱少，但我并不是没有金钱资本。只要我能够调动资金，我就能够成为赢家。

对信用的力量认识不足

缺乏信用，是商场最忌讳的事。如果你想为自己树立一个良好生意人的形象，并成就自己的事业，那就一定要注意：无论大事小事，都要讲究信用，不断为自己的信用银行存款。我们应该切记，无论诱惑多么迷人，都不要透支自己的信用！

“人无信不立”是中国的千古箴言，想来我们的祖先是有重视信用的传统的。而我们当前的诚信状况与西方比起来，又可以看出西方世界也颇有重视诚信的根基。因此，我们不能不重视信用、讲求信用，在信用的天平上搁上重重的砝码。

然而，在生活中，有很多人都忽略了信用的力量。他们随口答应别人一些事情，却很快又将之抛于脑后，等别人问起，则随便找个借口推脱掉。他们如果完成不了答应别人的事情，就会百般寻找借口，甚至有时为了获取利益故意违背自己的承诺。这种人必然会因信用的缺失而自毁长城，从根本上失去了信用。

是的，信用既不是物质财富，也不是金融资本，但有时候，它的作用和力量却更大。那些真正有智慧的人，往往是靠信用来赢得成功与财富的。

琼斯原本只是一名普通的职员，他就是靠信用树立了自己的声誉，结果成为一家报馆的主人。

琼斯在开始创业时，首先向一家银行贷了 3000 美元。其实这笔钱他并不需要，之所以贷款，就是为了树立自己守信用的形象。他当时根本没有动过这笔钱，还款期一到，便立即将这 3000 美元还给了银行。几次以后，琼斯得到了这家银行的信任，银行借给他的数目也渐渐大了起来。最后一次贷款的数额是 2 万美元，而这一次，琼斯是真的需要这笔钱去发展他的业务。

琼斯说：“我计划出版一份商业方面的报纸，但办报需要一定的经济基础，我估算了一下，起码需要 2.5 万美元，而我手头上总共才 5000 美元。于是，我去找每次贷给我款的那个职员。当我把我的计划原原本本地告诉他以后，他愿意贷给我 2 万美元。不过，他要我与银行经理洽谈一下。最后，这位经理同意如数贷款给我，还说：‘我虽然对琼斯先生不熟悉，不过我注意到，多年来琼斯先生一直向我们贷款，并且每次都按时还清。’因此，他很快就为我办好了贷款手续。”就这样，琼斯用这笔资金走上了成功之道。

由此可见，信用的力量是巨大的，你如果在对待别人时能信守承诺，别人就会认为你是一个可以信任的人，从而信赖你、支持你，你便容易在事业上取得成功。

然而，在某些情况下，我们也许会发现，恪守信用、信守承诺的做法，会使自己吃亏。这时，千万不要太在意，甚至改变自己信守承诺的做法，因为吃亏只是暂时的，我们应该考虑得更长远一些。有时因守信而吃亏或经济利益受损，却会给我们的事业带来长远的积极影响。

1968 年，日本麦当劳会社社长藤田接受美国油料公司订制 300 万副刀与叉的合同，交货日期为该年的 8 月 1 日。

藤田组织了几家工厂生产这批刀叉，但由于这些工厂一再误工，预计 7 月 27 日才能完工。但从东京海运到美国芝加哥路途遥远，8 月 1 日肯定交不了货；若用空运，由于运费昂贵，会损失一大笔利润。

企业都是要追求利润的。这时，藤田面对的，一边是损失的利润，一边是看不见摸不着的信用。思量再三，他毅然租用泛美航空公司的波音 707 货运机空运，花费了 30 万美元的空运费，将货物及时运抵芝加哥，按时交给了客户。

这次藤田在经济方面损失很大，却赢得了美国油料公司的信任。在以后的几年里，美国油料公司都向日本麦当劳会社订制大量的餐具，藤田也因此得到了丰厚的回报。

由此我们可以发现，在很多情况下，信用其实是可以增值的，这次吃一点点小亏，下次说不定能获得更多。因讲究信用会吃亏而放弃信用的行为是短视的。你不但放弃了以后更大的利益，而且还要为丧失信用而付出代价。

对于商人来说，信用是一种无形资产。

在大街上，如果有人免费给你发放食品，你可能不敢吃，而宁肯自己花钱到商店里买，因为商店让你放心。例如，在北京吃烤鸭，一般的店是38元一只，有的地方28元甚至18元就可以吃到，但全聚德的烤鸭是168元一只，葱、酱、饼还要另算钱，食客照样盈门。就因为他是全聚德！百年老店，那阵势就不一样。进门一排烤炉，透过大玻璃窗展示在客人面前，大块的果木在炉膛里熊熊燃烧，仪表堂堂的大师傅专注地翻动着肥鸭。旁边有专供客人留影的地方，背景是你受用的那只鸭子的编号，也就是该店百年以来至今烤出的第几只鸭子——你的号码已经是1亿还多。这样的全聚德，它有必要去偷工减料欺骗顾客吗？它所要做的事情其实只有一件，就是保证它的品质永远是最好的。

有位哲人曾说过："信用仿佛一条细线，一时断了，想要再接起来则难上加难。"所以，你在使用信用这笔人生存款的时候，千万不要透支。当你的信用值为负数时，你可能就会变成一个没有人敢信任的"穷光蛋"。

排斥创新的理念

墨守陈规，会让你的生意或产品流于平庸。只有具有创新能力的人，才能让自己的生意脱颖而出，成为众人瞩目的焦点，成为引领风潮的旗手。让你的思维与观念活跃起来吧，让它们自由地迸发，带你在成功的高空尽情翱翔。

人类的思维和行为，无论是遗传还是习惯，总是和过去有着千丝万缕的联系；人类个体也是如此，也总是与自己过往的经历密切相关。正因如此，人们往往会把不论群体还是个体所积淀下来的方式、方法奉为圭臬，墨守成规，排斥创新。

然而，现代社会是一个发展迅速的社会，很少留给墨守成规者生存的空间；现代社会又是个急剧变化的社会，排斥创新，根本不可能闯出一条生存之路来。

创新能力是征服世界的基础，谁要想获得成功，谁就必须具备创新能力。你越有创新能力，你的观点和想法越多，你的能力就越强，成功的可能性就越大。

你需要战略的创新，也需要策略的创新。有时候，一个简单的创新思路，就可能给你带来意想不到的成功。

有一个人在一家大公司做会计。公司的贸易业务很忙，节奏也很紧张，往往是上午对方的货刚发出来，中午账单就传真过来了，随后就是快递过来的发票、运单等。他的桌子上总是堆满了各种讨债单。

讨债单太多了，都是千篇一律地要钱，他常常不知该先付谁的好。经理也一样，总是大概看一眼就扔在桌上，说："你看着办吧。"但有一次，经理却说："付给他。"

那是一张从巴西传真来的账单，除了列明货物的价格、金额外，大面积的空白处写着一个大大的"SOS"，旁边还画了一个头像，头像正在滴着眼泪，线条简单，但很生动。这张不同寻常的账单一下子引起了经理的重视，他看了便说："人家都流泪了，以最快的方式付给他吧。"

其实，经理和会计心里都明白，这个讨债人未必在真的流泪，但他却成功了，以最快速度讨回了大额货款。因为他多用了一点心思，把简单的"给我钱"换成了一个富含人情味的小幽默。正因为这点创意，他成功讨回欠款。

把创新仅仅停留在策略上是远远不够的，否则就可能流于拍脑袋的小

聪明。创新应该是人生的大战略，应该是我们一生所奉行的。个体如此，对于组织——比如企业、非赢利机构甚至政府来说，更是如此。在这方面，世界优秀企业做出了表率。快餐连锁业巨头麦当劳公司就是倡导创新思想的典范。

麦当劳鼓励公司员工和特许经营者的创新行为，鼓励他们大胆进行各种改革和尝试。麦当劳公司认为，没有什么想法是不值得一试的。在这种几十年如一日的创新活动中，虽然也经历了无数次的失败，但麦当劳公司在实现食品加工和物流现代化等方面取得了巨大成就，麦当劳的形象已经遍及世界各地。

特许经营商卢·格罗恩在辛辛那提市一个罗马天主教徒比较集中的地区开有一家快餐店。他试着推出了一种鱼片三明治，结果销量大增。后来，这一品种成了各分店菜单上的固定项目，名字就叫“鱼片”，从而突破了麦当劳公司汉堡包、法式炸薯条和饮料的一贯制品种范围。

匹兹堡的特许经营商杰姆·德利加蒂发现附近一家快餐店出售一种大个的汉堡包，生意兴隆，吸引了不少顾客。于是他在芝麻饼中夹进两份牛肉馅、几片莴苣和一些葱花、奶酪，外加少许特别果酱，做成了味足量大、营养全面的巨型汉堡包，突破了麦当劳公司以前定下的标准：肉馅必须是1.6盎司，小面包直径必须是3.5寸。销量大增。后来，麦当劳公司全盘采用这种制式，起名为“巨无霸”，很快成为各分店的头号畅销品种。

正是在创新能力的推动下，麦当劳公司成功地推出了广受欢迎的普通食品——汉堡包、法式炸薯条和冰淇淋牛奶，他们不但改变了农民种植土豆的习惯和农产品公司加工土豆的工序，改变了牧场饲养奶牛的方式和生产乳制品的方法，改革了肉制品厂的成品生产程序，还发明了前所未有的高效率的烹调设备，探索了食品包装和分发的新途径。

另一个有力的例子是吉列刀片的故事。为了在与对手竞争时占领更大的市场，1970年，吉列公司推出了世界上最早的双刃剃须刀——特瑞克。在广告中，吉列公司坦率地说：“双面刀刃比一面的好，它比吉列的拳头产品超级蓝牌更好。”这种刀片赢得了消费者的喜爱，从而完全替代了过去的产品。

但是，吉列公司并没就此满足，他们不断创新，6 年后又推出了世界上最早的可调整的双刃剃须刀——阿特拉。紧接着，吉列公司又毫不犹豫地推出了一种便宜的、带有两个以上备用刀片，可以自由使用的剃须刀，取名为“好消息”。创新仍在继续，不久以后，吉列公司又生产出了使用起来更自由的剃须刀——皮伏特。

不断地创新，不断地推出新产品，吉列公司也不断地扩大了自己的领先优势，彻底地战胜了竞争对手。现在，吉列公司在全球的市场份额已达到 60%以上。

也许，麦当劳和吉列的事例太过遥远，我们无法企及。那好，就再看一些轻量级的：达沃斯世界经济论坛大家都知道，它来源于把世界经济大腕聚在一起开会的创意，而如今不仅吸引了商界巨头，连众多世界经济强国的元首等也都联袂莅会；红遍了国内、在国外也红了一片又一片的“女子十二乐坊”，也不过是来源于一个音乐组合的创意。开会、办班、搞组合，并不是什么稀奇事，要紧的是，人家打破常规，别出心裁，通过创新让人眼前一亮，让人不能不服。

创新是成功者的第一品质，墨守成规则是成功的瓶颈。一项调查显示，成功的创业者必须具备的特征是：创新精神、敢于标新立异、热爱所从事的工作、漠视财富的积累、有较强的学习能力、乐于面对挑战和对知识的不断更新增值。一个能成就大事业的人未必是个禀赋过人的人，但他一定是一个时时知道自己正在干什么、接下来应干什么，清楚自己从哪里来、要去哪里，并始终探索“来一去”之间的最短直线距离的人。而决定这种探索能否成功或其成功程度的最关键因素，恰恰就是创新能力。

理财 做金钱的播种机

第一章　你不理财，财不理你

会赚钱并不稀罕，会理财才是硬道理。

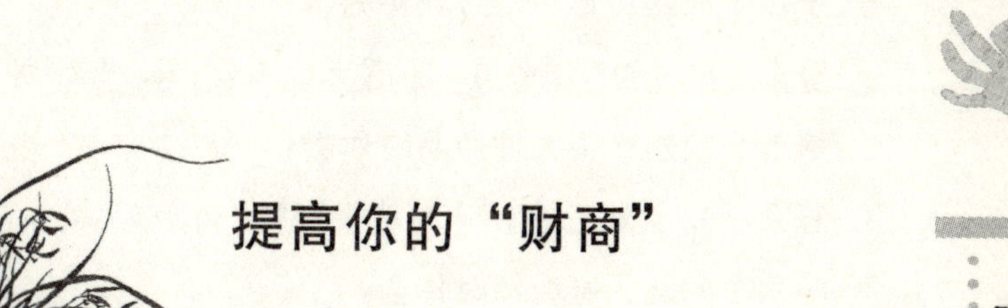

提高你的“财商”

每个人都有自己的赚钱方式和理财观念，那么如何衡量一个人的理财能力呢？过去，人们更多的是根据财富的多少来评价一个人的能力，但往往只能看到结果，而不能预先做出相对准确的评估。“财商”的思想则给人们提供了一个新的维度，来衡量一个人的理财能力和创造财富的智慧。

在日常生活中，我们经常看到这样的现象：有的人智商很高，才高八斗，聪明绝顶；有的人情商很高，左右逢源，八面玲珑，然而，他们却时常入不敷出，生活拮据，甚至债务缠身。或者，他们也有大笔的进项，却视金钱如粪土，挥霍自娱，最终千金散尽，依然家徒四壁、身无分文。究其原因，是因为他们虽然有智商，也有情商，却没有财商。

1. 了解你的财商

对于现代人来说，财商是必不可少的生活技能之一，财商的高低很大程度上决定了你最终的成就。

下面是一个小测试，可以大略检验一下你的财商水平，你可以选出自己第一眼看中的那个答案。

第一个问题：你现在手头上有多少钱：

答案：a. 我精确地知道；b. 我知道个大概；c. 我完全没有概念。

第二个问题：你知道的投资项目：

答案：a.5 个以上；b.2～5 个；c. 只知道放在银行生利息。

第三个问题：你的钱主要用在：

答案：a. 全存在银行；b. 全花光；c. 做了几项投资。

第四个问题：你一个月花掉的钱：

答案：a. 心中没数；b. 不透支就不管；c. 有计划。

第五个问题：买大件商品时你会：

答案：a. 货比三家，全面搜集资料；b. 选品牌；c. 能用就行。

第六个问题：逛商场时你会：

答案：a. 狂买很多东西，回家才后悔发现很多都是没用的；b. 大致买些需要的东西，随性而为；c. 有计划地购买，巧妙利用打折。

第七个问题：别人给你好看的旧衣服时，你会：

答案：a. 欣然接受；b. 勉强收下但不穿；c. 怕面子上不好看而坚决不收。

第八个问题：对于请客吃饭，你的看法是：

答案：a. 在可操纵的范围内尽量挑好的；b. 量力而行，不给自己增加负担；c. 为了面子不顾口袋，借钱也得请。

第九个问题：买房时，你会如何筹钱：

答案：a. 按揭买房，量入为出；b. 看中就买，没钱找人借；c. 攒钱一次付清。

计分方法：1.a—2 b—1 c—0　　2.a—2 b—1 c—0

3. a—0 b—1 c—2　4. a—0 b—1 c—2

5. a—2 b—1 c—0　6. a—0 b—1 c—2

7. a—2 b—1 c—0　8. a—1 b—2 c—0

9. a—2 b—0 c—1

根据你的得分，就可以对你的财商水平得出一些大致的结论。例如，如果你的得分是 0～4，说明你的财商有待提高。你最好还是先仔细读几本有关理财的书籍，先不着急掌管钱袋，因为对于理财，你还需要学习很多东西。如果你的得分是 5～9，说明你已经意识到钱是需要费心打理的，但你也需要多关注你的钱袋子，多看看周围的人是如何打理自己钱财的，你的财商有待进一步提高。如果你的得分是 10～13，说明你已经具有一定的财商，但有些地方你可能还不太在意，如果你对花出去的每一块钱都多一份关注的话，会发现原来你身边还有不少资源有待开发。如果你的得分是 14～18，说明你的财商非常强，可以说，你懂得如何充分利用身边的资源使其发挥最大的作用。

2. 如何提高财商

我们都知道，犹太人能够成为富有的民族，就是因为他们财商很高。犹太人认为：学者、哲学家的智慧或许也可以称作智慧，但不是真正的智慧；在金钱的狂态面前俯首帖耳的智慧，是不可能比金钱重要的。相反，富人没有学者之类的智慧，但他却能驾驭金钱，有聚敛金钱的智慧，有通过金钱去役使学者智慧的智慧，这才是真正的智慧。

那么，如何提高财商呢?

(1) 收集经济资讯

许多报纸、杂志、电视和电台都有经济方面的资讯。而报纸是最常见的平面媒体。你不妨在报摊上扫一眼，看看哪些报纸是最有可能帮助自己“赚钱”的。

(2) 系统学习知识

如果你感觉有系统学习的必要，不妨念个 MBA。在许多专业中，MBA 是属于较直接地教你赚钱的专业，它是“会计＋经济学＋管理学”

的综合体。如果你决定要念了，要想想自己为什么要学这些课程，这些知识将来在哪些地方用得到。

许多人念 MBA 就是为了拿个高薪，结果一到课堂就迷糊了，因为他们实在想不到类似宏观经济学和国际金融这样的课程对自己所从事的技术管理工作有多大帮助。这就属于思想认识问题了，如果你想的是自己要创办一个国际化的企业，想在课堂上学到国际金融、资本市场、投资分析等知识，保管不用谁教促，你也会学得很认真。

（3）阅读相关书籍

阅读经济书籍，选择阅读的范围应有针对性。在看书的时候，不要什么都看，一些没什么内容却很会制造噱头的书不看也罢，要针对自己的需求来选书。例如，想全面了解个人理财就不妨到书店有目的地选择几本书，不要被书店里摆在显眼位置的五花八门的畅销书和励志书吸引，成功学和励志方面的适当看一些就好。

对于那些成功人士来说，他们是没有什么精力阅读与本领域无关的刊物的，对于他们来说，行业分析报告才是最好的文章，这些报告主题鲜明，就是描述某个行业的“钱”景如何，竞争对手的状况如何，当然这种教你如何赚钱的报告价格也不菲，一般都在数千元。

（4）在实践中提高

说一千道一万，财商必须在实践中得到培养和锻炼。你有再好的理财知识，如果不亲自尝试一下，就难以创造财富。如果你不敢痛下决心去理财，总是觉得手头的这份工作还不错，那么也就不必患得患失，那就快快乐乐地过自己的打工生活，有滋有味地欣赏那些不知道从哪里冒出来的年轻富豪得意洋洋的炫耀自己的传奇故事。商业，说白了就是：实践、实践、再实践。

（5）正确使用金钱

你如何使用金钱，包括赚钱、存钱和花钱，也是衡量你的财商高低的最好方法之一。因为人性中一些值得颂扬的品质，是与正确使用金钱密切相关的。例如，节俭、慷慨、诚实、公平和自我牺牲精神等。同样，人性的一些弱点，如贪婪、欺诈、不公平和自私，也能从这里表现出来。因此，提高财商，还要培养良好的品质，正确地对待金钱、使用金钱。

(6) 了解自己的特点

提高理财能力，还要分析一下自己的个性，看看是适合走稳健路线还是走激进路线。例如，有个叫王能的人，大学毕业后进入政府部门，工作不久进入加拿大很好的商学院拿到一个比较珍贵的工商管理博士学位，30岁成为一个跨国公司的经理，随后又成为加拿大驻香港的商务外交官，最后开始创业。这样的路线就是一条稳健的路线，每一步都是下一步的坚实基础，获得博士学位保证了系统的知识基础才可以胜任跨国公司的职位，因为精通东西方文化，再加上丰富的商务经验才可以成为外交官，而外交官期间积累的广泛人际关系无疑为创业打下了很好的基础。当然，按这种路线达到真正的成功时往往已是年纪不小了，但这种路线的风险不大，只要踏踏实实地走下去，就能获得成功。

另外，也有一种人比较“狂”和“偏执”，走的是激进路线。他们往往对某些方面表现得非常痴迷。这种人的优点是，由于具有某种强烈的愿望，能忍受创业期间的种种挫折。

看看你是属于哪一类的。了解自己的个性特征，有利于选择适当的理财路线，为成功理财打下基础。

树立理财的意识

富人之所以能致富，有人认为，这是因为他们运气好或从事了不正当的行业；也有人认为，他们比其他人更努力或克勤克俭。而真正的原因，则在于他们的理财意识不同。不一样的理财意识，决定了不一样的理财行为，结果也会不一样。

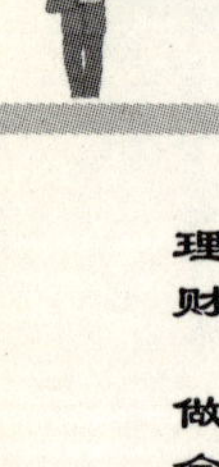

理财是一种意识，一种理念。如果你想拥有更多的钱，就必须改变你的理财观念。我们知道，那些白手起家的人总是从小做起，循序渐进，一步一步发展壮大起来。投资也是如此，起初的投入虽有限，但按照以财生财的观念来看，它必然会成为未来获取更大收益的基础。

有人试图在储蓄和筹集一大笔钱后，再来做一笔大生意或大投资，因为他们认为大的投入才能赚到真正的大钱，但往往事与愿违。一些不成熟的动机和思维方式最终都会使他们的大量资本承担巨大的风险，其结果，要么生意做不成，要么惨痛地损失掉其中的大部分。

1. 认识你的收入类型

生活中，有很多人都会存在这样或者那样的财务问题，正如很多人的身体处于亚健康状态一样，很多人的财务问题也处于“亚健康”状态。其实这些情况通常都和大家熟悉的一个东西有关，那就是金钱，或者说你的收入类型。

如果用“收入曲线”来区分不同类型的收入，一般分为四种收入曲线：

(1) 水平曲线

水平曲线，即以劳力、时间付出领取的津贴。这项收入虽然稳定，却成长缓慢，而且在工作中丧失自我、看人脸色、行动不自由。例如，公务员、工薪族等通常是这项收入的领取者。

(2) 压力曲线

压力曲线，是以资金、血汗打拼换来的报酬。其工作自由，但收入不稳定、成长变量多，而且内心矛盾、压力和风险极大。例如，私人企业老板、业务行销员等，是获取这项收入的群体。

(3) 夕阳曲线

夕阳曲线，是以劳力、青春换取的酬劳，收入随年龄增加而递减。例如，演员、娱乐场所服务者、体力工作者等，是获取这项收入的群体。

(4) 快乐曲线

快乐曲线，即按倍增原理获得的收入，通常是建立行销通路获得的回馈，通过考验期之后，收入会稳定增长。例如，成功的连锁企业、网络行销业。

2. 提高资本意识

所谓资本意识，就是把已经拥有的钱或物作为本钱，并在投资过程中让它们增值的理财思想。

很多穷人都有过梦想，甚至有过机遇，有过行动，但最终没能坚持到底，所以他们一直是穷人。

有这样一个故事：

一个富人可怜一个穷人，想帮他致富。富人送给他一头牛，嘱咐他好好开荒，春天撒下种子，秋天就可以摆脱贫穷。穷人满怀希望开始奋斗。可是没过几天，牛要吃草，人要吃饭，日子比过去还难。于是他想，不如把牛卖了，买几只羊，先杀一只吃，剩下的可以生小羊，长大可以卖更多的钱。

穷人的计划又如愿以偿，但是日子并没有改变。艰难时，他又忍不住杀羊，终于杀到只剩一只羊时，穷人的理想彻底崩溃。他心想，致富是无望了，不如把羊卖了，打壶酒，一醉解千愁。

春天来了，富人兴致勃勃地送来种子，发现穷人醉卧在地上，依然一贫如洗。富人转身走了，穷人继续贫穷。

正如这个故事一样，穷人之所以穷，很多时候不是因为没有梦想，而是他们没有去把梦想变成现实。例如，有 1 万元钱，5 个人分，每人可得 2000 元，谁也不穷，谁也不富。要是其中的两个人用自己的 2000 元去做生意，每人又赚了 1 万元，那么这 5 个人的财富总量就达到了 3 万元。而其中的两个富人拥有 2.4 万元，占 80%，三个穷人拥有 6000 元，占 20%。

在这种情况下，我们说三个穷人“穷了”，另外两人“富了”。两个富人的“富”来自于社会财富的“增量”，而不是从另三个人手中夺取的“存量”。

从上面的故事中可以得出结论：穷人不仅没有资本，也没有资本意识。这是最可悲的。要理财，要投资，必须提高资本意识，把自己手上的

钱化为资本，学会投资才会让钱生钱。

3. 管理好你的资金

有一本《穷爸爸，富爸爸》的书，里面的穷爸爸常常建议："想办法找到一个高薪工作。"富爸爸则常常建议："想办法从资产里找到现金流。"这就是穷人与富人的不同。要知道，找到一个高薪的工作，在起步阶段看起来是致富的一条捷径，但是在大多数情况下，最终却可能是一条慢车道。刚刚开始职业生涯的时候，穷爸爸比富爸爸的收入高好多，但是到了晚年的时候，情况完全相反，而且两人收入的差距之大就像宽阔无边的太平洋一样。实际上，现实生活中很少有人可以通过高薪工作发大财。

许多人希望：当自己有了喜欢的工作后，会将自己的一部分工资用于投资，不断积累自己的财富，这样就可以在以后拥有更多的空闲时间，可以发展更多的兴趣和爱好，再到自己喜欢和擅长的领域大干一场。但实际情况是，很多高收入者往往爱慕虚荣，觉得他们努力工作了，就应该纵情享受一番。所以，他们将金钱用于购买豪华轿车，到处寻欢作乐，奢侈消费。而普通阶层的人们则处在尴尬的境地：他们拼命工作赚钱，为的是过上舒适的生活，可是现实使他们的满足感日益降低。为了提高满足感，他们支付大笔贷款，购车、购房，今天花了明天的钱，债务逐渐增多，他们为此付出的代价是惨重的。在这样的情况下，万一遇到突发事件和需要一些数额巨大的开支，就没有足够的资金加以应付。

所以，如何成为一个富裕的人，关键在于我们如何管理自己所拥有的资金，并让它们发挥种子的魔力，让它们在适当的条件下发芽、结果。

人们需要穿着打扮，住宽大的房子，开漂亮的车子，游览世界胜地，但是这些都不能以牺牲正常的生活为代价。简单来说，我们不要透支明天的幸福。

其实，有较高的工资收入和创造财富，并不完全是一回事，因为不论你收入多高，人们总是倾向于花光自己挣来的所有金钱。财商的高低并不是以你的资产和收入来衡量的，高工资收入并不代表高财富，更不代表高财商，你财务自由的程度取决于你被动收入或者说不在职收入的多少和持续性。你的目标应该是从你自己的每一笔收入或者时间中，拿出一部分金钱或者时间进行投资，建立正确的财商理念。这样到了一定阶段，你就会发现，自己积累的财富比单纯靠自己工作时所得的收入要多得多。

4. 下决心理财致富

脑袋“富”不算富，脑袋与口袋一起富，才是真正的富。

下决心让自己成为百万富翁，是致富的第一步，也是最重要的一步。美国畅销书《一分钟百万富翁》里主张以激发心灵能量而理财致富，文中开篇就指出：“不管你的现状如何，赚到第一个百万美元的第一步就是：下定决心。”决心是什么呢？书的作者认为：决心，是渴望，再加上信念；接着，付诸行动。

穷人要翻身致富，只在一念之间。很多尚未成为百万富翁的人，一想到理财致富，大多有以下相同的念头：“不可能的。除非中彩票！”“我没有那个本事！”“别做梦了，哪有那种好运啊！”“有谁这么好心会帮我呢？”光是这几个简单的借口，就可以轻易说服自己，让自己心安理得当一辈子穷人，然后他们又假装清高地说：“我只要心灵富有就行了。”就是这种逻辑，让所谓“心灵富有”的人，永远只能是“心灵富有”，手头上经常捉襟见肘、入不敷出，却对于追求财富感到不安、不道德。有钱，给他们的印象总是铜臭味，殊不知，没钱，连他们自己都闻得到穷酸味。但就某种程度来说，“铜臭”与“穷酸”一样都是不好闻的味道。

富人和穷人，的确存在完全不同的思维方式。《穷爸爸，富爸爸》一书的作者说出了其中的分界——富人会问自己：“我要怎样做才可以得到它？”穷人却立刻对自己说：“我承担不起。”于是，富人和穷人就有了天壤之别。

其实，心灵和金钱，也可能一路相陪。钱，本身不好也不坏，是一种很中性的力量和工具，可以被用在创造性的事业上，也可以用在毁灭性的用途上。用正当方法获得财富，并且和善良结合在一起，会使世界变得更美好。

人们对自己现在的处境感到不满，大部分是因为他们对于改变现状无能为力。金钱是一个人人生中最重要的主题之一，生命中一些最大的乐趣和最深的失望一般都源于金钱。我们要下决心学会驾驭金钱，了解金钱，学习如何赚取并保管它，使它增值，这对每个人的生活、家庭和未来至关重要。只要下定决心，遵照致富守则采取行动，你也能成为百万富翁。

培养理财的心态

有时候，我们不是缺少钱而是缺少理财的心态。理财是习惯，是思维方式。一个人必须具有良好的理财心态，做好理财的心理准备，学会让钱动起来，将每一分钱都通过周密的运作发挥最大的作用。

要真正成为投资理财的高手，必须培养积极的心态。《伊索寓言》有这样一个故事：一个人把金子埋在树下面，每周挖出来陶醉一番。然而有一天，他的金子被贼偷走了，此人痛不欲生。他从没花过这些钱，每次只是看看而已，这些钱有和没有对他来说都是一样。这则寓言告诉我们：财富闲置就等于零，所以必须让钱动起来。

但愿你不是把金子埋在地里的那种人。环境和社会的大变化让我们不再轻松，我们不像上辈人那样能端上“铁饭碗”；未来是不确定的，说不定一场大病或者意外就能让自己的日子捉襟见肘；我们还需整天琢磨着怎么在孩子身上多投点资，或者让父母和自己“老有所养”，而银行仅有的那点存款却好像蜗牛一样在原地踏步，还要面临着贬值的风险。这些都逼得我们要有所行动。

财富闲置就等于零，必须让钱动起来！不想做“负翁”，就要培养积极的理财心态。

1. 理财：从没钱开始

在我们的日常生活中，总有许多工薪阶层或中低收入者持有“有钱才有资格谈投资理财”的观念。他们认为：每月固定的工资收入应付日常生活开销就差不多了，哪来的余财可理呢？理财投资是有钱人的专利，与自己的生活无关。对于这样的想法，有必要进行深刻剖析。

实际上，越是没钱的人越需要理财。理财的目的，不就是为了改变没钱的现状吗？假如你身上有 1 万元，但因理财错误，造成财产损失，很可能立即出现危及到你的生活保障的许多问题，而拥有百万、千万、上亿元“身价”的有钱人，即使理财失误，损失许多财产，亦不至于影响其原有的生活。因此说，必须先树立一种观念，不论贫富，理财都是伴随人生的大事，在这场“人生经营”的过程中，愈穷的人就愈输不起，对理财更应严肃而谨慎地去看待。

如果你认为理财投资是有钱人的专利，大众生活信息来源的报章、电视、网络等媒体的理财方略是服务少数人理财的“特权区”，那你就大错特错了。当然，在这个世界上，所谓真正的有钱人毕竟占少数，中产阶层的工薪族、中下阶层百姓仍占绝大多数。由此可见，投资理财是与生活休戚与共的事，没有钱的穷人或初入社会又身无一定固定财产的中产等层次上的“新贫族”都不应逃避。即使捉襟见肘、微不足道亦有可能“聚沙成塔”。

理财应“从第一笔收入、第一份薪金”开始，即使第一笔收入或薪水中扣除个人固定开支及“缴家库”之外所剩无几，也不要低估微薄小钱的聚敛能力，1000 万元有 1000 万元的投资方法，1000 元也有 1000 元的理财方式。绝大多数的工薪阶层都从储蓄开始累积资金。一般薪水仅够糊口的“新贫族”，不论收入多少，都应先将每月薪水拨出 10%存入银行，而且保持“不动用”、“只进不出”的情况，如此才能为聚敛财富打下一个初级的基础。假如你每月薪水中有 500 元的资金，在银行开立一个零存整取的账户，撇开利息不说或不管利息多少，20 年后仅本金一项就达到 12 万了，如果再加上利息，数目更不小了，所以“滴水成河，聚沙成塔”的力量不容忽视。

当然，如果嫌银行定存利息过低，而节衣缩食之后的“成果”又稍稍

可观，也可以开辟其他投资途径，或入户国债、基金，或涉足股市，或与他人合伙入股等，这些都是小额投资的方式之一。但必须注意参与者的信用问题，刚开始不要被高利迷惑，要注意其风险。绝不要有“一夕致富”的念头，理财投资务求扎实渐进。

不要忽视小钱的力量，就像零碎的时间一样，懂得充分运用，时间一长，其效果就自然惊人。最关键的问题是要有一个清醒而又正确的认识，树立一种坚强的信念和必胜的信心。

2. 理财：从头开始

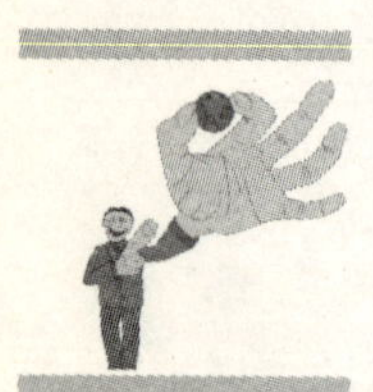

许多人一辈子勤奋工作，辛辛苦苦地存钱，却不知有效运用资金，亦不敢过于消费享受；也有人贪图“以小搏大”，不看自己的能力，把理财目标定得很高，在金钱游戏中打滚，失利后不是颓然收手，放弃从头开始的信念，就是悔恨终生、再难振作。

要过好自己的美满人生，除了要有一个好的人生目标规划外，也要懂得如何应对人生不同阶段的生活需求，这样，将财务做适当计划及管理就显得非常必要了。既然理财是一辈子的事，何不及早认清人生各阶段的责任及需求，制定符合自己的理财规划呢？许多理财专家都认为，一生的理财规划应趁早进行。

理财是一生都在进行的活动。由于不同生命阶段的生活重心和所重视的层面不同，理财的目标会有所差异，所以设定理财目标必须与人生各阶段的需求配合。这里将人生分为六大阶段：

（1）单身期：指从参加工作至结婚的时期，一般为2～5年。该时期经济收入比较低且花销大，是家庭未来资金积累期。单身期理财优先顺序：节财计划>资产增值计划>应急基金>购置住房。

（2）家庭形成期：指从结婚到新生儿诞生时期，一般为1～5年。这一时期是家庭的主要消费期。经济收入增加而且生活稳定，家庭已经有一定的财力和基本生活用品。为提高生活质量往往需要较大的家庭建设支出，如购买一些较高档的用品；贷款买房的家庭还需一笔较大开支——月供款。理财优先顺序：购置住房>购置硬件>节财计划>应急基金。

(3) 家庭成长期：指从小孩出生直到上大学，一般为9～15年。在这一阶段里，家庭成员不再增加，家庭成员的年龄都在增长，家庭的最大开支是保健医疗费、学前教育、智力开发费用。同时，随着子女的自理能力增强，父母精力充沛，又积累了一定的工作经验和投资经验，投资能力大大增强。理财优先顺序：子女教育规划>资产增值管理>应急基金>特殊目标规划。

(4) 子女大学教育期：指小孩上大学的这段时期，一般为4～7年。这一阶段里子女的教育费用和生活费用猛增，财务上的负担通常比较繁重。理财优先顺序为：子女教育规划>债务计划>资产增值规划>应急基金。

(5) 家庭成熟期：指子女参加工作到家长退休为止这段时期，一般为15年左右。这一阶段里自身的工作能力、工作经验、经济状况都达到高峰状态，子女已完全自立，债务已逐渐减轻，理财的重点是扩大投资。理财优先顺序：资产增值管理>养老规划>特殊目标规划>应急基金。

(6) 退休期：指退休以后。这一时期的主要内容是安度晚年，投资和花费通常都趋于保守。理财优先顺序：养老规划>遗产规划>应急基金>特殊目标规划。

3. 拒绝各种诱惑

每个月领薪日是上班族最期盼的日子，可能要购置家庭用品，或是购买早就看中的一套服饰，或是与朋友约好去上一份“人情”……各种生活花费都在等着每个月的薪水进账。

在我们的身边有这样一些人，他们固定的收入不多，花起钱来个个有“大腕”气势，身穿名牌服饰，皮夹里现金不能少，信用卡也有厚厚一叠，随便一张刷个两下子，获得的虚荣满足感胜于消费时的快乐。他们月初领薪水后，钱就像过节似的大肆花，月末时一边紧衣缩食，一边再盼望下个月的领薪日快点到——这是许多上班族的写照。特别是初入社会、经济刚独立的年轻人，往往无法抗拒消费商品的诱惑；也有许多人是以金钱（消费能力）来证明自己的能力，或是补偿心理某方面的不足，这就使得自己对金钱的支配力不能完全掌握了。

面对这个消费的社会，要拒绝诱惑当然不是那么容易的事。要对自己辛苦赚来的每一分钱具有完全的掌控权，就要先从改变理财习惯下手。“先消费再储蓄”是一般人易犯的理财习惯错误，许多人生活常感到入不敷出，就是因为他们的“消费”是在前头，没有储蓄的观念。或是认为“先花了，剩下再说”，往往低估自己的消费欲及零零星星的日常开支。

对中国的许多普通人来说，要养成“先储蓄再消费”的习惯才是正确的理财法，实行自我约束，每月在领到薪水时，先把一笔储蓄金存入银行（如零存整取）或购买一些小额国债、基金。“先下手为强”，存了钱再说，这样一方面可控制每月预算，以防超支，另一方面又能逐渐养成节俭的习惯，改变自己的消费观甚至价值观，以追求精神的充实。这种“强迫储蓄”的方式也是积攒理财资金的起步。生活要有保障就要完全掌握自己的财务状况，不仅要“瞻前”也要“顾后”，让“储蓄”先于“消费”。切不可先消费，等有了“剩余”再去储蓄。

4. 理财：我也能

许多人把理财看得很神秘、很高深。实际上，没有人是天生的理财高手，能力来自于学习和实践经验的积累。一些人以“没有数字概念”、“天生不擅理财”等借口规避与每个人生活休戚相关的理财问题，甚至在心中把“理财”归为个人兴趣的选择，或是一种天生具有的能力，甚至与所学领域有连带关系，以为非商学领域学习经验者与理财问题绝缘，并因此“自暴自弃”。

殊不知，没有一项能力是天生具有的，耐心学习与实践才是最重要的。理财能力也是一样，也许具有数字观念或本身学习过经济管理者较能触类旁通，也较有“理财意识”，理财是人生的大事，每个人都无法逃避理财问题。中国人的传统观念认为“女人是天生的理财高手”，但这并不表示女性擅长理财，不然为何在理财专业人士当中，女性的比例又偏低呢？

现代经济带来了“理财时代”，五花八门的理财工具书多如牛毛，许多关于理财的课程也走下专业领域的舞台，深入上班族、家庭主妇、学生的生活和学习当中。随着经济环境的变化，勤俭储蓄这种传统单一的理财方式已无法满足一般人的需求。配合人生规划，理财的功能已不仅限于保障安全无虑的生活，而是追求更高的物质和精神满足。如果你还认为理财是“有钱人玩金钱游戏”，是与己无关的行为，那就证明你已经落后于时代了，是该奋起直追的时候了。

5. 理财：不求一夜暴富

有些人把钱都放在银行里生利息，认为这种做法最安全，而且没有风险；也有些人买黄金、珠宝存在保险柜里以防不测。这两种人都是以绝对安全、有保障为第一标准的，走的是极端保守的理财路线，或者说完全没有真正的理财观念。相反，也有人偏好某种单一的投资目标，如房地产或股票，遂将所有资金投入，孤注一掷，急于求成，这种人若能顺利获利也就罢了，但从市场有好有坏、变化无常的情况来看，仅靠一种投资方式的风险未免太大了。

有些投资人是抱着投机心理的，也就是专做热门短期投资，例如，今年或这段时期流行什么，就一窝蜂地把资金投入。这种人有投资观念，但因“赌性十足”，宁愿冒高风险，也不愿扎实从事较低风险的投资。这类投机者往往希望“一夜暴富”，若时机好也许能大赚，但时机坏时亦不乏血本无归、甚至倾家荡产者。

不管选择哪种投资方式，上述几种人都犯了理财上的大忌：急于求成！把鸡蛋都放在一个篮子里，缺乏分散风险的能力。

如今，随着经济的发展、工商业的发达、国际市场的大开，国人的投资渠道也愈来愈多，单一的投资工具已经不符合国情、民情，而且风险太大，于是乎，“投资组合”的观念应运而生，目的既为降低风险，同时也能平稳地创造财富。这种多样化的投资，最普遍的不外乎有银行存款、股票、房地产、期货、债券、黄金、共同基金、外币存款、海外不动产、国外证券等，不仅种类繁多，名目也分得很细。每种投资形式还有不同的操作方式，若不具备长期投资经验或非专业人士，一般很难做好。

因此，我们一定要对基本的投资方式进行必要的了解，并且认清自己的个性是倾向保守还是具有冒险精神，然后再来衡量自己的财务状况，量力而为，选择较有兴趣或较熟悉的几种投资方式，搭配组合，以小搏大。投资组合的分配比例要依据个人能力、投资对象的特性及环境时局而灵活转换。个性保守或闲钱不多者，组合不宜过于多样复杂，短期获利的投资比例要少；若个性积极有冲劲且不怕冒险者，可视能力来增加高获利性的投资比例。各种投资项目的特性，则通常依其获利性、安全性和变现性（流通性）三个原则而定。例如，银行存款的安全性最高，变现性也强，但获利性相对就低了；股票、期货则具有高获利性，变现性也佳，但安全性则较低；而房地产的变现能力低，但安全性高，获利性（投资报酬率）则视地段及经济景气而有弹性。

6. 理财：我有时间

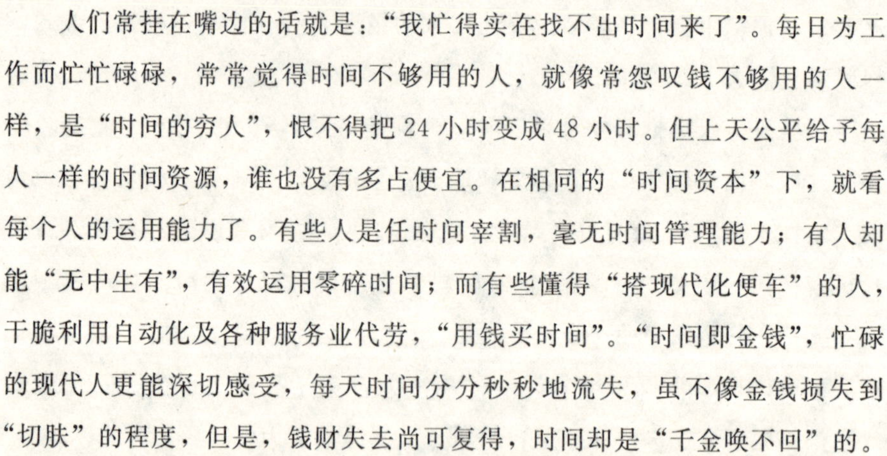

人们常挂在嘴边的话就是：“我忙得实在找不出时间来了”。每日为工作而忙忙碌碌，常常觉得时间不够用的人，就像常怨叹钱不够用的人一样，是“时间的穷人”，恨不得把 24 小时变成 48 小时。但上天公平给予每人一样的时间资源，谁也没有多占便宜。在相同的“时间资本”下，就看每个人的运用能力了。有些人是任时间宰割，毫无时间管理能力；有人却能“无中生有”，有效运用零碎时间；而有些懂得“搭现代化便车”的人，干脆利用自动化及各种服务业代劳，“用钱买时间”。“时间即金钱”，忙碌的现代人更能深切感受，每天时间分分秒秒地流失，虽不像金钱损失到“切肤”的程度，但是，钱财失去尚可复得，时间却是“千金唤不回”的。

如果你对上天公平给予每个人 24 小时的资源无法有效管理，不仅可能和理财投资的时机失之交臂，甚至还可能一生一事无成。可见，时间管理对现代人是很重要的。想向上帝“偷”时间既然不可能，那么学着自己“管理”时间，把分秒都花在“刀口”上，提高效率，这才是根本的方法。

实际上，“忙”、“没有时间”只是借口，并非真实情况。如果你的聪明才智与人相仿，而工作时间比别人长，薪水、所得、职位、成就却不比别人好，那你就该好好检讨一下，看是不是没有充分发挥时间效率。在心理上必须建立一种观念，力求“聪明”工作，而不是“辛苦”工作。例如，别人 6 个小时可做到的事，我努力在 4 个小时之内完成。以追求最高的时间绩效为目标，假以时日，时间自然由你掌握。

时间管理与理财的原理相同，既要“节流”，还要懂得“开源”。要“赚”时间的第一步，就是全面评估时间的使用状况，找出所谓浪费的零碎时间。第二步就是予零碎时间以有计划的整合运用。首先列出一张时间“收支表”，以小时为单位，把每天的事情记录下来，并且立即找出效率不高的原因，彻底改善。再者，把每天的时间切割成单位的收支表，并做有计划的安排，切实去完成每日绩效目标。

时间是自己找回的。当你把“省时”养成一种习惯，自然而然就会使每天的 24 小时达到“收支平衡”的最高境界，而且还可以“游刃有余”地收获闲暇时间，去从事较高精神层次的活动。

要占时间的优势，就要积极地“凭空变出”时间来，以下提供一些有效的方法，让你轻松成为“时间的富人”。

一是尽量利用零碎时间。坐车或等待的时间拿来读报、看书、听广播。利用电视广告时间处理洗碗、洗衣服、拖地等家事。不要忽略一点一滴的时间，尽量利用零碎时间处理琐碎事务。

二是改变工作顺序。例如做饭时，先洗米煮饭、煮汤，再洗菜、炒菜，等菜上桌的同时，饭、汤也好了。稍稍改变一下工作习惯，能使时间发挥最大的效益。此种“时间共享”的作业方式可在工作中多方尝试，而“研究”出最省时的顺序。

三是批量处理，一次完成。购物前列出清单，一次买齐。拜访客户时，选择地点邻近的一并逐户拜访。较无时效性的事务亦以地点为标准，集中在同一天完成，以节省在路上的时间。

四是工作权限划分清楚，不要凡事一肩挑。学习“拒绝的艺术”，不要浪费时间做别人该做的事，同事间互相帮忙偶尔为之，不要因“能者多劳”而做烂好人。办公室的工作各有分工，家事亦同，家庭成员都该一起分担，上班族家庭主妇不要一肩挑。例如，先生的书房、车子；小孩的房间、玩具要求他们自己清理，家事也要分工负责，把省下的时间用来自我

充实，做个“新时代主妇”。

五是善于利用付费的代劳服务。银行的自动转账服务可帮你代缴水电费、煤气费、电话费、信用卡费、租税定存利息转账等，多加利用，可省舟车劳顿与排队等候的时间。

六是以自动化机器代替人力。办公室的电话连络可以传真信函、电子邮件取代，一方面可节省电话追踪的时间，内容又有凭据，费用亦较省。而且传真、电子邮件简明扼要，比起电话联络需客套寒暄才切入主题，节省许多无谓的“人力”与时间。

有条件的家庭主妇还可学习美国妇女利用机器代劳的快速做家事的方法。例如使用全自动单缸洗衣机、洗碗机、吸尘器、微波炉等家电用品，可比传统人力节省超过一半的时间。

掌握理财的方法

这里所讲的理财，主要是指个人理财。个人理财的核心，就是投资和赚钱，它包括两方面的内容：一是指投资收益的最大化，二是指投资风险的最小化。做到这两点，就能达到个人资产理财的合理化；做到这两点，必须掌握理财的方法与技巧。

理财是为了实现个人全部财务目标而制定和实施的协调一致的总体计划。简言之，理财就是管好、用好钱财，使之发挥最大的效用。不管你的现实财富多少，每个人都是自己人生企业的董事长。任何人的人生“企业”发展状况和前景，除了客观的限制条件，只要拥有激情和创造性，每个人都可以大显身手；只要掌握了理财的方法，每个人都能创造出自己的财富人生。

1. 理财的目的

理财是贯穿每个人一生的行为。我们知道，人生的目的，不仅仅是为了追求财富，更重要的是为了追求幸福。理财虽然解决不了人生的所有问题，但它可以解决人生的一部分问题，而且是很重要的一部分，这已经足够了。

那么，理财的目的到底是什么呢？

（1）保值

所谓保值，主要是通过设计一个将人的整个生命周期考虑在内的终生生活及其财务计划，将个人未来的职业选择、子女及自身的教育、购房、保险、医疗、企业年金和养老、遗产及事业继承，以及生活中个人所必须面对的各种税收等方面的事宜进行妥善安排，使个人在不断提高生活品质的同时，即使到年老体弱以及收入锐减的时候也能保持自己所设想的生活水平，最终实现终生的财务安全、自主和自由。

（2）增值

所谓增值，就是在以上的生活目标得到满足以后，将资产投资于股票、债券、金融、黄金、外汇、不动产以及艺术品等各种投资项目，得到最优回报，从而加速个人或家庭资产增长，以便提高个人或家庭的生活水平和质量。

2. 理财的层次

理财规划是通过对个人财务资源的有效管理和投入组合，实现人生不同阶段的目标。它必须分为不同的层次，使不同的人在不同的阶段可以进行相应的选择。在这里，可以将个人理财按照风险的大小分为三个大的层次、九个层级，模仿围棋的段位称呼，将其简称为理财九段。

（1）理财的初级层次

这个层次包括以下三个段位。

理财一段，即储蓄。它是所有理财手段的基础，也是一个人自立的基础。它来源于计划和节俭，是一个人自立能力、理财能力的最初体现，也是最基本的检验方式。连储蓄都做不到的人，除非收入达不到社会最低保障线，否则说明他缺乏自我控制的能力，不可能指望他在财富管理方面获得成功。

理财二段，即购买保险。目前寿险市场上的绝大多数保险产品基本上是理财功能和保险功能相结合的产品。因此，购买保险就是理财的一种方式。同时，购买保险也是一个人家庭责任感的体现。目前，国内绝大多数单位都为雇员购买了基本的社会劳动保险，因此，它还是一个人社会性的体现。

理财三段，即购买国债、货币市场基金、人民币理财产品等各类保本型理财产品。目前，金融市场上又增加了一些新的低风险金融产品，如集合理财产品、可转债等，也可以归到这一个段位。

以上三段可以归结为同一个层次，即个人理财的初级层次。其特点是将个人财富交给银行、保险公司、证券公司等金融机构，所购买的金融产品为大众化的无风险（低风险）、低收益（固定收益）、高流动性产品，购买这些产品无须专业化知识，风险很小，当然，收益也很小。

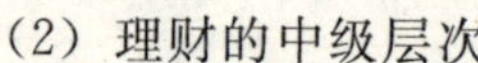

（2）理财的中级层次

这个层次包括以下三个段位。

理财四段，即投资股票、期货。股票投资在最近15年进入我国人民生活以来，基本上可以分为两个阶段，前十年大体可以归为高收益投资品种，最近五年基本上是高风险投资品种。期货则永远是收益与风险并存，不断考验投资者的经验和运气。

理财五段，即投资房地产。这里所说的房地产投资是指以投资为目的购买房地产，而非买房子自己住。房地产投资与股票投资刚好相反，最近几年带给中国人民的大多是美好的体验。之所以将其列为较股票、期货投资高一个段位级，原因在于其投资金额起点较高，流动性较低，参与难度相对较高。

理财六段，即投资艺术品、收藏品。这是一个参与人群更少的投资种类。它需要更加专业的知识和更为长期的积累，也需要更为雄厚的财力。

其流动性更低，参与难度更高。

以上四到六段可以归结为同一个层次，即个人理财的中级层次。这个层次的投资品种都是属于高风险、高收益的品种。投资这些品种都需要较为专业的知识，同时也需要一些运气，当然更需要一些实力。敢于冒险的人，在利用某些财务杠杆的情况下，在这个层次努一把力，往往能使自己成为富翁。当然，运气不好也会不幸成为负债累累的“负翁”。目前，一般书本上的理财概念基本都停留在这个层次上。

(3) 理财的高级层次

这个层次包括以下三个段位。

理财七段，即投资企业产权。在这里，它特指为拥有企业控制权或参与企业管理而进行的企业产权投资，而不是指为了获取差价而进行的企业权益票据——股票投资。这种投资之所以超越了一般的理财概念而位列理财七段，其意义的通俗解释就是罗伯特·T·清崎在《穷爸爸，富爸爸》中一再强调的那样：要有自己的事业，不要一生为别人工作，以免在停止工作时变得一无所有。

理财八段，即购买与打造品牌。购买品牌也必须获得企业控制权或控股权，但它与一般投资企业产权的区别在于其企业经营行为的目标指向企业所拥有的品牌，而不仅仅是短期的利润。这种目标决定了其行为的长期性和与社会需求的一致性。简单来说，八段理财高手着眼于长远的品牌建设，因此，更有可能获得高于社会平均水平的超额收益。

理财九段，即投资人才。真正的老板是特别善于发现人才并运用人才的人。聪明的人往往会雇佣比自己更聪明的人或与他们一道工作，而能够成就大事业的人不仅能雇佣比自己更聪明的人，而且能够信任并控制他们，将自己事业的一方面交给他们。因此，理财高手的最高境界不是投资在物体上，而是投资在人身上。当然，根据风险收益对应原则，这种投资是风险最大的、也是潜在收益最大的。

这三个段位是个人理财的高级层次。在这个层次上，投资品种都不是简单的物体，而是物体与人的组合；所需要的知识也不仅仅是某个学科的专门知识，而是某个领域专门知识和管理学、社会学的复合知识体系。在这个层面上，理财成败的关键在于对社会性因素的把握，如对行业趋势、市场变化、人们心理因素变化等因素的把握，等等。此外，在这个层次上，个人理财已经不是一件仅仅关系自身财产的事情，而是关系到其他许多人财产和职业前景的事情，具有较强的社会性。正因为充分调动了社会资源，因此，这个层次的投资所能获取的收益也可能极大。我们至今还没有听说哪个富豪是没有公司的纯粹个体户。

3. 理财的方法

如何有效地“理财”，这是人们关心的一个关键问题。这个问题虽然复杂，但有几点是可以肯定的。

（1）下定理财的决心

一般人的观念中都认为“理财”等同于“不花钱”，进而联想到理财会降低消费所得到的乐趣与生活质量。对于喜爱享受消费快感的年轻人来说，心理上难免会抗拒“理财”这个观念：“理财”一事，以后再说吧。

年轻人不喜欢理财或是不知道理财，最主要的原因就是漠视“人”与“钱”的差别。普天下的人都知道一个道理，即“钱能生钱”。“钱”追“钱”总比“人”追“钱”来得快捷有效。

那么，如何用钱去追钱呢？首先，当然要拥有“第一桶金”——一笔母钱，然后用这笔母钱产生钱子钱孙。但是这“第一桶金”应该怎么来呢？生活中那些“清仓大减价”、“免年费信用卡”等诱因让我们控制不住花钱的欲望，一次又一次地错过储蓄“第一桶金”的最好时机。所以只有先下定决心“自己”理财，才算是迈出了成功理财的第一步。

（2）排除恶性负债

恶性负债是指人力不可控制的负债，例如生病、意外伤害、车祸等，这些事件引起的负债都属于恶性负债。这种情况下，如果买了保险就可以降低因意外所遭受的损失，从而排除恶性负债。所以财务独立的第一步就是买一份适合自己的保险，将意外带来的金钱损失转嫁给保险公司，让你无后顾之忧。

良性负债就是你可以自己控制的负债，如生活费、娱乐费、子女教育费、房屋贷款等。也就是说，你可以决定自己每月的生活费用，可以决定跟父母住或是搬出去住，结婚后要不要买房子、生孩子等。

（3）学习理财投资

财务独立只是一个观念的建立，在你实现财务独立之前还有许多准备工作，其中学习理财知识就是最重要的工作。

一是从事理性的投资。何为理性的投资？简单来说，就是“投资者了解所欲投资目标的内涵与其合理报酬后所进行的投资行为”。为什么独立理财要强调理性投资的重要性呢？因为投资不当会导致出现严重负债的情况。理性、正确的投资不但可以将“收入”大于“支出”的差距拉大，使你的财务真正独立，并且能协助你实现人生的目标。

二是理财要交给专家。把理财交给专家的观念是正确的，因为专家可以全心投入理财的工作中，而且拥有较多的资源和工具，可以有效提高你的投资收益，这些都是专家理财的优势。但我们自己为什么要学习理财知识呢？因为在你把钱交给专家理财之前，是不是对这个“理财专家”充满信心，而且确定这个“理财专家”会以你最大的利益为最终理财的目的，最后还确定会把你所投资的钱在你指定的时候回到你的口袋中。如果你有十足的把握，那么你自己学习理财知识就是必要的。

（4）制定个人财务目标

设定理财目标：理财目标最好是以数字衡量，计算你自己每月可存下多少钱、要选择投资回报率是多少的投资工具和预计多少时间可以达到目标。因此，建议你第一个目标最好不要定得太高，所要达到的时间在2～3年左右为宜。

理财目标的实现：个人财务目标设定之后，如何才能在最短的时间内实现这个目标呢？在不考虑其他复杂因素的前提下，一般理财目标的实现与下列几个变数有关：一是个人所投入的金额，所投入的金额可分为一次投入或多次投入。二是投资工具的回报率，投资工具可分为定存、基金、股票、期货、债券及黄金等，投资回报率愈高，风险相对也愈高。三是投

入的时间，金钱是有时间价值的，投入的时间愈长，所获得的报酬也愈多。

因此，最基本的设定方式为先确定个人所能投入的金额，再选择投资工具。此外，投资工具的回报率要超过通货膨胀，最后随着时间的累积，就可达到所设定的财务目标。

(5) 养成良好的理财习惯

有很多好的做法，可以帮助你开始自己的理财计划，以下六种习惯可以帮助你学会如何很好地控制经济状况。

习惯一：记录财务情况。

能够衡量就必然能够了解，能够了解就必然能够改变。如果没有持续的、有条理的、准确的记录，理财计划是不可能实现的。因此，在开始理财计划之初，详细记录自己的收支状况是十分必要的。一份好的记录可以使你做到：一是衡量自己所处的经济地位，这是制订一份合理的理财计划的基础。二是有效地改变现在的理财行为。三是衡量接近目标所取得的进步。

特别需要注意的是，做好财务记录还必须建立一个档案，这样就可以知道自己的收入情况、净资产、花销以及负债。

习惯二：明确价值观和经济目标。

了解自己的价值观，可以确立经济目标，使之清楚、明确、真实，并具有一定的可行性。缺少了明确的目标和方向，便无法做出正确的预算；没有足够的理由约束自己，也就不能达到你所期望的 2 年、20 年甚至是 40 年后的目标。

习惯三：确定净资产。

一旦经济记录做好了，那么算出净资产就很容易了，这也是大多数理财专家计算财富的方式。为什么一定要算出净资产呢？因为只有清楚每年的净资产，才能掌握自己又朝目标前进了多少。

习惯四：了解收入及花销。

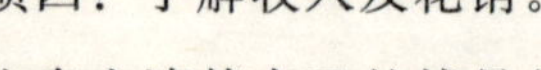

很少有人清楚自己的钱是怎么花掉的，甚至不清楚自己到底有多少收

入。没有这些基本信息，就很难制定预算，并以此合理地安排钱财的使用；搞不清楚什么地方该花钱，也就不能在花费上做出合理的改变。

习惯五：制定预算，并参照实施。

财富并不是指挣了多少，而是指还有多少。听起来，做预算不但枯燥，烦琐，而且好像太做作了，但是通过预算可以在日常花费的点滴中发现大笔款项的去向。这对我们实现理财目标很有好处。

习惯六：削减开销。

很多人在刚开始时都抱怨拿不出更多的钱去投资，从而实现其经济目标。其实，目标并不是依靠大笔的投入才能实现。削减开支，节省每一块钱也是不错的方式，因为即使很小数目的投资，也可能会带来不小的财富，例如，每个月都多存 100 元钱，结果如何呢？如果 24 岁时就开始投资，并且可以拿到 10％的利润，34 岁时，就有了 20000 元钱。到 65 岁时，那些小小的投资就变成了 616000 元钱了。投资时间越长，复利的作用就越明显。随着时间的推移，储蓄和投资带来的利润更是显而易见。所以开始得越早，存得越多，利润就越是成倍增长。

（6）理财产品搭配进行

搭配理财跟单一理财相比，具有分散风险的特点，值得我们学习。在理财产品中，债券、银行定期存款、信用卡、股票投资、保险理财等，哪些产品和货币、债券或股票基金搭配最为合适？在搭配的时候应该注意哪些要点？以下为你精选四种优秀组合搭配，并一一解读。这四种基金组合搭配分别为：货币基金＋银行信用卡；货币基金＋股票投资；股票基金＋记账式国债；债券基金＋股票投资。

搭配一：货币基金＋银行信用卡

采用这种理财方法，你在利用信用卡透支购物时，可以获得一定时间的免息，通常为 20～60 天。由于信用卡暂时还没有收取年费，或者是每年只需刷卡消费几次就可以免收年费，所以消费者可以在免息期内无偿使用这些透支信额。

而透支部分可以用来进行投资，把这部分钱投资在低风险货币基金或短债基金上比较划算，年收益率可以达到2.5%左右，甚至更高。由于货币基金没有申购、赎回费用，赎回也十分方便，一般只要提前2～3天预约就可以赎回，万一出现信用卡还款压力增大，你也可以及时收回投资归还银行。

这种理财方式的收益不错，以家庭每月使用信用卡透支3000元计算，平均免息期40天，假设货币基金或短债基金年收益率为2.5%，那你每年可以用“借银行的钱”获得收益100元。

搭配二：货币基金＋股票投资

在保守型资产配置中，理财市场著名的“二八原则”应用在股票投资和货币基金组合理财中十分合适。即把两成资产投资在股票上，八成资产投资在货币基金或短债上。万一股票出现投资损失，也可以用低风险基金的稳定收益来弥补。

搭配三：股票基金＋记账式国债

这种理财组合是风险承受能力略高的常见股票基金投资组合。就是将精心选择的优秀的股票型基金再加上记账式国债投资，既可以躲避部分股票型基金投资带来的风险，在流动性上也更加灵活。

由于股票型基金投资策略不同，基金之间投资收益和风险也有很大的差别，投资者的重点应该放在挑选基金公司和具体基金上。

搭配四：债券基金＋股票投资

这种理财组合是一种综合考虑收益的中等风险投资组合。你可以在选择债券基金的同时投资部分股票，两种资产组合有天然的收益——风险平衡优势。债券基金主要投资在长期国债、企业债、金融债和可转债四个方面，四种资产受不同行情的影响，组合起来具有较好的稳定性。此外，债券基金的管理费率和申购赎回费率也较低，基金的流动性良好。

(7) 定期检视成果

只要根据事前、事中、事后控制的方法，将你之前所做的理财投资步骤做一整合后，你就可以了解在理财过程中定期检视成果的重要性在哪里了。

事前控制：就是设定理财目标，拟定达到目标的步骤。以下的问题可以帮助你：衡量目标设定是否合理？有配合你个人人生的阶段目标吗？达到目标的方法可行吗？你能操作进行的步骤吗？

事中控制：记账是在事中控制的工作。你可以从自己的记账记录中得知自己日常生活金钱运作的状况，当你发现现金流动有异常的状况时，可以随时知道并做出应变。

事后控制：计划完成时所做的得失检讨结果，也是另一阶段规划必须参考的重要资料。

(8) 策略随年改变

个人理财并不是一个固定不变的公式，随着年岁增长，理财目标和策略也有所不同。一位经济学家所提出的生命周期假设，对确定个人理财目标和策略有着指导性的作用。他指出，人生在少年及老年期，由于没有工作能力，支出必然大于收入。至于壮年期，工作能力正旺，并懂得为将来（老年期）做打算，故收入和储蓄相应增加，所以其投资策略也应做出适当调整。

学习富人的理财观

面对理财、投资，很多人都会害怕风险，担心血本无归，并认为把钱存在银行更稳妥一点。殊不知，正因为这样，他们失去了能逐渐成为一个富人的机缘，并且永远也富有不了，只能成为一个辛苦赚钱的工具。要想成为富人，就要学习富人的理财观。

富人之所以富，不是运气好；穷人之所以穷，也不是天生的。因为富人的财富不是从天上落下来的，而是自己通过努力奋斗获得的；因为大多数穷人的贫困是缺乏抓住机遇、敢于拼搏的奋斗精神造成的。归根结底，是两者的理财观大相径庭造成的。

1. 钱生钱才是最高境界

许多打工者，一辈子的贫富随着收入走，受工薪报酬左右。当他们刚刚参加工作时，收入不多，只够自己的日常开销，这时，当然是穷人。几年后，工资涨到了四五千，他们会考虑攒点钱，付个首款，买个房子。再过几年，收入涨到万儿八千时，他们又会面临娶妻生子、买车等更高的生活开销。再经过几年的奋斗，工资涨到两三万甚至更多，也许真的可以称得上事业有成，但生活追求也变得水涨船高，房子要住更舒适点的，车子要开更高级的，孩子要上昂贵的双语幼儿园，旅游要去国外的度假胜地……众多大城市里的白领，都是沿着这样一条道路走的。看起来生活质量是越来越好，但高收入并不代表他们就能进入富人的行列，因为每个月要付的账单越来越高，开销也越来越大，结果是他们对工作的依赖性也越来越强，连换工作也不敢想了，因为他们一旦跳槽，找不到工作，就会恢复穷人本色，同时已经水涨船高的生活标准也就会成为他们沉重的负担。

所以，许多人看起来是有钱人了，但是他们根本说不上是真正的富人。因此，从科学理财的观念看，靠高收入和攒钱来实现成为富人的梦想完全是错误的，依靠攒钱，不仅多数人无法获得最终的财务自由，甚至不可能树立正确的理财观念。

那么，怎样的投资理财，怎样的科学理财观念才能做到量体裁衣，以财生财、一生无忧呢？

以前的王公贵族子弟，凭着自己或是祖上的积累，享受不用干事的生活。他们的钱是花一分就少一分，钱花完了，就只能卖家里的古玩字画、旧家具等，等这些东西也卖完了，一切也就完了。而陆文夫的小说《美食家》中的朱自治则不同。他有着数量可观的房产和每月丰厚的租金，自然过着悠然自得的美食家生活。

可见，穷人和富人表面的差别是钱多钱少，但本质的差别是对待理财的科学态度。形象地说，在富人手里，钱是鸡，钱会生钱；在穷人手里，钱是蛋，用一毛就少一毛。

2. 让金钱为我而工作

许多尚未脱贫的人，对于富人之所以能够致富，会产生多种多样的想法。较负面的想法，是认为他们运气好或从事不正当的行业，而较正面的想法，是认为他们更努力或克勤克俭。但他们也许根本没有想到，真正的原因在于富人的理财思想与穷人大不相同。富人积极并善于把手里的资金做投资，让钱为我而工作，而不是像工薪族那样，让我为钱而工作。

日常生活中，一个有财商的人，会运用自有资金，获得稳定的收益。例如，花 100 万买了个房子，拿来出租，租金就算是稳定的收益，而收益越高，就意味着你的理财能力越强。因此，要想跻身富人行列，你必须善于运用自己的财富，让钱代替你去工作，只有当钱能让你获得像工资一样稳定而充足的收入时，你也就可以安心到老了。

哲人说："上天赐予我们每个人两样伟大的礼物：思想和时间。"轮到你用这两种礼物去做你愿意做的事情了，你，且只有你才有权决定你自己的前途。把钱无计划、不节制地消费掉，你就选择了贫困；把钱用在长期回报的项目上，你就会进入中产阶层；把钱投资于你的头脑，学习如何获取资产，财富将成为你的目标和你的未来，选择是你做出的。每一天面对每一元钱，你都在做出自己是成为一名穷人、中产阶级还是富人的选择。

让金钱为我而工作，而不是我为金钱工作，成为金钱的奴隶，这是正确的理财观念。获取财富并不一定要通过艰苦的劳动，理财和不理财的结果，可能会相差万里。

第二章　投资理财受益一生

钱是种子，把它埋在生钱的土壤里，就会发芽、开花和结果。

家庭理财：让家财保值增值

家庭是社会的细胞。我们中国人很有家庭观念，重视亲情，关注家庭的完整性。所以，中国人的理财观，总是与家庭理财密不可分。

家庭理财，就是以一个家庭为单位，合理、有效地处理和运用钱财，让家庭日常的支出发挥最大的效用，以达到最大限度地满足日常生活需要的目的。用专业的话说，家庭理财就是确定阶段性的生活与投资目标，审视自己的资产分配状况及承受能力，并根据专家的建议或自己的知识，调整资产配置与投资结构，及时了解资产状况及相关信息，通过有效控制风险，实现家庭资产收益的最大化。

家庭投资理财的根本目的，就是使家庭财产保值增值，并使它最大化。也就是说，要科学理财、善用钱财，使家庭财务状况处于最佳状态，满足各层次的需求。

那么，如何掌握合理、有效的家庭理财方法呢？

1. 了解家庭生命周期

所谓家庭生命周期，也就是说，家庭不是一成不变的，是由不同的阶段组成的，每一个家庭都有产生、发展、消亡的过程。从一对夫妻结婚建立家庭生养子女（家庭形成期）、子女长大就学（家庭成长期）、子女独立和事业发展到颠峰（家庭成熟期）、夫妻退休到夫妻终老而使家庭消灭（家庭衰老期），就可以称为一个家庭的生命周期。

对于家庭的生命周期及其特征，可以简单地列表区分：

家庭周期	家庭形成期（筑巢期）	家庭成长期（满巢期）	家庭成熟期（离巢期）	家庭衰老期（空巢期）
起止时间	起点：结婚；终点：子女出生	起点：子女出生；终点：子女独立	起点：子女独立；终点：夫妻退休	起点：夫妻退休；终点：一方身故
财务情况	家计支出增加；保险需求增加；股票基金定投；追求收入成长；避免透支信贷	家计支出固定；教育负担增加；保险需求高峰；购房偿还房贷；投资股债平衡	收入达到巅峰；支出逐渐降低；保险需求降低；准备退休基金；控管投资风险	理财收入为主；医疗休闲支出；终身寿险节税；领用退休年金；固定收益为主

具体说来，一个家庭不同阶段的生命周期，具有不同的特征。

家庭形成期：是指从结婚到新生儿诞生这段时期，一般为1～5年。这一时期是家庭的主要消费期。经济收入增加而且生活稳定，家庭已经有一定的财力和基本生活用品。为提高生活质量往往需要较大的家庭建设支出，如购买一些较高档的用品；贷款买房的家庭还需一笔月供款。

家庭成长期：是指从小孩出生直到上大学这个时期，一般为9～15年。在这一阶段里，家庭成员不再增加，家庭成员的年龄都在增长，家庭的最大开支是生活费用、医疗保健费、教育费用。财务上的负担通常比较繁重。同时，随着子女的自理能力增强，父母精力充沛，又积累了一定的工作经验和投资经验，投资能力大大增强。

家庭成熟期：是指子女参加工作到家长退休为止这段时期，一般为15年左右。这一阶段里自身的工作能力、工作经验、经济状况都达到高峰状态，子女已完全自立，债务已逐渐减轻，理财的重点是扩大投资。

家庭衰老期：是指退休以后的暮年期。这一时期的主要内容是安度晚年，投资的花费通常都比较保守。

了解家庭生命周期，有利于掌握不同阶段的家庭特征和财务开支情况，并依此有针对性地选择理财方式。

2. 列出家庭理财计划

家庭理财是家庭大事，必须有一个系统的计划。计划是家庭理财成功的关键，没有计划你就会像一艘漂在大海上的没有帆的船，不知道将会漂向何方。一般来说，一个完备的家庭理财计划包括以下八个方面的内容：

（1）职业计划。选择职业是人生中第一次较重大的抉择，特别是对那些刚毕业的大学生来说更是如此。选择职业首先应该正确评价自己的性格、能力、爱好、人生观；其次，要收集大量有关工作机会、招聘条件等信息；最后，要确定工作目标和实现这个目标的计划。

（2）消费和储蓄计划。你必须决定一年的收入里多少用于当前消费，多少用于储蓄。与此计划有关的任务是编制资产负债表、年度收支表和预算表，这是人们为确保实现目标经常使用的一种工具。

（3）债务计划。很少有人在他的一生中都能避免债务。债务能帮助我们在漫长的一生中均衡消费，还能给我们带来购物便利。但我们对债务必须加以管理，使其控制在一个适当的水平上，并且债务成本要尽可能降低。

（4）保险计划。人生的不确定性会导致持续的保险需求。当你年轻没有负担时，你的主要财富就是工作能力。因此，你必须保证自己不会丧失这种能力，为此需要有残疾收入补偿保险。当你一步步进入生命周期的后几个阶段，其他保险的重要性就显露出来了。随着你事业的成功，你拥有越来越多的固定资产，汽车、住房、家具、电器等，这时你需要更多的财产保险和个人信用保险。为了你的子女在你离开后仍能生活幸福，你需要人寿保险。更重要的是，为了应付疾病和其他意外伤害，你需要医疗保险，因为住院医疗费用有可能将你的积蓄一扫而光。

（5）投资计划。当我们的储蓄一天天增加的时候，最迫切的就是寻找一种投资组合，能够把收益性、安全性和流动性三者兼得。投资工具种类繁多，从最简单的银行储蓄到投机性最强的期货，成功的投资者要根据自身的特点妥善加以选择。

（6）退休计划。退休计划主要包括退休后的消费和其他需求，以及如何在不工作的情况下满足这些需求。我们大多数人都习惯于靠政府的社会养老保险，但要想退休后生活得舒适、独立，光靠社会养老保险是不够的，必须在有工作能力时积累一笔退休基金作为补充，因为社会养老保险只能满足人们的基本生活需要。

（7）遗产计划。遗产计划的主要目的是使人们在将财产留给继承人时缴税最低。这个问题在国外比较突出，许多国家规定了较高的遗产税率。遗产计划的主要内容是一份适当的遗嘱和一整套避税措施，比如提前将一部分财产作为礼物赠与继承人。

（8）所得税计划。个人所得税是政府对个人成功的分享，所得税与人们生活的关联将越来越紧密。在合法的基础上，你完全可以通过调整自己的行为达到合法避税的效果。

3．清楚你的家庭财务状况

也许你认为你对自己的家庭财务状况了如指掌，实际上，财务状况包含面很广，你可能还不太完全了解。那么，如何证明你对家庭财务状况有所了解，并发现了问题呢？测试方法很简单，只要回答几个问题，很快就会知道自己的财务状况。

以下就是有关家庭财务状况的提问，每一道题的答案只有三种：是、否、不知道，你可以根据自己的情况作出回答。

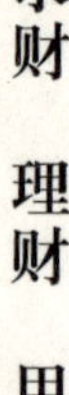

a. 你是不是设定好了个人的理财目标？

b. 你是不是以热心和自信来看待你未来的财务状况？

c. 你知道你有多少资产吗？

d. 你会定期存钱吗？

e. 有些所得有免税额，你知道吗？

f. 你有没有什么投资能减少你的应缴税所得？

g. 对于一些获得赞助的储蓄和投资方案，你会善加利用吗？

h. 你会找专业的理财专家帮忙理财吗？

i. 你能区分消费与储蓄吗？

j. 你会分散你的投资吗？

k. 对你的理财事务，你是不是打理一切？

l. 你花的钱是不是比赚的钱少？

m. 你有没有舒舒服服退休的计划？

n. 对小孩的教育费用，你有没有做准备？

o. 整体而言，你对你的投资满意吗？

在你的回答中，如果答“不是”或“不知道”的数目超过 8 个，表示你对自己家庭的财务状况并不十分清楚，有必要好好学习理财；如果有 5～8个，表示还可以，但需要再求改进；如果在 5 个以下，表示良好，应继续保持下去。

4. 做到科学合理理财

科学合理地理财，就是要依据家庭财务状况，依据家庭需求和目标，作出有效的理财安排。要做到科学合理地理财，就要满足以下要求：

(1) 转变观念

科学地理财，首先要转变观念。不少人认为家庭理财就是在有限的收入内如何精打细算地消费，保证吃穿用就行了，把理财单纯地看做“会过日子”。其实，家庭理财重在开源节流，学会精明投资创收，同时又能合理消费，把钱用在刀刃上，甚至让消费变成积极消费，产生价值。也有人认为家庭的钱可以随心所欲地花，花得痛快即可，不讲科学合理，这也是不对的，这些观念都要转变。

（2）全面规划

全面规划，包括两个方面：

一是家庭生活要有总体设计。每一个家庭都应有近期、中期、远期的打算，要考虑人的一生不同阶段的消费要求和重点，做好安排，有备无患。

二是做好收支预算。做好收支预算的原则，首先要量入为出，只能开支自己确有把握的收入，而且应当留有余地，人的需要是没有止境的，只能部分地、适度地、逐渐地满足，要认真考虑安排好吃、穿、住、用、赡养、教育、娱乐、交往、储蓄等生活费用的比例。其次是优先考虑生存资料消费。再次兼顾法律、义务、道德必要开支。最后是考虑娱乐、文化、休闲等发展性消费开支。

（3）合理分散投资风险

理财理论里有一个“五分之一”理财法，就是把家庭资金分为五份，分别作出适当的投资安排。比如，一个家庭有 1 万元积蓄，分成五个 2000 元，可以分别这样处理：

用 2000 元买国债，这是回报率较高而又很保险的一种投资。用 2000 元买保险。以往人们的保险意识很淡薄，实际上购买保险也是一种较好的投资方式，而且保险金不在利息税征收之列。尤其是各寿险公司曾推出两全型险种，增加了有关“权益转换”的条款，即一旦银行利率上升，客户可在保险公司出售的险种中进行转换，并获得保险公司给予的一定的价格折扣、免予核保等优惠政策。用 2000 元买股票。这是一种风险最大的投资，当然风险与收益是并存的，只要选择得当，会带来理想的投资回报。除股票外，期货、投资债券等都属这一类。不过，参与这类投资，要求有相应的行业知识和较强的风险意识。用 2000 元存定期存款，这是一种几乎没有风险的投资方式，也是未来对家庭生活的一种保障。用2000元存活期存款，这是为了应急之用。如家里临时急需用钱，有一定数量的活期储蓄存款可解燃眉之急，而且存取也很方便。

用以上的方法理财，就可以有效地规避可能带来的财务风险，达到既有效理财，又不影响正常生活，也可以应对不时之需的目的。

（4）管好三本账

随着经济收入的增加，现代家庭中各种有价证券、票据、存单、金融卡以及其他重要金融资产日渐增多。为了保管好这些资产，以便账目清楚、取用方便并避免因管理不善造成的不必要的经济损失，家庭有必要建立理财的三个账本：理财记账本、贵重物品的发票档案本、金融资产档案本。

理财记账本：账簿可采用收入、支出、结存的“三栏式”，方法上可将收、支发生额以流水账的形式逐笔记载，月末结算，年度总结。同时，按家庭收入、支出等项目设立明细分类账，并根据发生额进行记录，月末小结，年度作总结。通过记账，能全面反映家庭在一定时期内的经济收入、支出以及结余情况；能使家庭人员本着先收后支、量入为出的原则，合理地安排开支，节省费用。

发票档案本：主要收集购物发票、合格证、保修卡和说明书等。当遇到质量事故给消费者带来损失时，购物发票无疑是消费者讨回公道、维护自身合法权益的重要凭证，所以一定要妥善保存。在保修期内，保修卡是商品保修凭证，在发生故障时，说明书是维修人员的好帮手。

金融资产档案本：及时将有关资料记载入册，当存单等票据遗失或被盗时，可根据家庭金融资产档案查证，及时挂失，以便减少或避免经济损失，这实际上是家庭隐性理财的一个方面。

（5）准备风险防范基金

风险防范基金，是指能够应对可能出现的各种财务危机的那部分资金。它包括银行储蓄和社会统筹保险和商业保险等。

银行储蓄：这是家庭理财金字塔的第一根支柱，是家庭急用的“紧急备用金”。一般家庭的“紧急备用金”应准备到足以应付3～6个月（宽裕点可到1年）的生活各项支出。这样，在家庭收入突然减少或中断时，使你的家庭能有较充足的时间面对困难。但银行储蓄目前是负利率，抵御不了通货膨胀，因此不宜过多。

社会统筹保险：这是家庭理财金字塔的第二根支柱。“社保”是国家带有强制性和补贴性的，有单位的，单位上大头，个人上小头；没单位档案存“人才”的，也应该给自己上。只要上够15年，退休后就可以按月领取养老金。但“社保”只是最低水平的基本保障，要想得到丰厚的退休养老金，还需要有充足的商业保险。

商业保险：这是家庭理财金字塔的第三根支柱。商业保险是防范风险的一种措施；是分散风险损失的一种财务安排；是寻求风险损失补偿的一种合同行为；是社会互助抵御风险的一种保障机制。在三根支柱中，它的保障功能最大，防范风险的能力最强，在家庭理财中将发挥重要的作用。

现代人的理财方式，首先准备好风险防范基金，其次规划好家庭消费基金，最后考虑风险投资基金。如果家庭理财的三根支柱都准备好了，其他风险投资的收益无论好坏都不会影响家庭的基本生活品质。

而目前很多人的理财方式是：先消费、后储蓄，甚至先消费、再风险投资、最后考虑储蓄（有剩余就存，没剩余就不存）。如果缺少风险防范基金这三根支柱，家庭消费和风险投资犹如空中楼阁，没有根基，一遇风险，家庭理财的金字塔顷刻间就会坍塌，要么家庭生活品质急剧下降，要么一贫如洗，债务缠身。

5. 夫妻理财新思路

夫妻是组成家庭的最基本的单位。家庭一旦建立，吃穿用离不开一个“钱”字。因此，夫妻如何理财成了时下小家庭的热门话题。一些新的理财方法可供参考：

（1）婚前个人财产公证。婚前个人财产公证，在西方早已盛行。在中国，一些都市青年人也逐渐接受了这种方式。他们有了固定的职业与稳定的收入后，就开始建立个人收支账目表，并对个人拥有的金银首饰、房

产、字画、古玩、债券、股票等价值较大的自有财产进行登记，记录购买时的价格，到结婚时，把这些个人财产进行公证，而且约定婚后谁出钱购买带有固定资产性质的财产即为谁所有。现代家庭也讲究法律保障了，万一夫妻分手，也不至于在财产处理上引起多方麻烦。

（2）建立投资基金。为保证家庭的急用之需，家庭财产需要滚动增值，所以结婚后，夫妻可以共同出资建立一笔投资基金。夫妻可以把年收入的10%～15%，固定拿出来投资基金。并由一方掌管运作进行债券、股票、保险、基金、储蓄组合投资，做到稳健投资与风险投资相结合，长线投资与短期投资相结合，赚取20%左右的资本收益就很不错。当然要分析市场，要有投资眼光，而且要适当分散风险。

（3）建立三个账户。三个账户，包括夫妻双方各自的账户和共同生活账户。美国家庭理财基本上都信奉一个原则——夫妻俩各立账户，泾渭分明，互不牵扯；同时，建共同生活账户，让家庭的生活一起负担，这既体现对家庭的共同责任，又不失去自己的经济独立和人格独立。

（4）放开“零用钱”。夫妻管财务的一方，也不能对另一方管理过严，对零用钱应该适当放开。例如，丽丽原先是不赞成夫妻俩各设“小金库”的，丈夫每月收入按时捧出，自己则对丈夫的穿衣、吃饭照顾俱全，可后来才慢慢感觉到这么高度集中，给丈夫带来了不便，什么老同学聚会呀，今天修车子，明天买几本书等，都要从自己这里“讨”。于是丽丽给丈夫留下一定的“私房钱”，除固定的工资收入用于家庭公共支出外，单位奖金以及“爬格子”挣来的稿费都由丈夫自己支配。实行两年后，丈夫被其真诚和信任感动，一下子向其公开了过去近万元“私房钱”，扛回了一台空调。丈夫表现如此“义举”，丽丽真是始料未及。

不同家庭的理财方式

每个家庭的情况都有所不同，一是家庭成员各不相同，二是家庭收入各不相同；从理财目标来说，又有不同的要求和侧重点。所以说，家庭理财，也应因“家”而异。

家庭理财，归根结底还是要看家庭财务状况。有“财”才能谈得上理财，无“财”也就无从下手。所以，家庭理财的目标也是从家庭收入出发制定的。如果科学理财，不同的家庭都可以设计出自己比较满意的理财规划。

1. 双薪家庭理财

尽管男主外、女主内的家庭模式很受一些人推崇，但在现代都市中，还是双薪家庭居多。夫妻共同负担家庭开销，其理财形式也是由双薪所决定。双薪家庭常见理财形式有以下三种：

平均分担型：夫妻双方从自己收入中提出等额的钱存入联合账户，以支付日常的生活支出及各项费用。剩下的收入则自行决定如何使用。这种方式的优点在于，夫妻共同为家庭负担生活支出后，还有完全供个人支配的部分；缺点是，当其中一方收入高于另一方时，可能会出现问题，收入较少的一方会为了较少的可支配收入而感到不满。

比率分担型：夫妻双方按收入比率提供生活必需费用。如一方收入占家庭收入的60%，则提供其收入的6成，剩余部分则自由分配。它的优点是，夫妻基于个人的收入能力来分担家计；缺点是，随着收入或支出的增加，其中一方可能会不满。

全部汇集型：夫妻将双方收入汇集，用以支付家庭及个人支出。这个方式的好处在于，不论收入高低，两人一律平等，收入较低的一方不会因此而降低了他或她的可支配收入；缺点是，这种方法容易使夫妻因支出的意见不一造成分歧或争论。

综合分析，双薪家庭两份收入会造成一些假象，即总觉得自己的薪水花完后还有别人的，结果，多一份薪水不仅没有增加收入，反而多了一份负担。遇到这种情况，夫妻双方应该彼此控制不良的消费习惯。最好开立两种银行账户来处理收支：一个是联合账户，即夫妻双方均可提领的账户，夫妻双方从自己收入中提出等额的钱存入联合账户，用以支付日常的生活支出及各项费用。二是夫妻各自的独立账户，即只有开户者可以使用。开立独立账户的好处是账务清楚，如果有特殊的财务负担，如赡养费或父母生活费等，独立账户也较为方便。

2. 小康之家理财

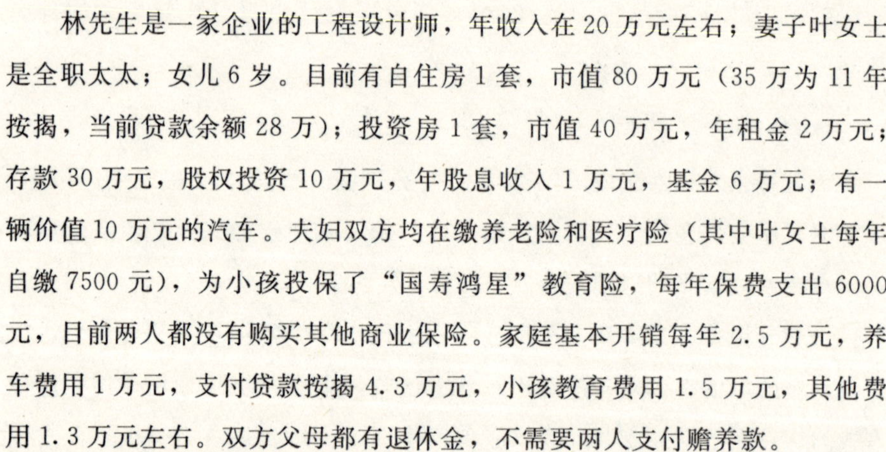

林先生是一家企业的工程设计师，年收入在 20 万元左右；妻子叶女士是全职太太；女儿 6 岁。目前有自住房 1 套，市值 80 万元（35 万为 11 年按揭，当前贷款余额 28 万）；投资房 1 套，市值 40 万元，年租金 2 万元；存款 30 万元，股权投资 10 万元，年股息收入 1 万元，基金 6 万元；有一辆价值 10 万元的汽车。夫妇双方均在缴养老险和医疗险（其中叶女士每年自缴 7500 元），为小孩投保了“国寿鸿星”教育险，每年保费支出 6000 元，目前两人都没有购买其他商业保险。家庭基本开销每年 2.5 万元，养车费用 1 万元，支付贷款按揭 4.3 万元，小孩教育费用 1.5 万元，其他费用 1.3 万元左右。双方父母都有退休金，不需要两人支付赡养款。

林先生预定家庭理财的目标：一是把 30 万元存款进行更好的投资；二是 5 年后购买价值 130 万左右的房子；三是为女儿储备足够的教育金。根据这个目标，其理财计划可按以下方法进行：

(1) 建立家庭应急基金

家庭应急基金为月开支的 3～6 倍，可视家庭收入的稳定情况确定应急基金的额度。一般情况下，收入较稳定的客户保留 3 个月的支出额即可，收入不太稳定的建议保留 6 个月。林先生应该按月均 1 万元保留 6 个月的应急资金。其中 3 万元可以货币型基金形式持有，2 万元以 3 或 6 个月定期存款形式持有，其他1万元以活期存款持有。另外，可申请农行贷记卡做为日常应急备用的补充。

（2）风险保障规划

目前叶太太没有寿险缺口，假如发生意外，其收入可满足家庭各项需要，因此不用再投保寿险。先生的寿险缺口为43万元，由于工作性质的因素，在做工程设计时可能经常要到实地勘测，而且做设计时经常要加班熬夜，会有意外发生，或影响身体的健康。作为家庭的经济支柱，如果发生意外，对家庭的影响会比较大，因此应重点投保定期寿险和重大疾病保险。

（3）教育规划

林先生希望女儿未来能在国内完成大学教育，小学至高中教育在本地完成。按照目前小学、初中、高中和大学学费2万、2万、2万和3万元平均水平，在学费增长率为5%的情况下，林先生女儿教育费用总支出为58万元，以8%投资报酬率，每月投入1875元即可实现教育计划。另外，叶女士为女儿投保了"国寿鸿星"少儿教育保险，当女儿18岁、19～21岁和22岁时将分别得到一笔教育补助金和创业金，给女儿高等教育预留了更大的发展空间。

（4）退休养老规划

林先生如果退休时生活水准保持当前水平，退休时将不再缴纳保费和贷款，生活各项支出现值6万元左右，退休时林先生可领退休金每月1500元，他太太可领3000元，投资收入每年3万元（按当前生息资产，退休时投资报酬率4%计算可得）。经测算，林先生夫妇的退休金缺口还有205万元，按设定8%的投资报酬率，林先生夫妇每年投入2.3万元，即可完成退休养老计划。

（5）购房规划

5年后购买现值130万元的房子，按房价增长率5%、投资回报率8%计算，需要每年投入28.28万元。按照林先生目前的家庭收支情况，5年后直接以现金购房的计划将难以实现，建议5年后利用换购房形式实现换

房计划，提高居住质量。不考虑房子折旧，到时出售现有自住房可得102万元，剩余贷款余额14万元，即出售房子净得88万元，现值130万元的房子5年后房价将达166万元，缺口78万元，以当前40万金融资产，再每年投入3.3万元，即可实现换房计划。

(6) 投资规划

现有30万元存款的20%留作家庭应急备用金，30%投资股票型基金，30%投资配置型基金，20%投资债券型基金，综合收益和风险，并能保证资产的流动性，10万元的股权投资可继续持有。

3. 三口之家理财

张太太39岁，是医院医生；丈夫46岁，企业行政工作人员；小孩6岁。资产情况：活期存款6万元；三年前投入46万元炒股，目前市值约37万元；去年一次性付款24万元购入帕萨特轿车一辆；2000年按揭购买价值33万元的商品房一套，目前已一次性提前还贷；另有一套80平方米的单位福利房出租，月租金1000元；本人每月收入5000元，丈夫每月收入13000元，每月日常支出费用3000～5000元之间（不含养车费用），保姆费用600元/月，小孩学前教育费600元/月，养车费用1100元/月。每月估计可节余15000元。

保险状况：孩子已购买保险（费用1000元/年），三年返利一次。夫妻二人仅有社保和医保，未购商业保险。

理财目标：由于夫妻两人年龄较大，想尽量将股票解套，并考虑较保守的理财产品；希望有养老和意外保险计划以及准备小孩的教育规划。根据这个目标，可参考以下理财计划：

(1) 股票适时转投债券或开放式基金

该家庭投资股票套牢，无收益可言。虽然其家庭资产雄厚，但随着年龄的增长，风险承受能力会越来越弱，直接参与股市，承担较大的股市风险不足取。从我国股票市场近几年的运行状况来看，其专业性越来越强，非专业人士或没有相当强的分析判断能力的投资者已经很难在股票市场中赚到钱。因此，不妨暂时保留所持有的股票，静待股市回暖后再考虑套现。适时将套牢的股票转投开放式基金或债券。

选择基金产品、基金公司和投资时机是开放式基金投资成功的三大关键因素。按风险（或理论收益）从高至低分类，基金产品大体可分股票、债券、货币三类基金。对于该家庭而言，追求保守型理财产品，在基金投资上最好选择债券和货币型基金。此外，目前基金产品中有一种由担保公司提供专项担保的保本基金，追求保本增值，也是不错的稳健理财产品。

（2）稳健持续投资提供养老、教育储备

做好养老、教育规划的关键有三条：一是理想的理财目标，即到时追求的资金额度；二是选择好合适的理财产品；三是持之以恒地投资，发挥复利的威力。首先，从理财产品上，依该家庭目前的特性，应把金融类的理财产品锁定在基金、债券、存款、分红保险四类。其次，从理财目标上，可按照生活质量和子女教育层次及质量要求，分别规划好两大目标需达到的资金数，如在养老规划上，按离退休年限、退休至终老年限、每月生活费、旅游等其他非生活支出、预计物价上涨指数大致算出所需资金额度。最后，可通过持久稳定收益获得高额理财收入。如以基金、债券、存款的组合为例，分别以40%、40%、20%的比例进行组合，实现年收益5%的收益目标不是太难。比如，投资方式为：每隔相同的一段时间，买入等额的基金或国债，例如每一季度购买10000元基金，这样做的好处就在于可以消化基金（国债）价格波动的风险，保证总的购买成本维持在一个合理的平均水平。当然，也可以分期缴纳保费的形式购买养老保险，但是其收益性较低。

4．丁克之家理财

有一对白领夫妻，平均年龄不足30岁，由于平时工作忙，疏于理财。先生是企业高管，年收入15万元，收入比较稳定。太太在事业单位工作，年收入约8万元。两人均自费购买了商业养老保险，年支付保险费约5000元。他们打算5年内不生孩子。

当前家庭财产状况：拥有房产两套，其中一套办理了商业贷款24万元，还款期为20年；轿车一辆；另有存款60万元。暂时没有其他投资。

当前家庭支出状况：因两人不喜欢做饭，家庭主要消费支出是在外用餐费用，月均支出 2500 元。另需支出养车费用每月 1000 元、房贷 1600 元。太太爱好旅游，家庭年旅游费用支出约 10000 元。由于有大笔资金处于闲置状态，太太希望能将这笔钱充分利用起来，主要想在固定资产投资上尝试一下。

由于夫妻双方还很年轻，收入仍在增长中，可以考虑把可任意支配收入的 70%用于风险投资。具体可考虑下列几个途径：

（1）房产投资

房产投资成功，收益较为稳定，但流动性较差，在目前的情况下，必须合理安排现金流。此外，投资对象不妨考虑一下单身公寓。单价较高，基本在 1 万元上下，一套价格也在 45 万元左右。出租的收益率比住宅略高。缺点是消费群体相对狭窄。

（2）股票投资

重点考虑绩优、天然垄断、分配较好的品种。但缺点是需要有时间去关注，短期的风险可能较大。

（3）基金投资

基金是一种长期投资的品种，在国外普遍被作为养老、子女教育等资金的理想投资品种。特点是风险比股票要小，专业化投资可以获得良好的收益。

（4）信托产品

信托产品安全性相对较高，从过往发售的一些信托产品看，有的地区收益从 5%～7%不等。同时，有的信托机构还有将开放式基金引入信托计划的，不妨一试。

10 万元的投资方案

如今，很多家庭已经拥有一定的积蓄，甚至超过10万元。对于不同的家庭来说，这10万元的去向是截然不同的，有的变成了一辆汽车；有的却为住房按揭弄得寝食难安，干脆提前还贷；还有的把10万元进行再投资。从理财的角度来说，再投资当然是最好的了。

如果你的家庭拥有10万元的积蓄，并且这些积蓄暂时存在很行里，面临着低利率，甚至负利率的压力，你就不得不考虑用其他方式使其增值了。对于10万家财的投资，很多家庭更为关心的是，在保证资金安全的前提下，如何让这10万元不停地"生钱"，增值越多、越快越好。下面是将按照家庭投资偏好的不同，简单地分成进取型、中庸型、保守型三种投资方法。正常情况下，几种投资方法应该都能实现你的增值目标。

1. 进取型理财方案

进取型理财，是一种风险性高，但收益也相对较高的投资方式，有几种方案可供选择：

(1) 证券+货币型基金

其中8万元投资股市，由于投资风险较大，要有被套牢的思想准备和承受能力；资金的剩余部分2万元购买货币市场基金，货币基金不需要任何赎回等手续费，而且转换又很灵活，本金的安全性也很高，又能免税。

需要注意的是，这种投资理财方案要求你熟悉证券市场，不然本金受损失的可能性很大。长线是金，短线是银，宜长宜短还在于个人。如果你的投资周期是中长期的，不妨做一点长线投资，说不定能有意外的收获。中期投资股票的预期年收益率为3%～12%。此外，在任何时候都不要忘记给自己留一些流动资金，以备不时之需，货币市场基金就是这些流动

资金。

以上方案围绕的只是投资，在考虑综合理财方案的时候，有必要把意外险及健康医险也考虑其中。

（2）证券＋连险

其中 3 万元购买投资连接险，剩余的 7 万元用于购买股票。在股市大幅下跌后，该出手时就出手，果断入场，要关注那些行业景气强劲增长或有复苏迹象的个股。而作为业余的投资者，很难做到同时对多个股票“了如指掌”，所以在投资时要集中几个股票。

下面的原则供你参考：

一是同时持有股票个数永远不要超过 3 个；二是 60％资金用于中线操作，40％用于中短线；三是价位高的股票不要碰；四是过去一段时间涨幅超过 80％的股票不要碰。

这一投资方案风险较大，但抓住时机，收益率可能非常可观，有时，超过 20％的收益也是有可能的。

（3）外汇买卖

外汇投资，是一种全球通用的投资技能，一般晚上的行情波动比白天更剧烈。要炒好，就要关注晚上的三大市场：伦敦、纽约、亚洲市场。比较适合了解外汇买卖知识，同时又关心国际局势的人。比起股票投资，外汇交易风险相对较小，汇市每天波动的正常幅度为 1％～2％，遇重大事件不过 5％左右，它的平均收益回报也是挺可观的。

2. 中庸型理财方案

中庸型理财方案，是从风险和收益角度来讲，比进取型较为稳妥一些的一类理财方式。

（1）平衡型基金＋信托

其中，投资开放式基金 5 万元，风险比股票要小。首选股票投资比例在 40％左右的平衡型基金。平衡型基金因具有投资股票、债券等资产配置特征，其近期的业绩表现又比较稳定，较受投资者欢迎，而国内所有开放式基金中，平衡型基金规模占 1/3，更容易被中庸型投资者所选择。要重点关注上年业绩优良的基金。

另外5万元可以购买一些好的信托产品。如一些银行与信托合作开发的电力项目，其年收益远高于银行储蓄。

（2）平衡型基金＋偏股型基金＋货币型基金

具体的基金种类的选择上可以这样安排：2万元购买货币市场基金。投资者可以利用申购赎回费用为零的优势进行频繁操作，赚取基金净值浮动差额。另外8万元现金应当逐步购买偏股型基金和平衡型基金。而以“保守中又见积极”素称的平衡型基金偏多些。

平衡型基金能横跨投资于股市、债市和货币市场，在股市多头时，以投资股票为主，当行情不佳时，则可分别投资债市和货币市场，分别获得资本利益与收取固定收益。而偏股型基金是以股票为投资对象的投资基金，是投资基金的主要种类，投资于不同的股票组合，是股票市场的主要机构投资者。如去年开放式基金排名前三位的都是股票型基金。

需要提醒的是，股票型基金与股市息息相关，你在进行投资时，应关注股市动态。开放式基金是中长期的投资品种，并不适宜短线炒作。短期投资基金的预期年收益率为2％～15％，中长期可达5％～20％。按上述这10万元投资可以期待一个超过10％的平均年收益率。

3. 保守型理财方案

保守型理财方案，是指图稳不图高回报的一种理财方式。

（1）分红型保险＋货币

基金分红型保险一次性缴费2万元，保险期间选择10年，投资回报：确保本金安全2600元左右的固定利息回报＋保险公司70％以上赢余的分配。固定利息部分免征利息税，享有满期生存保障和身故保险保障。现在市场上的分红保险品种有很多，可供仔细选择。

另外的8万元购买货币型基金，货币市场基金替代活期存款。在保证流动性和低风险的情况下，货币市场基金收益率一般为2％左右。货币基金一般不收取赎回费用，管理费用也较低，转换又很灵活，本金的安全性很高，又是免税的。

(2) 分红型保险＋国债

用4万元购买分红型保险。购买分红型保险是一个比较稳妥的投资方式，无事分红，有事保障，并附加健康疾病保障。短期投资保险的预期年收益率为3%～6%，中长期为5%～10%；剩余的6万元购买二级市场的国债，到二级市场购买国债，一是可以免税，二是每年有一个保底的投资收益率，一般年收益率在3%～4%。虽然稳妥保底型的投资方案每年的投资回报不是很高，估计在3%～10%左右，但是它的风险相对较小，10万元经过若干年的投资，积少成多，也是非常可观的。

年轻人理财：存、省、投

对于年轻人而言，这个时代的许多事情已经与以往大不相同。父辈们能在一个企业里工作一辈子，等着单位福利分房，而现在的年轻人，由于社会福利制度的改革，使之必须自己解决诸如工作、住房、结婚、育儿、保险、安度退休生活等人生大事，这些都离不开充备资金的协助。理财，是解决这些需求的有效途径。

学习和掌握如何理财，是人生成长的重要一步。可是，并不是每个人都能够顺利地学习并体验到正确的理财之道，否则，这个世界又怎么会有这么多破产、负债现象的发生呢？可见，理财决不是一件可有可无，或轻而易举的事，需要长期学习，终生实践。要成长为一个成熟、成功的理财好手，从年轻时起就要开始培养自己的理财意识，这才是不二法门。

1. 年轻人的理财观

不同年纪的人，在学习理财上应用不同的方法。小学、中学、大学和参加工作，都是人生的重要阶段，理财的需求也不一样。那么，不同年龄阶段的年轻人应该怎样去理财呢？首先，年轻人理财，应该树立以下价值观：

（1）理想

谈理财，最重要的是有理想、有目标。这个“目标”，并不是单单指“想买什么”，而是对将来生活的“目标”。未来的生活怎样过？要大富大贵，还是生活无忧？有了清晰的目标，然后朝目标进发，努力实践，这就是美好生活的开始。

生命是人生最宝贵的财富，时间就是履行人生价值的唯一轨道。古语常说“一年之计在于春，一日之计在于晨”。因此，及早规划人生大计，是延长生命、增值生命的重要方法。每一个年轻人都有充分的理由成为自己的董事长，创立自己的人生企业王国。

（2）奋斗

有了目标，就应该愿意为之倾注毕生的心血去奋斗。事业将是人生最大快乐的源泉，因为在事业发展的过程中，你可以品尝到创业的甘苦与成业的自豪，体验超越自我极限的快感与经济情感回报的满足感。今天，社会为人们提供了比以往任何时候都宽泛的选择空间，每一个人都可以找到自己的定位，每一项事业都是合理的，因此每一个职业都是值得有人为之付出心血的。请坚信：你的付出将会有回报，事业将会使那些为其倾注最深厚感情的人成为最大的赢家。

（3）责任

只有具备责任心，才会对自己负责。年轻人最容易受各种诱惑的困扰。面对五花八门的诱惑，就算手里有余钱，最后也可能花在一些毫无意义的地方，延长达到目标的时间。因此，人要对自己的承诺负责任，为未来的生活好好计划。有了这种责任心，就可以抵抗“现在要享受”的诱惑，克制自己，向一个目标奋斗。

（4）提升

所谓提升，就是要好好学习相关理财的知识及技巧。理财是要经过实践、经验累积，甚至从失败中学习的。除了理财的第一步——储蓄之外，如何保住财富，怎样有效管理资金、实现资金增值等，都是需要多听、多看、多学习的过程。

(5) 自制

“月光族”之所以是“月光族”，是因为每月的工资一到手，就要尽量满足形形色色的欲望。要懂得并要成功克制自己的欲望，是很难的一件事，但难也一定要做到。因为人的欲望无穷，能力却有限，如果只顾满足自己的欲望，往往就会只顾得了现在而影响了他日的生活。正确的理财观念、学习理财技巧等，都是帮助抵抗诱惑的方法。

(6) 慷慨

慷慨不等同于“大手大脚”，不是去乱花钱。理财首先要懂得运用财富，而不是被金钱牵着鼻子走。当我们生活无忧时，我们应该慷慨地去救助一些有需要的人。你会发现你是付出了金钱，却换来了一些金钱买不到的东西，就得到心灵上的满足。

2. 年轻人理财“三字经”

年轻人一般工作时间不久。相对而言，刚开始走上工作岗位，大多数人的收入都比较低。但是，由于青春好动，许多人还是经常和同学、友人聚会玩乐，或者开始恋爱。如此，花销较大就成为必然。其实，从走上工作岗位起，理财就应当是“进行时”了。正如理财专家所提示的，年轻人一开始理财并非以投资获利为重点，而是要以积累资金及经验为主导。“战略方针”就是三个字——“存、省、投”。

(1) 存款

存款摆第一。理财这门课，学校通常没有教。理财的观念是要从开始赚钱之初就要培养的，但是年轻人一赚到钱就想要花钱，共同的感触可能都是“薪水不够用”，于是便放弃理财计划，从此掉入财务恶化的循环中。其实，问题或许不在于收入多寡，而在于使用金钱的方法。年轻人理财的第一步就是要懂得开源节流，不论如何，要先存下一笔钱，作为投资的本金，接下来才谈加速累积资产。

理想的工作能更快累积财富。一份理想的工作，必须能满足无形的成就感，同时提供满意的报酬。单纯从累积财富的观点来说，薪水高的工作应该最能达到财富累积的目的，然而之后的调薪速度也跟累积财富的速度有极大的关系。当然，工作本身能否提供个人足够的发挥空间与学习空间，也是选择工作时需考虑的因素。建议年轻人应该培养专业技能，找到符合自己志趣的工作，在许可的情况下，也应培养第二技能或专长，提高自己的竞争力。先有稳定的收入，才能帮助理财路走得长久。

（2）节省

在日常生活中，随处可以见到浪费的现象：浪费粮食、浪费钱财、浪费资源、浪费用品……浪费是许多年轻人的通病。也许你并未意识到自己在浪费，也许你认为浪费这一点点算不了什么。然而，财富是一点一点积累起来的，也是一点一点消耗掉的，小的浪费，日积月累，就成了大的浪费。

所以，浪费是一种可耻行为，节俭才是一种美德，是创业的指南，也是守业的根本，更是日常生活的行为准则。在每月固定储蓄和基本的生活支出之外，应尽量减少不必要的开销与浪费，从而可把节余下来的资金用于存款或其他投资。只有这样，我们才能够积累越来越多的财富。

（3）投资

年轻人节省下来的钱，不是用来观赏的，必须把它们用于投资，让它们动起来，以“动”生财。年轻人投资理财，应该注意以下几个问题：

一是拟订理财投资计划。由于大部分刚工作不久的年轻人，短期内不存在结婚或者其他较大的资金花费，所以理财重在多学习理财知识，提高投资理财的能力，以积累实战经验。理财专家建议，可将每月可用资本（除去固定存款和基本生活消费之外）的30%用于选择定期储蓄、债券或债券型基金等较安全的投资工具；60%投资于风险大、长期回报较高的股票、股票型基金或外汇、期货等金融产品；10%则以活期储蓄的形式保证其流动性，以备不时之需。此外，也要为自己花点时间作全盘、长远的理财投资规划，建议先依个人生涯规划的进程，拟定短、中、长期的财务目标，再据此制订理财计划。当然，首先要了解自己的开销，建立收支记录，并编列必要的预算。最好养成记账的习惯，并定期检讨理财计划的适宜性，真正将理财规划落实到生活当中，确立目标并坚持下去。

二是长期投资，轻松理财。轻松理财，就是别让投资扰乱了你的日常生活，适时地根据个人能力，做些自己喜欢、有益的事来馈赠自己、犒赏自己，才是一种比较健康的心态，懂得轻松理财的人才有时间品味生活。该怎么进行投资的部分？建议你可以在能承担的风险范围内寻找高收益的投资项目，而且是运用闲余资金投资，不要过度扩张信用或借钱投资。

三是增加教育支出。社会发展一日千里，知识更新频率很快，单身一族应趁现在没有家庭负担、业余时间较多的良机，积极参加各种形式的教育活动，增长知识，提高素养，掌握技能，为将来求得更大的发展打下基础，这也是一种长远投资。

总之，年轻人理财，第一要改变思想观念，切莫抱定“反正钱不够花，无须理财”的歪理，放任自流。或以“我还年轻”来搪塞，不愿涉足这个领域。要在改变以往一些不合理消费习惯的基础上，制订一个明确的理财计划，每月坚持将收入的一定比例进行投资。时间是理财的利器，尽管开始时投资数额较小，但长期坚持，你终会发现时间带来的回报。

养成储蓄的习惯

养成储蓄的习惯，并不表示你将会限制自己的赚钱能力。正好相反——储蓄不仅把你所赚的钱系统地保存下来，也使你步入更大的发展空间，并将增强你的观察力、自信心、想象力、进取心及领导才能，进而提升你的赚钱能力。

尽管银行的理财产品层出不穷，但储蓄业务仍然是个人理财最基本、最不可或缺的首选品种。正因如此，各家银行在这一领域里的竞争也是越演越烈。个人理财，最频繁的还是储蓄业务。在市场经济条件下，利率市场化是今后发展的大趋势，央行调息将是一种经常性的行为。因此，关注储蓄业务，讲求储蓄理财技巧，将有助于我们提升收益水平，获得理想的投资回报。

1. 储蓄的好处

相对其他投资理财，把钱存入银行有以下好处：

（1）有备无患

一个人想要成功，储蓄存款是不可缺少的。有了存款，起码有两种好处：第一，一旦有某种成功的机会，存款就会派上用场，并使它们增值；第二，在遇到急需现款的紧急情况时，能够快速应对。

一个人要是负了债，又想克服对贫穷的恐惧，就必须采取两项十分明确的步骤：一是改变借钱购物的习惯；二是立即逐步还清原有的债务。在解决了债务之忧后，就要转变观念，养成把收入按固定比例存起来的习惯，即使每天只存一毛钱。同时，还要把它当做你主要理财目标中的一部分。很快的，这个习惯将控制你的意识，使你获得储蓄的乐趣。

如果在任何习惯之上建立起其他更为令人渴望的习惯，那么原来的习惯将会中断。花钱的习惯必须用储蓄的习惯加以取代，以便取得财务上的独立。

但是，仅仅是改变一种不好的习惯还不够，因为这种习惯将会再度出现，除非它们在意识中的原有地位已被性质不同的其他习惯所取代。如果你决心获得经济上的独立，那在你克服了对贫穷的恐惧感，并在它的位置上形成储蓄的习惯之后，要想积聚一大笔金钱，并非难事。

（2）增加成功的机会

机会无处不在，但机会总是青睐那些手中有余钱的人，或是那些已经养成储蓄习惯，而且懂得运用金钱的人，因为他们在养成储蓄习惯的同时，还培养出了其他一些良好的品德。

有位年轻人从宾州的农业区来到费城，进入一家印刷厂工作。他的一位同事在一家储蓄公司开了一个户头，养成了每周存款 5 元的习惯。在这位同事的影响下，这位年轻人也在这家储蓄公司开了户头。三年后，他有

了900元的存款。这时，他所工作的这家印刷厂发生财务困难，面临倒闭的噩运。他立刻拿出以小钱不断存下来的这900元来挽救这家印刷厂，也因此获得这家印刷厂一半的股份。他采取了严密的节约制度，协助这家工厂还清了所有的债务。到了今天，由于他拥有一半的股份，所以每年可从这家工厂里拿到25000多元的利润。

福特汽车公司成立初期，亨利·福特急需资金来推动汽车的生产及销售。于是他向一些拥有几千元存款的朋友求援，其中一位就是柯仁斯参议员。这些朋友皆义不容辞地帮助他，凑出了几千元，后来他们因此获得几百万元的红利。

大财阀洛克菲勒，以前只是一位普通的簿记员，他想到了要发展石油事业，在那时候，石油甚至还不被认为是一种事业。他急需资金。由于他已养成了储蓄的习惯，而且也已被证明能够维护其他人的资金，因此，他在没有任何困难的情况下，借到了他所需要的资金。

洛克菲勒财富的真正基础，就是他在担任周薪只有40元的簿记员时，所养成的储蓄习惯。

（3）为理财打下基础

国内银行常见的储蓄种类主要有活期储蓄、整存整取定期储蓄、零存整取定期储蓄、存本取息定期储蓄和定活两便储蓄等。储蓄自身的特性如很高的安全性、可随时变现的流动性、一定幅度的增值性等决定了其在个人理财活动中的基础地位。

2. 储蓄的技巧

储蓄，说到底也是一种投资行为，特别是在我国加快利率市场化步伐的今天，要把握好利息收益就要讲求储蓄技巧。考虑到利率相对通货膨胀的变动会对储蓄投资实际收益构成直接影响，这种相关性要求我们依据对未来利率变动趋向的判断，来灵活安排存款结构。从规律上讲，在银行加息预期强烈时，我们应侧重选择存期短的储蓄品种，以便方便地将资金切换到利息收益更高的产品；而在银行利率处于下降趋势时，则应选择存期长的储蓄品种，可在利率下调时锁定较高的收益水平。

那么，我们该如何科学地储蓄呢？以下方法值得参考：

(1) 存单四分存储法

如果你有1万元，并且在一年之内有急用，而每次用钱的具体金额、时间不能确定，你还想既让钱获取高利，又不因用一次钱便动用全部存款，那你最好选择存单四分法，即把存单存成四张，这种方法可以降低损失。具体操作步骤为：把1万元分别存成四张存单，但金额要一个比一个大，应注意适应性，可以把1万元分别存成1000元的一张，2000元的一张，3000元的一张，4000元的一张，当然也可以把1万元存成更多的存单。但存单过多则不利于保管，还是最好在确定好金额后，把钱存成四张存单，在存款时最好都选择一年期限的。把1万元分成四张存单存储，这样一来，假如有1000元需要周转，只要动用1000元的存单便可以了，避免了需要1000元，也要动用大存单，减少了不必要的损失。

(2) 利滚利存储法

所谓利滚利存储法，又称驴打滚存储法，即是存本取息储蓄和零存整取储蓄有机结合的一种储蓄方法，此种储蓄方法，只要长期坚持，便会带来丰厚回报。具体操作步骤为：假如你家现在有3万元，你可以先考虑把它存成存本取息储蓄，在一个月后，取出存本取息储蓄的第一个月的利息，再用这第一个月的利息开设一个零存整取储蓄户，以后每月把利息取出来后，存入零存整取储蓄，这样不仅存本取息储蓄得到了利息，而且其利息又在参加零存整取储蓄后又取得了利息，可谓是鸡生蛋、蛋孵鸡，让家里的一笔钱，取得了两份利息。这种储蓄方法，对工薪家庭为未来生活积累养老金和生活保障有着相当的优越性。

(3) 交替存储法

一个家庭如何既不影响急用，又能用活储蓄为自己带来高回报呢？这时，你不妨尝试交替存储法。具体操作步骤为：假定你家现在有5万元，您不妨把它分成两份，每份为2.5万元，分别按半年、1年的档次存入银行，若在半年期存单到期后，有急用便取出，若用不着便也按1年期档次再存入银行，以此类推，每次存单到期后，都转存为1年期存单，这样两

张存单的循环时间为半年，若半年后有急用，可以取出任何一张存单。在适当的时候也可按急用数额，动用银行定期储蓄存款部分提前支取，如此，自己的存款便不会全部按活期储蓄存款计算利息，从而避免了损失掉不应该损失的利息。这种储蓄方式不仅不会影响家庭急用，也会取得比活期储蓄高的利息。

(4) 阶梯式存储法

储蓄理财，要讲究搭配，如果把钱存成一笔存单，一旦利率上调，就会丧失获取高利息的机会，如果把存单存成 1 年期存单，利息又太少。为弥补这些做法的不足，不妨试试“阶梯式储蓄法”，该方法流动性强，又可获取高息。具体操作步骤为：假定你家现有 5 万元，你可分别用 1 万元开设 1 个一年期存单，用 1 万元开设 1 个二年期存单，用 1 万元开设 1 个三年期存单，用 1 万元开设 1 个四年期存单（即三年期加一年期），用 1 万元开设 1 个五年期存单，一年后，你就可以用到期的 1 万元，再去开设 1 个五年期存单，以后每年如此，五年后手中所持有的存单全部为五年期，只是每个 1 万元存单的到期年限不同，依次相差 1 年。这种储蓄方法是等量保持平衡，既可以跟上利率调整，又能获取五年期存款的高利息，也是一种中长期投资，适合家庭为子女积累教育基金和未来子女的婚嫁资金等。

(5) 通知存款法

通知存款，是指存款人在存款时不约定存期，支取时需提前通知银行约定支取存款日期和金额的一种约定存款方式，分为一天通知存款与七天通知存款两种。在存期相同的情况下，一天通知存款年利率是活期存款的 1.5 倍，7 天通知存款年利率则比活期存款高 2 倍多，仅比整存整取 3 个月人民币定期存款利息略低，但其流动性却比 3 个月的定期存款灵活得多。对于使用银证通、银证转账的证券类投资客户而言，“通知存款”这种流动性和收益性兼顾的特点，能够让他们在较短的周转期内获得较高的利息收益。此外，一些银行还对 VIP 客户增设了自动转存功能，每逢周末、国庆等假期，都会根据客户需要将活期自动转存为 1 天或 7 天通知存款，以实现资金价值最大化。

(6) 投资货币基金

随着低风险产品的发展，越来越多的基金品种成为银行储蓄新的替代产品。货币基金与银行定期储蓄相比，具有流动性强、收益性大的优势。货币基金存取方便，资金的流动性几乎等同于活期存款，赎回后的2～3个工作日资金便能到账。与股票型基金相比，货币基金又具有本金安全、风险低、收益稳定、申购赎回零费用的优势，其面值永远保持1元，每日都有利息收入，每月分红结转份额，既降低了投资者的投资成本，又保证了基金的流动性。

(7)“傻瓜理财”法

一位储户计划为儿子5年后上大学存一笔教育经费，但觉得每个月到银行办业务很麻烦。经调查，他发现银行有一种理财方式很适合自己的需求，于是，他与自己的工资发放银行签订了储蓄协议，委托银行在自己的活期工资账户中每月保留2000元，其余资金按10%、20%和70%的比例，分别转存到三个月、一年和三年的定期子账户上。如果他的零用钱超过2000元，银行会按利息损失最小原则，由电脑系统从其定期子账户中选择最近存入的定期存款提前支取，但如果他当天补足取款，也不会造成利息损失。

类似的银行产品，被形象地称为“傻瓜型理财服务”。目前，金融市场上包括深圳工行的“金管家”、深圳建行的“乐当家”理财卡、招商银行的“一卡通”和“金葵花”、中信银行借记卡“理财套餐”、光大银行阳光卡“理财通”以及民生银行的“钱生钱Λ计划”等，都具有智能理财的便利功能。这类产品的最大特点，是将需要储户反复前往银行柜台办理的业务，简化为通过协议来委托银行理财。它是将储蓄资金平均投放在期限不同的品种上，当期限最短的定期储蓄品种到期后，将收回的本息投入到新的品种上，如此循环往复，投资者就可获得各种定期储蓄品种的平均收益率。

3. 如何规避储蓄风险

所谓储蓄风险，主要是指预期的利息收益发生损失。其原因有二：首先是存款提前支取。根据目前的储蓄条例规定，若提前支取，利息只能按支取日挂牌的活期存款利率支付。第二是存款种类选错，导致存款利息减少。例如有许多储户为图方便，将大量资金存入活期存款账户或信用卡账户，但活期存款和信用卡账户的存款都是按活期存款利率计息的，利率很低。

那么，怎样最大限度地规避储蓄风险，获得最大收益呢？

（1）选择适当的储蓄种类和储蓄期限。一般来说，期限愈长利率也愈高。但是如果储户选择了利率较高的定期储蓄存款以后，遇有急事要提前支取，那么存款利息就会有所损失，因此在确定存款的种类和期限时，要根据每个人的实际情况认真选择。

（2）办理部分提前支取。如果储户在办理了定期储蓄存款以后，遇有急事要动用存款，这时如用款额小于定期储蓄存款额，即可采取部分提前支取的方法，以减少利息损失。办理部分提取手续后，未提取部分仍可按原存单的存入日期、原利率、原到期日计算利息。根据现行储蓄条例的规定，只有定期储蓄存款（包括通知存款）才可以办理部分提前支取，其余储蓄品种不能办理部分提前支取。

（3）办理存单质押贷款。储户在存入1年以上的定期储蓄存款以后，如需全额提前支取定期存款，而用款日期较短或支取日至原存单到期日的时间已过半，这时，储户可以用原存单作质押，办理小额贷款手续。这样既解决了资金急需，又大大减少了利息损失。

4. 低利率时的储蓄法

存款利率越低，储蓄投资所得的回报就越少。但是，对于一项投资，我们也不可能因为其利率的降低而回避它。那么，在利率逐渐降低的时候，应该怎样进行储蓄投资呢？下面介绍几种有效的方法。

（1）自动续存法。根据银行现行计息的规定，自动续存的存款以转存日利息为计息依据。也就是说，当遇到降低利息时，假设此前是自动续存的整存整取，而且正好在降息前不久到期，这时候你千万不要去支取，因为，银行会主动在到期日按续存约定转存，并且利率不定期是原来的利率。这样，你的储息就不会受到利息降低的影响，从而保证你能够获得比较高的利息。

（2）零存整取法。零存整取是以累计月积数乘以月存金额为基础计算利息的，采用的利率为开户日的银行利率。存款年限越长，累计月积数越高，利息也就越多。

（3）选择外币法。现在，美元和港币的存款利率与人民币差距较大，在人民币利率降低的时候，如果可能的话，可以尽量用外币存款。这样，可以获得比较高的存款利息，保证自己有比较丰厚的储蓄投资回报。

（4）定期存款不要轻易取出。根据统计，目前的储蓄投资者，有30%以上是高利率时期存入的，当利率降低时，不要轻易地把存款取出。这样的话，就会有很大的损失。

（5）整存整取以一年期为最好。在整存整取的时候，为了获得更高的利息，应该选择一年期的整存整取。因为，一年期的整存整取相对来说具有利率高、期限短的特点，不但可以获得更高的利息，而且还可以在一年后就可以随便支配。

（6）长期储蓄投资，可以选择一、三、五年的存本取息。对于长期不动的大笔资金来说，选择一、三、五年期的存本取息是最理想的选择了。如果你不希望取出利息，那么，就把利息存起来。这样就可以利滚利地以复得上计算利息，以增加利息收入。

投资股市有技巧

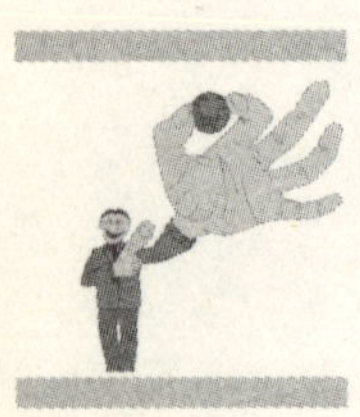

买股炒股，已经成为中国人理财的热门话题，股民越来越多，与买股有关的传奇故事也越来越多。但是，高收入一定会伴随着高风险，投资股市机遇多，风险也大，稍有不慎，往往令人一败涂地。

自从中国的股市开放以来，在短短的十几年间，中国的上市公司越来越多，热衷于炒股的股民更是成几何基数增长，全民“炒股”的现象已经不是什么新闻。随着国民收入的提高，越来越多的人正在加入“股民”的行列。

下面就是个人炒股的有关知识，希望对你有所帮助。

1. 股票看盘技巧

把资金投入股市后，接下来就是看盘了。股市看盘，就要坚持每天复盘，并按自己的选股方法，选出目标个股。复盘的重点在浏览所有个股走势。所谓复盘，就是利用静态再看一遍市场全貌，这针对你白天动态盯盘来不及观察、来不及总结等情况来说的。在收盘后，你又定时进行一次翻阅，各个环节进一步明确一下，明确哪些股资金流进活跃，哪些股资金流出主力在逃，大盘的抛压主要来自哪里，它们是否有行业、板块的联系，产生这些情况的原因是什么，哪些个股正处于上涨的黄金时期，哪些即将形成完美突破，大盘今日涨跌主要原因是什么等情况。这些都需要你重新对市场复合一遍，以了解市场的变化。

复盘的一般步骤是：

(1) 看两市涨跌幅榜

一是对照大盘走势，与大盘比较强弱，了解主力参与程度，包括其攻击、护盘、打压、不参与等情况，了解个股量价关系是否正常，主力拉抬或打压时动作、真实性以及目的用意，了解一般投资者的参与程度和热情。

二是了解当日K线在日K线图中的位置、含义，再看周K线和月K线；在时间上、空间上了解主力参与程度、用意和状态。

三是对涨幅前2版和跌幅后2版的个股要看得特别仔细，了解哪些个股在悄悄走强，哪些个股已是强弩之末，哪些个股在不计成本地出逃，哪些个股正在突破启动，哪些个股正在强劲的中盘。也就是说，就像人口普查一样，了解各部分的状态，这样才能对整个大盘的情况基本了解个大概。

四是在了解个股的过程中，把那些处于低部攻击状态的个股挑出来，仔细观察日K线、周K线、月K线所经过的时间、空间、位置等情况良好的，剔除控盘严重的庄股、主力介入不深和游资阻击的个股，剩余的再看一下基本面。有最新的调研报告，最好调出来看一下，符合的进入自己的自选股。

(2) 看自己的自选股（包括当日选入的）

观察自选股是不是按照自己预想的在走，检验自己的选股方法有哪些错误，为什么出错，找出原因，加以改进。看哪些个股已经出现买点。你要做一个投资计划，包括什么情况怎么买、买多少、多少价格、止损位设置等。

(3) 看大盘走势

主要分析收阴阳的情况、成交量情况，与昨日相比的情况，整个量价关系是否正常，在日K线的位置、含义，看整个日K线整体趋势，判断是否可以参与个股，能否出现中线波段，目前大盘处于哪一级趋势的哪个阶段，看当日大盘波动情况，什么时候在拉抬、什么时候在打压，拉抬是哪些股，打压又是哪些股，它们对大盘的影响力又是如何，看涨跌平个股家数，了解大盘涨跌是否正常，了解流通市值前10名个股的运况，以及对大盘的影响；如果不是大盘股影响大盘，找出影响大盘的板块，了解大盘当日的高低点含义，了解大盘的阻力和支持位，了解大盘在什么位置有吸盘和抛压，了解哪些个股在大盘打压之前先打压，哪些个股在大盘打压末期先止住启动。

综合排名榜，市场各要素都展现在这里，哪些个股在活，哪些个股在出逃最强烈，哪些个股在拉尾市勾当，哪些在尾市打压制造恐慌假象，哪些个股盘轻如燕，哪些步履蹒跚。

别忘了还要关注其他市场和品种的情况，回购情况如何，国债情况如何，B股情况如何，等等，它们反映的是什么样的资金面以及对大盘的情况。

掌握复盘熟练的要求后，你的盘面感觉肯定是不同的。反复训练后，可加快速度，翻阅个股也不必要看全部，看涨跌前后几版、权重股、自选股等就可以了解复盘是辛苦的，但只有苦尽才能甘来。

2. 股价回档时的投资技巧

在股价不断上涨的趋势中，经常会出现一种因股价上涨速度过快而反跌到某一价位的进行调整的现象。股市上，股票的回档幅度要比上涨幅度小。道·琼斯理论认为，强热市场往往会回档1/3，而弱市场则通常会回档2/3。

股票在经过一段时间的连续攀升之后，投资者最关心的就是回档问题。持有股票者希望能在回档之前卖掉股票；未搭上车者，则希望在股价回档之后得到补偿。

股价在涨势过程中，之所以会出现回档，主要有以下原因：一是股价上涨一段时间后，其成交量逐步放大，因此须稍作停顿，以便股票换手整理。就像人跑步一样，跑了一段之后，必须休息一下。二是股价连续上涨数日之后，低价买进者已获利可观，由于“先得为快”和“落袋为安”的心理原因，不少投资者会获利了结，以致形成上档卖压，造成行情上涨的阻力。三是某些在上档套牢的投资者，在股价连续上涨数日之后，可能已经回本，或者亏损已大大减轻，于是趁机卖出解套，从而又加重了卖盘压力。四是股票的投资价值随着股价的上升而递减，投资者的买进兴趣也随着股价的上升而趋降，因而，追涨的力量也大为减弱，使行情上升乏力。

鉴于行情在上涨过程中必然会出现一段回档整理期，你应根据股市发展的趋势，对股市回档进行预期，以达到回档前出货和回档后及时进场的目的。

3. 买涨与买未涨的技巧

买涨与买未涨是两种截然相反的股票买进的时机选择技巧。买涨通常指投资者顺势而为，见涨抢进，且大多有追涨杀跌的习惯。这种买涨的做法，在大势反转向多头市场时，大多能轻易获得利润；如若在遇到主力介入操纵股价时，大多也能跟进获利。其不利之处在于进出股市较为频繁，因而手续费的支出较高，一旦抢到最高价而不能出手，就会出现亏损累累的局面，因而风险也较大。买未涨是指投资者将购进股票的时机选择在股价处于尚未涨阶段的策略。这种投资者除了精于计算投资报酬率外，更注重发行公司的业绩展望。这种做法大多对个股进行分析比较，由于股市大多有轮番涨跌的习性可寻，故其选择那些处于尚未上涨的成长股作为投资对象，除了风险较小以外，通常也有利可寻。如果是买到最低价，有时获利甚至能多达数倍。

以上两种方法各有利弊，买涨着眼于短线利润，较具投机性，适合于一般的中短线操作；买未涨着眼于长期利润，适合于较为稳健的投资者进行中长期投资。这两种不同的买进时机选择的技巧，可供不同个性的投资者选用。

4. 高价买进的技巧

高价买进是指投资者以较高的价格买入已经上涨了的股票，以期待股价进一步上涨而获利的技巧。采用高价买进策略必须注意三点：一是购买的股票应是具有良好发展前景的股类。因为此时股票投资的魅力在于日后可能获得的较高的回报。只有具有良好发展前景的股票，才能在较高的价位上再节节攀升，给你带来丰厚的回报。二是高价买进的时间必须是在行情看涨期。只要是在行情看涨期，即使目前一时不被投资者欢迎，也可能提早恢复股票的知名度。三是选择知名度周期长的股票。股票知名度周期越长，其股价持续上涨的时间也越长。

需要特别指出的是，高价买进是一项风险性较高的投资策略，如果你没能把握股市的通盘行情，最好不要采用。

5. 跌市中卖出技巧

股市跌落时，抛售股票是常见的方法。跌市卖出可采取以下方法：一是快速斩仓法。适合于跌市初期使用，如果个股股价下跌不深，你套牢尚不严重的时候，应该立即斩仓卖出。这种时候，考验你能否当机立断，是否具有果断的心理素质。二是趁反弹卖出法。经过深幅快速下跌后的股市极易出现反弹行情，你可以把握好股价运行的节奏，趁大盘反弹时卖出。三是见异常走势卖出法。在大势持续疲软的市场中，如果所持有的个股出现异常走势，则意味着该股未来可能有较大跌幅。例如，在尾盘出现异常拉高的个股，要果断卖出。越是采用尾盘拉高的动作，越是说明主力资金已经到了无力护盘的地步。四是做空卖出法。在跌市中你先将股票卖出，等跌到一定深度后，再重新买回，通过这种方法获取差价，降低成本。

6. 如何掌握卖出的时机

作出卖出决策的关键是股价上升趋势的改变，只有当你判断股价的上升趋势即将或者已经改变时才是卖出的时机，而股价在连续上涨之后仍然有可能继续上涨。通过以下几个要点的研判，或许能使你以比较理性的方法去研判股价的上升趋势是否或已经出现转换。

一是明显出现下跌时。如果股价一直是以阳线为主且没有出现过大阴线，表明上升趋势还在继续中，此时出现大阴线应该果断卖出，这样做也许会失去卖在最高价的机会，但可以保证卖在次高价。例如，股价从5元上涨到10元，出现大阴线后可以在9元卖出，如果想卖在最高价的话，会在股价上涨到7元时就卖出了，绝不会等到10元。

二是下跌后回升乏力时。即使出现大阴线也不一定就是趋势的转换，关键在于研判大阴线后的回升力度。如果在下跌后的回升过程中，股价仍然创出新高，上升趋势仍然有延续的可能，反之则要特别注意。

三是成交量持续回落时。股价上涨的重要基础是成交量，需要较大的成交量才能托住股价甚至推动其上涨，因此在大阴线之后的回升过程中成交量能否保持原来的量成为上升趋势能否延续的关键。

根据上述要点再结合一些经典形态的判断，能够使你有更大的把握，比如股价在大阴线后的回升过程中成交量下降且未能突破前期高点，要警惕出现双顶形态。如果大阴线后股价再创新高，但高度有限且成交相对萎缩，就要警惕出现头肩顶形态。在进行经典形态的研判时一定要打提前量，否则的话，等到形态完全出现，股价已经有了较大的跌幅，会失去很多收益。

7. 中长线买点的要领

很多人选股的时候并不明确自己要选的股是长线股还是中线股或者是短线股，这一点相当危险。在选股之前要先确定自己准备选哪一种类型的股票，然后针对不同类型的股票作出不同的操作策略。譬如，选长线股就是准备长线持有的，不会因为中途一些小波动而放弃。中线股也是这样，先要确定大致的持股周期，不要随意改变计划。最值得提醒的是，很多股民选出短线股，在短线投机失败后被动地延长持股周期，最终导致深套，这是许多股民大幅亏损的主要原因。

选长线股的时候，最先考虑的是该股的长期趋势向上，譬如年线必须向上至少走平，否则不予考虑。在满足了这个先决条件后再考查该股低位振荡筑底期间的成交量分布情况，累计换手率够不够，一般长线黑马底部换手率至少要200%以上，如果达到400%以上则更理想一些。同时底部振荡期间要有明显的庄家介入吸筹迹象，缓拉急跌、涨有量跌无量等动作。然后再考虑该股的基本面，如果行业较差，重组机会大的优先考虑，最好是流通盘和总股本也不是很大，同时财务负担也不宜过重。当然，为了深入考查一只股票，还要对于其关联企业、股东持股状况、历年走势和大事、高管人员等多方面进行考查，这样才能更明确而深入地判断有哪些有利和不利的因素。

在上面这些因素都考查完毕后，最后就是进行走势分析，对被选的股

票的未来走势进行预测，关键是未来的强阻力位和支撑位，未来可能出现的几种走势，当走势出现变数时及时调整相应的操作策略。其中最重要的一点是你先要肯定自己有半年以上的持股耐心，否则就不要提做长线的事了。这些工作都做完了，就可以寻求一个好的买点进场。

一般来讲，长线买点可以作如下考虑：一是在股价上穿长期均线并企稳后进场，另一种是在股价无量回敲长期均线并企稳时进场，前提条件都是长期均线开始向上。当然还有别的长线进场时机可供选择，譬如低位箱顶的突破，次低位平台的突破以及慢牛吸筹后的无量深跌洗盘也都是很好的长线买点，我们在具体确定的时候可以结合起来考虑。长线股离场的时机是在股价远离长期均线的时候，譬如股价距离 120 日线 50%以上，也有可能是遭遇历史重阻力而不能有效克服的时候。更本质的则是发现庄家开始出货的时候必须长线离场。

8. 如何处理股票套牢

股票套牢是最惹人着急的事，面对这种局面，如何处理才好呢？

(1) 制定适应自己的标准

首先制定一个适应自己的对错标准，而不是适应市场的对错标准，因为在任何时候市场都不可能给你一个明确而肯定的对错标准。从市场角度来说，你到底该用哪个标准来判断你的对与错？确实，市场不会主动给你一个判断标准，对与错的判断标准只能以适应自己的承受能力来确定，以适应自己为主。

进场交易，结果被套，是不是就错了呢？只要不到止损点投资，就仍然处于正确状态。若你一次交易获利 8%，是否就对了？这得看此次大盘拉升得幅度，若涨幅也达到 8%，则笔者认为此次交易仍然是错的。对与错不能由盈亏来判断，而应由盈亏的质量来判断，做错了只有小亏损、做对了有大赢利才是对，否则则是错。对与错的评判标准其实就是止损点如何设、是否严格执行的问题，止损点如何设立是一个因人而异的问题，但严格执行则是应普遍遵守的纪律。

(2) 允许犯错

在交易中如果你不允许自己犯错，则你的交易要么非常小心，高度紧张，心态难以平衡，要么一旦做错就不认错而铸成大错，这都是投资大忌。出现亏损在交易中是非常正常的事，你应当把适当的亏损看成是获利所必须付出的代价和成本，机会都是研究跟踪出来的，不是一眼就能看出来的，不付出代价就想成功那是幻想。一次的投资获利不代表你就是一个专家。要的是坚持价值投资理念，实现复利增值。

只有允许自己犯错，你才能有更多的投资机会，才会消除对市场的恐惧，你才能真正抓住获利机会，才能真正留住能长期获利的头寸。交易犯错并不可怕，可怕的是对了不坚持，这才是最可怕的。

(3) 遵守纪律，执行标准

遵守纪律，严格执行自己制定的止赢止损。进场之后，你唯一需要做的就是用你的评判标准去判断该出还是持有，一旦触及止损点，唯一可做的就是出场，否则就应该一直持有，直到评判标准给你发出离场信号。

投资基金也能赚钱

近两年，买基金的热潮已经掀起，“基民”的称呼，大有盖过“股民”之势。的确，买基金是一个受欢迎的投资渠道，尤其是开放式基金，由于规模不固定，你可随时申购和赎回。而长线基金投资可能是实现资金保值、增值的最佳途径。

基金与股票不同。基金只是一种理财产品，而不是一个市场，股票和债券才是市场。投资基金，实际上就是间接投资于这两个市场。由于集合了众多中小投资者的资金，基金有利于规模降低交易成本，享有机构级别的投资机会，并可以有效执行分散投资等策略，从而达到较好的回报率。

1. 如何投资基金

投资基金也具有一定的风险性。选择基金，必须做到如下两点：

（1）慎重选择

根据投资对象的不同，投资基金可分为股票基金、债券基金、货币市场基金、期货基金、期权基金、指数基金等多种。这里需要依个人风险承受度和国家的宏观调控政策选择基金类型。

选择基金类型要慎之又慎。我们买房子的时候，每个人都是精挑细选，要到实地查看房子的质量，要考虑采光、取暖，要到周边考察环境，看看配套生活设施，当然最重要的还有价格是否合适。几乎每个人都是无师自通，因为这是我们最重要的投资之一。其实买基金也是一样，你是否了解这家基金公司的实力？这只基金的投资目标和策略是什么？过去1～2年的回报率是怎样的？基金净值是稳步攀升还是波动很大？基金经理是否更换过？这些情况都要了如指掌。绝大多数购买者仅凭一张银行的宣传彩页就能做出购买决定，这和他们买房子时的精明劲儿实在是大相径庭。如果你能拿出买房子时一半的热情，先对要购买的基金进行必要的了解，一定能得到更好的结果。

（2）定期定额

如果你收入并不高，就选择定期定额买基金。所谓定期定额买基金，是指投资者约定每月扣款时间和扣款金额，由销售机构（包括银行和券商）在每月约定日从投资者指定资金账户内自动完成扣款和基金申购申请的一种长期投资方式。

这种基金投资方式好处多多。首先，定期定额买基金类似于零存整取，只要去银行或证券营业部申请即可。其次，利用定期定额方式投资基金可以平均成本、分散风险。最后，现在定期定额计划的门槛非常低，起点一般为100～300元，可以按月扣，也可以按双月或季度扣，不会给他们带来额外的压力，还能积少成多，使小钱变大钱，以应付未来对大额资金的需求，而且可以养成很好的理财习惯。

但是，这一投资方式必须经过长时间才能看得出成效，最好能持续投资三年以上。

2. 基金投资的风险

投资基金也存在着风险，了解这些风险并学会规避，有利于你对基金投资的选择。

一是信用风险，包括基金所投资的债券、票据等工具本身的信用风险，以及以交易为基础的投资的对家风险，如回购协议等。

二是市价暴露风险。市价暴露风险是指货币市场基金的实际市场价值，即按市价法估值得出的基金净值与基金交易价格（通常情况下是基金面值）的偏离风险。

三是政策风险。指因财政政策、货币政策、产业政策、地区发展政策等国家宏观政策发生变化，导致市场价格波动，影响基金收益而产生的风险。

四是经济周期风险。随着经济运行的周期性变化，证券市场的收益水平也呈周期性变化，基金投资的收益水平也会随之变化，从而产生风险。

五是利率风险。金融市场利率的波动会导致证券市场价格和收益率的变动。利率直接影响着债券的价格和收益率，影响着企业的融资成本和利润。基金投资于债券和股票，其收益水平可能会受到利率变化的影响。

六是上市公司经营风险。上市公司的经营状况受多种因素的影响，如管理能力、行业竞争、市场前景、技术更新、财务状况、新产品研究开发等都会导致公司赢利发生变化。如果基金所投资的上市公司经营不善，其股票价格可能下跌，或者能够用于分配的利润减少，使基金投资收益下降。上市公司还可能出现难以预见的变化。虽然基金可以通过投资多样化来分散这种非系统风险，但不能完全避免。

七是通货膨胀风险。基金投资的目的是基金资产的保值、增值，如果发生通货膨胀，基金投资于证券所获得的收益可能会被通货膨胀抵消，从而影响基金资产的保值、增值。

八是债券收益率曲线变动的风险。债券收益率曲线变动风险是指与收益率曲线非平行移动有关的风险，单一的久期指标并不能充分反映这一风

险的存在。

九是再投资风险。市场利率下降将影响固定收益类证券利息收入的再投资收益率，这与利率上升所带来的价格风险互为消长。

十是信用风险。基金在交易过程中可能发生交收违约或者所投资债券的发行人违约、拒绝支付到期本息等情况，从而导致基金资产损失。

十一是管理风险。基金管理人的专业技能、研究能力及投资管理水平直接影响到其对信息的占有、分析和对经济形势、证券价格走势的判断，进而影响基金的投资收益水平。同时，基金管理人的投资管理制度、风险管理和内部控制制度是否健全，能否有效防范道德风险和其他合规性风险，以及基金管理人的职业道德水平等，也会对基金的风险收益水平造成影响。

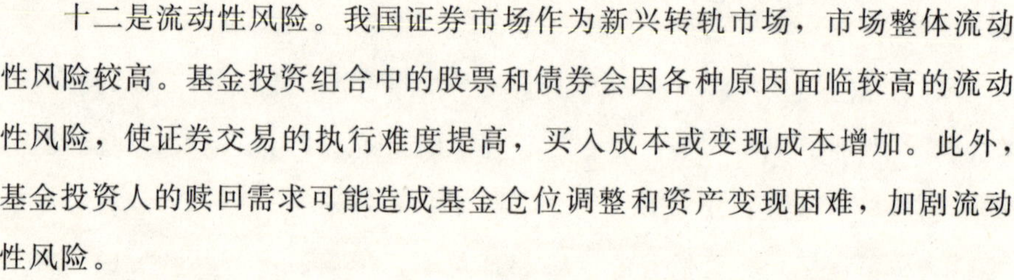

十二是流动性风险。我国证券市场作为新兴转轨市场，市场整体流动性风险较高。基金投资组合中的股票和债券会因各种原因面临较高的流动性风险，使证券交易的执行难度提高，买入成本或变现成本增加。此外，基金投资人的赎回需求可能造成基金仓位调整和资产变现困难，加剧流动性风险。

十三是操作和技术风险。基金的相关当事人在各业务环节的操作过程中，可能因内部控制不到位或者人为因素造成操作失误或违反操作规程而引致风险，如越权交易、内幕交易、交易错误和欺诈等。此外，在开放式基金的后台运作中，可能因为技术系统的故障或者差错而影响交易的正常进行，甚至导致基金份额持有人利益受到影响。这种技术风险可能来自基金管理人、基金托管人、注册登记人、销售机构、证券交易所和证券登记结算机构等。

十四是合规性风险。指基金管理或运作过程中，违反国家法律、法规或基金合同有关规定的风险。

此外，还有其他风险，包括因基金业务快速发展而在制度建设、人员配备、风险管理和内控制度等方面不完善而产生的风险；因金融市场危机、行业竞争压力可能产生的风险；因战争、自然灾害等不可抗力因素的出现，可能严重影响证券市场运行，导致基金资产损失；因其他意外导致的风险。

投资保险好处多

炒股票、买基金，或者去银行购买一些其他理财产品，虽然也叫理财，但它们的收益与风险同在。而真正有安全保障又能获得收益的，只有保险。

理财应该有利于实现家庭目标，有利于提高生活水平。为了实现我们的生活梦想和责任，比如孩子的教育、自己将来的养老、未来更大的房子，或者其他的某项计划，我们才选择了理财。我们可以把它称作“财务目标”。有这样的财务目标后，我们就可以安排适当的财务计划：现在要投入多少钱、以后持续投入多少钱、投入的时间有多长、要达到什么样的收益率、选择什么产品来实现，等等。这个我们可以称它为“财富成长计划”。

但是，仅仅有这个财富成长计划是不够的，万一我们发生了意想不到的事，而把我们辛辛苦苦积累的财富消耗掉了怎么办？或者，出了什么情况而使我们不能按计划持续投入，又怎么办？我们的那些家庭梦想和责任——子女教育、父母养老、家庭生活，就不去实现了吗？所以，为了保证我们的理财目标能够实现，我们必须要拥有完善的财务保障计划。其中，购买保险是不可或缺的。

保险涉及很多方面，种类也很多。如人寿保险、伤残保险、重病保险、长期护理保险、个人健康保险、住房保险、汽车保险，还有责任保险、过失保险等。保险是一个人和一个家庭整体理财安排的一个部分，不能不考虑。

1. 购买保险的好处

如果购买保险没有好处，不利于理财和保障未来的生活，那么谁又热衷于它呢？购买保险的好处包括：

(1) 转移财务风险

理财，主要管理的部分可分为两类，一类是可控制的事情，另一类是不可控制的事情。可控制的事情，像买一幢房子，开一个教育基金的账号，或定期定量作投资等。不可控制的事情，像中彩票，这是一种令人愉快的，不可控制的事情。但生活中更多的不可控制的事情是不那么令人愉快的。例如，亲人去世、伤残、车祸、火灾等。虽然对个人及家庭来说，这些不可控制的事情什么时候会发生是不可知的，但适当的风险控制措施可以对损失作补救。而保险便是一种工具，用来管理因不可控制的事件而造成的财务风险。买保险就是你用一定的代价将财务风险合理合法地转移到第三者那里。

(2) 安全稳定

尽管保险资金在投资渠道的拓宽上已有较大进展，监管机构出于保障被保险人利益的考虑，为确保保险资金安全，防范投资风险，对保险公司的资金运用一直实行较为严格的监管制度。

近几年金融市场一直处于不尽成熟的状态，市场投资风险较大，如果不顾市场环境而盲目开放保险公司的投资渠道，将可能造成保险资金大量损失的出现，使偿付能力大大降低，从而更加不利于保险公司的发展。事实证明，多年来严格监管确实提高了保险资金的安全性，达到了保障客户利益的目的。

(3) 回报率高

普通的投资，是投入 100 元赚取 1 元的买卖，而保险却是投入 1 元赚取 100 元的投资。普通的投资遵循高收益、高风险的规律，而保险投资却非常的安全。国家对保险公司严格的监管和对保险资金运用严格的监控，把投资的风险降到很低。《保险法》规定：保险公司不容许解散，当一家保险公司因经营不善破产时，它所持的保单必须转给其他保险公司或者由国家指定的金融机构接管。

（4）免税和保全财产

根据法律，保险金免交所得税和遗产税，在制订遗产计划时，如果没有人寿保险的参与，想要保全事业和财产几乎是不可能的。此外，当企业破产时，股票、债券、存款等都会被冻结，唯有人寿保单不被冻结。另外，债权人也无权要求受益人以保险收益来偿还债务。这也是人寿保险投资与其他投资大不相同的地方。

（5）保障生命价值

生命价值＝你的年收入工作的时间。一个 30 岁的人，他挣钱到 60 岁，这 30 年他有生命价值。可 60 岁他退休后，他没了工作时间，不再为社会创造价值，就没了生命价值。他会买到退休前的生命价值，更会买到退休后的收入。因为如果没有出事，保险公司会连本带利给客户，可用于养老补充。

以上仅从金融和财务角度对人寿保险的好处作了一点总结，实际上人寿保险的好处有很多，比如：抵押贷款、易于变现物等。

2. 保险理财规划

不同的人生阶段，可采取不同的保险理财规划。那么，处于不同人生阶段的人，该如何运用保险来规划自己的财务呢？

（1）年轻单身族

时间是年轻人最大的财富，虽然暂时收入不高，但未来拥有大量可工作的时间。在为未来较高消费（如买房、结婚）做准备的同时，照顾好自己、考虑好父母是最重要的责任。所以，在年轻人的理财规划中，投资要偏重于高风险、高成长的投资，如股票、基金，而保障则应以高额低价定期的保险为主。

例如，马娟是个 26 岁的单身女白领，月收入约 4000 元，现有存款 4.2 万元，她的理财目标有两个：一个是两年后有约 10 万元的结婚费用；二是 55 岁后有 100 万养老金。

专家给她的建议：一是将 4.2 万元存款进行股票类投资，如股票型基

金，作为结婚准备金。每月收入中的1000元作基金定投，作为结婚准备金补充。二是从每月收入中拿出500元左右进行基金投资，作为养老金储备。三是以10万元终身寿险作为人生最后的保障；以20万元保额的10年期寿险作为父母孝养责任的保证；通过20万元保额的定期重大疾病保险和20万元保额的意外伤害保险保障自己现在的生活。

(2) 家庭建立初期

建立了小家庭，也就开始承担了更多的责任，不仅要照顾好自己，还要照顾好另一半的现在与未来；同时我们可能因为买房或买车而产生一些负债；我们还要开始考虑子女的养育问题。这时我们的理财计划中，投资应采用高风险与稳健型并重的方式，同时要建立终身的保障计划。

例如，32岁的王奎是公司的中层骨干。他结婚1年多，家庭月收入约1万元；目前房贷约35万元，月供3000元；存款约4万元。打算1～2年内要孩子。他拟定的财务规划目标：一是子女抚养费及高等教育费用的准备；二是养老金准备。

专家给他的理财建议：一是将2.5万元进行稳健投资，如平衡型基金，作为生育子女的准备费用；二是从每月收入中拿出2000元参加保险，作为子女教育金的储备。三是从每月收入中拿出800元左右参加保险。作为养老金储备。四是以20万终身重大疾病保险作为人生保障最后的防线，通过30万元保额的10年期寿险来保证房贷的偿还。

(3) 中年家庭

人到中年，事业和收入都达到了人生的顶峰阶段，不仅积累了一定的财富和投资经验，家庭结构也日趋成熟，属于人生消费中的高峰期。这一时期的理财规划，在投资时，可以更为灵活地根据风险偏好和投资经验进行积极投资，同时尽可能多地把收入转化为投资资本；而在财务安全方面，要建立起高额终身的保障以实现资产保值与财富倍增，同时要投资于稳定的终身养老保险计划。

例如，拥有净资产约200万的公司的瞿老板，45岁，孩子16岁读高一。保守估计家庭年收入约30万元；其他各项金融资产约100万元。他的理财目标：一是保证子女的高等教育费100万元；二是实现稳定的养老金准备；三是现有财富的保值、增值。

专家提供的建议：一是将90万元投入保险或基金，其中50万元投入平衡型市场基金，40万元投入货币市场基金，作为子女教育费。二是从每年收入中拿出10万元，依自己的风险偏好进行投资，如具备相当的知识和经验，可投入股票或波动较大的投资品种。三是购买200万元保额的终身保险，不仅作为资产保值的重要手段，同时还为自己建立了终身的养老金，每年保险费约10万元，共投资15年。

3. 买保险的注意事项

随着防范风险意识的增强，越来越多的人开始关注保险。那么，如何才能巧妙地安排自己的保障计划，让保险在生活中的关键时刻起到应有的作用，而又尽量减少投保支出呢？在这里有几招可供参考。

(1) 早买勿晚买

如果你因为不想支付保费而推迟购买保险，那么你的计划最终可能并不能如你所想。保险专家建议，投保人寿险时，投保人的年龄越小，那么支付的保费也就越低。另外，随着人年龄的增大，发生疾病的几率也就越高，保费会相对提高。在购买健康保险前，保险公司会要求一些年龄较大的投保人进行体检（一般为50岁以上），投保人的身体越健康，保费也就越便宜。

(2) 选对保险公司，投保尽量“从一而终”

保险公司对于自己的固定老客户都会给予一定的保费优惠。因此，就投保人来说，如果其需要的保险品种区别不大时，选定一家保险公司进行投保，这样一方面投保人会减少“转移成本”，即投保人重新花费在定位保险公司上的精力和时间，另一方面还能获得保险公司提供的保费优惠。

(3) 选择最经济的保费支付方式

不少保险产品在支付保费的方式上，既允许投保人趸缴，也允许投保人分期缴。究竟哪种方式对于投保人更实惠一些，这要看投保人的具体情况。比如说，假设投保人投保某个保险产品，其预期投资收益率为

3%～5%，而银行存款的收益率仅为2%，投保人就应选择趸缴，这相当于免费分享保险公司专家理财的成果。也可简单地对缴费方式进行比较，选择对自己最有利的。例如，同一张保单，既可以趸缴10000元，也可以每年缴2200元，五年分期缴清。后者相当于五年后多缴了1000元，相当于平均每年大约5%的收益率，如果投保人的投资收益率高于5%，选择分期缴费无疑是对的，否则就应趸缴。

(4) 作出正确判断，尽量利用优惠条件

有时保险公司会在一定的条件下给予一定的优惠。因此，投保人在出现某些情况时需进行比较，尽量利用保险公司提供的优惠，作出最有利于自己的决策。例如在车险中，保单中常常会有类似的规定：投保人当年度没有向保险公司索赔，可以在下一年度续保时享受一定的保费打折优惠。投保人如果当年发生了保险事件就需考虑：究竟是向保险公司索赔合算，还是不向保险公司索赔、继续享受保险公司提供的保费打折优惠合算？针对这种情形，投保人要进行比较，在两者之间进行取舍，选择最有利的方式。

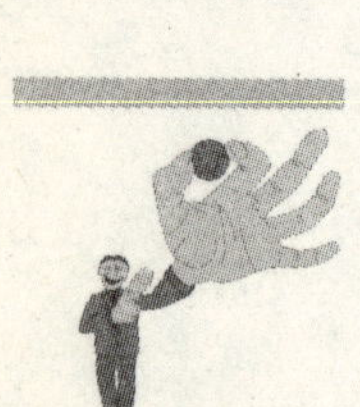

(5) 多留意保险行业动态

购买人寿保险可以确保我们钟爱的人在我们离去之后得到照顾。但是在你出去买一份保险之前，要做一个事前调查。那样，你将能确保用最合适的价格得到一份最好的保障。这就需要投保人多在媒体上，比如互联网、电视、报纸中了解保险行业的动态，包括相关的法律法规、金融动态、国家政策和利率变化，这样才能更好地为自己制订一份最为适合的寿险计划。

外汇理财有窍门

参与外汇投资也是一条理财致富之道。炒汇，除了关注利息的变化外，人民币升值的因素也引起高度重视。众所周知，人民币对美元的升值已经连创新高，甚至已经“破七”，在这样的压力下，炒汇必须注重一些小窍门。

市场中可供外币投资的机会依然不少，不仅中资银行，多家外资银行也在不断推出各种外汇理财产品，很多产品的预期收益率对投资者都具有相当大的吸引力。这些都为有志于此的人们提供了机遇。实际上，很多手里有外汇的储户已具有了比较丰富的外汇知识，并在炒汇的过程中“尝到了甜头儿”。面对人民币不断升值的压力，炒汇更需要一种冷静、成熟的心态，需要掌握一定的方法、技巧。

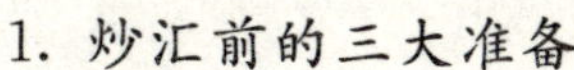

1. 炒汇前的三大准备

在国际外汇投资中，投资者与对手比的是事前的分析及资金管理等准备工作，谁的工夫下得深，获胜的几率也就更大。一般情况下应该做好三个方面的准备工作。

（1）了解国际外汇涨跌因素

炒外汇，应该首先了解影响国际外汇涨跌的因素有哪些，这些因素又如何影响国际汇市行情。凡是与该国货币有关的经济数字，如失业率、生产者物价指数、消费物价指数、零售业销售指数、国民生产总值、贸易赤字等都可能成为影响外汇的因素。另外还有政局的稳定、大选结果、油价涨跌等，都会对货币造成影响。

（2）培养成熟的投资心态

投资外汇，有机遇，也有风险，有成功，也有失败，如果抱着投机的心理，追求短期效果，很有可能适得其反。所以，必须培养一种成熟、稳重的心态。投资心理成熟了，才可以做到自律，克服很多人性的弱点，迈向成功之门。

（3）学习财务管理技术

炒汇前，要学习运用资金管理的财务技术，达到风险控制。投资的过程需要有耐心，慢慢学习和体会，不仅要懂得在适当的时候急流勇退，还要准确设定止损价位，这样才能求得长期的赚多赔少。

2. 外汇投资的条件

个人炒汇、参与国际外汇市场投资须具备以下条件：

（1）合法的外汇来源

个人外汇买卖的基础是居民手中的原有外汇。目前，我国居民获得外汇的主要渠道有：侨汇、回国劳务人员所带外汇、回国创业留学人员所携带的外汇、外企公司职员的外汇薪金收入、外汇黑市交易等。其中，外汇黑市交易是违法行为。汇民要遵守国家有关外汇管理法规。

（2）担当风险的意识

个人外汇买卖业务的报价，是参照国际金融市场的即时汇率，加上一定幅度的买卖差价后确定的，因此报价也随着国际金融市场的波动而波动，这就存在着一定的汇市风险。

（3）炒汇的知识

炒汇要具有基本的金融知识，对全球外汇市场基本情况要有所了解，如外汇形成、参与者的动机、汇率报价形成等。要了解影响汇价变动的基本因素，比如基本经济因素、政治和传媒因素、各国央行的政策因素、心理及市场预测因素、突发事件因素等。成功的汇民都是“全球通”。

3. 外汇理财的窍门

人民币对美元不断升值，目前已经破七，进入“六”时代。为此，如何打理手中外汇资金，成了困扰不少市民的难题。一些人既不想操盘获利，又不希望获取少得可怜的银行利息收益，怎样才能选择省心又获利的外汇理财产品呢？

（1）精心挑选外汇理财产品

首先，应当选择适合自己风险承受能力和风险偏好的产品，不要总盯着诱人的最高收益率，而应充分地评估风险，特别是流动性风险。你不妨冷静地自问：买了这款产品后，假如最糟糕的情况发生，后果将会是什么？

固定收益类产品比较适合对国际金融市场不太了解、风险承受能力较弱的普通大众。在实际生活中，购买此类产品的以两种人居多：一种是为了未来子女留学、出境旅游等需要而持有外汇，却暂时没有投资方向的人；另一种是有稳定的境外外汇汇入，却暂时没有投资方向的人。

而浮动收益类产品比较适合对国际金融市场比较了解、有一定风险承受能力的人士，包括有一定投资经验的投资者和金融资产较多的高端客户。

（2）提防"销售陷阱"

时下一些银行对外汇理财产品的风险揭示并不清晰，有的还故意使用误导性语言制造"销售陷阱"，投资者应当认真阅读外汇理财产品的协议，多抠细节，反复琢磨。比如，要分清"累计收益"和"当期收益"。曾有一款 3 年期的理财产品，宣传自己"累计收益可达 7%"。乍一看，以为年收益可达 7%，但仔细一问，原来是 3 年的累计收益为 7%，年均收益还不到 3%。

另外，要关注银行在提前终止权上的设计，看看这种提前终止权会对自己的收益产生什么样的影响，自己有没有提前终止权，等等。

（3）别总是盯着收益

现象一：一些银行推出的外汇理财产品纷纷与汇率市场、黄金市场等挂钩，约定如果相关市场指数在事先划定的区间内波动，就可以按实际运行天数得到一个较高的收益率。

投资者在选择此类产品时可以先找到相关市场的历史走势图，参考一下外汇理财产品中划定的区间内，历史每年实际存在的天数，就知道大致

的收益率水平。一般来说，汇率市场要比黄金市场的波动幅度大很多，所以投资者选择以黄金指数为相关市场的外汇理财产品更为稳妥。

现象二：有些银行推出的外汇理财产品完全与汇率挂钩。例如，某美元理财产品条款规定，如果欧元兑美元的汇率低于 1.24，则本金转为欧元支付，收益率为 4.5%；如果欧元兑美元的汇率低于 1.20，则本金转为欧元支付，收益率为 5.5%。

如果欧元兑美元的汇率由 1.24 变为 1.20，表明欧元开始走软，虽然外汇理财收益率在不断提高，但本金却转化成一种弱势货币，投资者显然从中遭受了汇率带来的损失。

现象三：很多外汇理财产品的设计都隐含了某种市场观点。如前些时候，市场普遍预期人民币将要升值，为此，有银行专门推出了压宝人民币不升值的理财产品。事实上，选择这种投资产品的人士已经产生了实际损失。

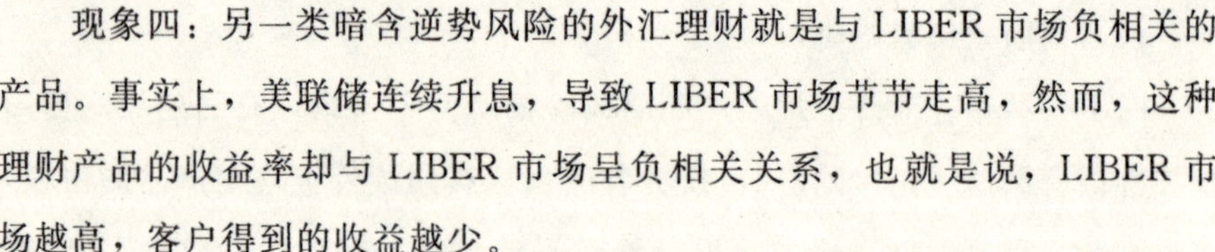

现象四：另一类暗含逆势风险的外汇理财就是与 LIBER 市场负相关的产品。事实上，美联储连续升息，导致 LIBER 市场节节走高，然而，这种理财产品的收益率却与 LIBER 市场呈负相关关系，也就是说，LIBER 市场越高，客户得到的收益越少。

4. 人民币升值如何打理外币

美元兑人民币的不断“缩水”，让许多持有外币的普通百姓感到困惑和不安：人民币升值期间该如何打理外币资产？

有关专家建议，在人民币持续升值的情况下，外币持有者宜选择结汇，以减少汇率上升带来的损失。不过专家同时提醒，尽管人民币储蓄利率经过几次调整，但仍低于同期外汇存款利率。另外，美元兑换成人民币还要承担手续费。显然，按照现在的汇率水平，将美元存款转为人民币存款并不划算。

由于当前的投资市场上，人民币比外币更热门，如果近期没有出国需求，短期内可以将手中持有的美元或港币兑换成人民币。但不应在短期内把所有外币都换为人民币，因为还有一些外币相对坚挺，投资者可以继续持有欧元、英镑等货币。个人进行外币投资时不能只盯住美元和港币，也不能从短期看汇率的波动，要综合分析其他外币的走势，谨慎出手。

在目前状况下，外汇理财最好选择短线产品，这样投资者可根据人民币升值的速度和幅度，适时地选择继续投资或者终止结汇。

第三章 理财的误区

陷入理财的误区，会让你的财富贬值或白白流失。

家庭理财的误区

如今，人们的理财意识不断提高，但也存在不少理财误区。陷入理财的误区，就容易遭受挫折，不但没有获得丰厚的收益，还可能会赔了老本。因此，有必要提醒人们：家庭理财千万不要走进误区。

理财作为一个时尚的话题，越来越为追求财富的人们所重视，也的确有不少人从中获取了收益。然而，正如并没有多少狂热的歌迷能从周杰伦那梦呓般的歌声中听清他到底在唱什么一样，很多家庭对于“理财”这个字眼背后的内涵还只是一知半解，在这个“迷宫”中误打误撞，自觉不自觉地走入这样或那样的误区。这些误区要么使他们不敢涉入理财领域，要么使他们的理财目标落空。那么，家庭理财的误区表现在哪些方面呢？

1. “只有富人才需要理财”

持这种心态的人认为：我的家庭每月就入账那几张辛苦钱，解决完吃喝拉撒睡后，剩下的那几个小钱还能理什么财？鸡蛋里发面，能有什么大发头？殊不知，这种想法就如“我不用去学开车，因为根本就没有车给我开”的论调一样，不经推敲。抛开那些“一夜暴富”的人不谈，不少家境殷富的人也是从一点一滴积累起来的，只要合理地安排自己的收入支出，正确地投资理财，百万富翁其实并非高不可攀。例如：每月你只需拿出五六百元进行投资，假设你的年投资回报率是10%的话，那么30年后，你就是一个不折不扣的百万富翁了。

在这个世界上，可能只有两种人不需要理财，一种是富比李嘉诚的超级富豪，另一种是吃了上顿没下顿的乞丐。对那些比“上不足比下有余”的中层家庭来说，由于金钱问题导致生活困境的情况要比富人多得多。当那些叼着哈瓦那精品雪茄、品着路易十三的富豪正在考虑是否要将自己的法拉利换成一部林宝坚尼时，我们考虑得更多的可能是什么时候才能将供楼款还清、如何攒齐子女的入学赞助费、自己的养老基金有没有着落。因此，富人固然想将“雪球”越滚越大，普通家庭又何尝不想积少成多呢？一个富翁设立一个信托基金，稳妥地将财产合法转移给下一代，与我们每月将省下的五六百元钱进行投资，从而追求财富的积累增值，这两者从本质上来讲并没有多大的区别。如果连我们自己也不为未来筹划打算的话，还能指望谁呢？

2. “理财纯粹是投资”

“我有10万元，通过你所介绍的理财方法，一年后我能从中赚多少钱回来呢？”这是理财专家听得最多的咨询声。一般人认为，理财就是投资，就是钱生钱，把理财与投资收益画等号。其实，理财与投资既有相同点，又有区别，并不能完全等同。因为理财关注的是人生规划中资产的合理配置，理财不仅要考虑财富的积累，还要考虑财富的保障，不但要考虑财富的保值，还要使财富增值，更要保证一个人或一个家庭财务的安全。理财在追求投资收益的同时，更多注重的是人生规划、风险管理规划、投资规划、养老规划、遗产规划等一系列的人生整体规划。所以说，理财包括投资，但不仅仅是投资；而投资关注的是如何钱生钱的问题，也就是说如何将自己的财富进一步扩大，其实质是使现在的财产增值。因此，将理财看做是一个系统，通过这个系统，使人的一生达到“财务独立”，这样才能达到理想的理财境界。

3.“四面撒网完全可以分散风险”

许多家庭似乎都掌握了分散风险的最好方法，那就是不要把鸡蛋放在同一个篮子里。采取多元化的投资策略确实可以降低风险，但是采取到处撒网的理财方式也有其不利的一面，就是让家庭有限的资金过于分散，从而造成资金和精力都无法集中发挥作用，使得投资追踪困难或者分析不到位，到头来赚到的收益反而非常微薄。实际上，理财既不要“吊在一棵树上”，也不要过于分散，关键是要把握一个度。不把所有的鸡蛋放在同一个篮子里，并不等于在每一个篮子里都放入一个鸡蛋。这一点一定要掌握好。

4.“人家怎么理财，我也怎么理财”

近几年来，由于一些股民在炒股当中获得了丰厚的回报，使得中国不少百姓更渴望“快速致富”。在这个潮流中，我们常常可以看到证券公司有许多老人，他们可能把所有的养老金都投资于股市，而不理会风险。随着理财新品的不断推出，我们还可以看到一哄而上的现象发生。

从家庭理财的角度来看，人的一生可以分为不同的阶段，在每个阶段中，家庭成员的收入、支出、风险承受能力与理财目标各不相同，理财的侧重点也应不同。因此，我们需要确定自己阶段性的生活与投资目标，时刻审视自己的资产分配状况及风险承受能力，不断调整资产配置、选择相应的投资品种与投资比例，而不是盲目地跟风，别人咋弄，我也咋弄。

一般来说，家庭资产应有一个合理的配置。目前，许多人的家庭资产主要以金融资产和房产为主，金融资产又在存款、保险、基金、债券、股票等产品中进行分配。由于这些投资产品的风险性、收益性不同，因此进行理财时，根据不同的年龄必须考虑投资组合的比例，不宜将所有的资金投入单一品种内。对投资者而言，年龄比较小的，风险大的投资产品如股票可以多一点，但随着年龄的增加，风险性投资产品的投资比例应逐渐减少。在国外，有种观点是“财产四分法”，主要分为不动产、现金、债券和股票。对于不同年龄，有不同的投资组合。假如你是25岁，理财师一般会建议这种组合：不动产占10%、现金占5%、债券占20%、股票占65%。

5.“我不愿意承担理财的风险”

与盲目冲动性投资相反，有一部分家庭过分保守，不敢或不愿承担理财带来的风险，沉浸在只求稳定、不追求回报的传统理财观念中。于是，家庭中的金融资产全部用于银行存款。这样的做法，风险虽然小了，但收益也只能抵御通货膨胀的侵蚀，无法实现资产的增值，甚至会出现负利率，即通货膨胀率高于银行利率，让存款日益贬值。

6.“我有社会保险，不用再买商业保险”

面对理财师的建议，或看到他人在理财，有的人会说：“单位里给我们买了养老险、医疗险，没必要再购买商业保险了。”他们认为单位给上保险了，这样就万事大吉了。其实，社会保险不能完全满足家庭的风险管理，一旦发生意外或出现重大疾病，家庭面临的风险将是无法想象的。因此，建议如果资金充足，应考虑给家庭成员多一份健康或意外保障。

7.“理财就是追求高利润”

很多家庭不知道如何正确选择适合自己的理财产品，而只是盲目追求高收益。高收益通常是和高风险联系在一起，若没有足够的风险承受力，就要谨慎选择高收益产品。因此，在开始理财前要对自己的可支配资金、风险承受能力有准确的了解，然后选择适合自己的产品。

8.“不懂理财搭配也不要紧”

一提到理财，许多家庭以为选择一两种产品就可以了，搭配不搭配无所谓。这种做法具有一定的风险。理财产品应多样化，除了银行理财产品外，证券、保险都应有所分配，才是一种合理的搭配。对大多数年轻投资者来说，可按风险高、中、低产品各占三分之一的原则来分配自己的可用资金，根据年龄增长，可适当降低高风险理财产品的投入。

9. “不买保险产品也没关系”

许多家庭只注重投资理财，而不注重家庭保障。财富增值很重要，但完整的理财方案必须包括保险产品，保险产品在短期内获利的能力可能不如基金和股票，但它具有的保障功能是无可替代的。一些家庭在购买保险时应该根据自己的实际情况，合理分配保险的额度。险种选择的顺序是，先意外险，再健康险，然后是养老险，最后是理财险。

个人理财的误区

每个人都是一个独立的个体，每个人都在创造着自己的经济价值，并从青年时起就开始规划自己的财富人生。财富目标的实现，往往取决于个人的理财理念和思路、眼界和胆略。如果一切正常，就会成功；如果陷入误区，就可能失败。

个人理财与家庭理财虽然没有截然不同的区别，但家庭理财是着眼于全体家庭成员的，而个人理财则纯粹是出于个人需要。在西方国家，没有家庭理财的概念，只有个人理财的说法，这大概是因为西方人更强调个体独立的缘故。在中国，随着人们经济独立意识的加强，个人理财仍然是大势所趋。个人理财，要避免以下误区：

1. 理财认识的误区

成功的理财，离不开正确的思想观念，因为认识是行动的基础，是指导行动的方向盘。然而，以下认识误区将妨碍你的理财行动。

（1）“我不需要理财”

有人说：“我不怎么理财，当然也不会是‘月光族’，我不照样过得很好吗？每年还能剩一点钱，够零花就够了。”现实中有这种想法的大有人在。

乍一听，好像这样的生活方式也挺好，不用费心去理财，有钱就花，没钱就不花。但是，细想一下，你就真的不需要理财么？即使不去考虑几年后你可能会面临买房、装修、结婚的事情，你也不能高枕无忧。假如你或者你的家人突然得了大病，需要很多钱来医治时，你该怎么办？也许这时候你不会想到是因为自己平时不理财才导致无法抵御这些风险，而只会想“我怎么这么倒霉”。假如你平时就有足够的风险意识，懂得未雨绸缪，遇到问题时可能就会是另一种结果。

显然，“我不需要理财”的观点是错误的。不论你的收入有多高，你都有必要理财，合理地理财能增强你和你的家庭抵御意外风险的能力，也能使你的手头更加宽裕，生活质量更高。其实钱越多越需要打理，如果不理财，恐怕一辈子也不可能富有。

收入越高，越需要理财，因为对于收入高的人来说，理财决策失误造成的损失会比收入低的人决策失误造成的损失更大。

（2）“我没财可理”

一些人在谈到理财时，经常会说：“我没有钱可以理。”特别是年轻人，大多数都会这么说，刚参加工作不久的年轻人更是如此。

其实，你真的无财可理吗？有道是，“不积跬步，无以至千里；不积细流，无以成江海”，“积少成多，聚沙成塔”。永远不要认为自己无财可理，只要你有收入，就应该尝试开始理财，这样才能给自己的财富大厦添砖加瓦。

（3）“等我有了钱再理财”

理财要从现在开始。其实，没有多少钱也可以理财，哪怕是开始时投资少一点，积少成多，终究也能成为大数目。所谓“等有了钱”，好像是

说现在没有钱，但只要你有工作、有收入，都可能有节余的资金。如果一味地等将来有钱，那么，将来是什么时候呢？将来有多少钱才算有钱呢？

(4)“会理财不如会挣钱”

这种想法很多人都有。一些年轻人这样认为：我多赚一点钱，不会理财也无所谓。当然，如果你有足够高的收入，而且你的花销不是很大的话，那么你确实不用担心没钱买房、结婚、买车，也不用担心意外风险的出现，因为你有足够的钱来解决这些问题。但是这样你就真的不需要理财了么？要知道，理财能力跟挣钱能力往往是相辅相成的，一个有着高收入的人应该有更好的理财方法来打理自己的财产，为进一步提高你的生活水平，或者说为了你的下一个“挑战目标”而积蓄力量。

2. 理财常识的误区

买基金、炒股票、购黄金、投保险，很多投资者都是抱着美好的意愿开始，但最后可能会落下一身伤痛。“都说得那么好，我怎么没赚到钱呢?”仔细审视，或是被误导，或是自己有误解，从而走进了理财常识的误区。

(1)“保险是银行储蓄的替代品”

退休员工老朱到银行办理业务时，某保险公司的业务员热情地向他推荐一款万能险，称公司为答谢老客户，特设了一种储蓄型的终生寿险，每份每年只需交5000元，连续交3年便可自由存取，此险种的性质类似于储蓄并有高额利息。“3年后还可获得1万元的生命保障。”在这位业务员的误导下，老朱购买了一份保险，已连续交了2次保费，共1万元整。

但前几天，这家保险公司突然派了两名业务员对老朱进行上门回访，并解释说，近期公司接到很多投诉，所以派他们上门解释该保险的真实内容。他们还告诉老朱，必须连续投保10年才能拿回本金，中途退保损失很大。

出现这种情况的原因来自双方。一些保险业务员为了得到业务佣金，常常误导消费者买并不适合自己的险种，老朱正是属于此种类型。因此，我们到银行办理保险业务时，应该清楚以下两点：第一，银行保险产品的经营主体仍是保险公司，保险公司承担保险责任，银行只是代理销售机构；第二，购买银行保险产品时要着重了解它的保险功能，不宜将银行保险产品与银行存款、国债进行简单、片面的比较，更不能把它作为银行储蓄的替代品。

为了避免出现上述例子中的情况，我们在购买理财产品时应该做到：首先，投保前应仔细阅读保险责任，了解准备所购买产品的保障范围是否能满足需要。对于期限较长、要分期缴纳保费的产品，需确认有足够、稳定的财力支付保费。其次，银行保险产品都规定有犹豫期（收到并书面签收保险单起的 10 日内）。在犹豫期内退保，可以取回全部已缴纳保费，保险公司仅扣除少量工本费。一旦错过了犹豫期，保险公司就会收取高额的退保费用，因此，投保者最好不要轻易退保，尤其是两年之内退保是最不合算的。如果在此期间，由于种种原因一时缴不起保费，其投保人可以利用减额缴清。

(2)“买金首饰可当黄金投资”

王山到外地出差，一口气买了好几条铂金项链和其他金首饰，分别送给妈妈、妻子还有姐姐。除了向亲人表达自己的一番心意，他还有另一层打算：不赚钱咱就拿金子压箱底留给孩子，这玩意可是睡觉了都让人安心的硬通货。

这也是一种误区。不错，有关通货膨胀的预期会燃起老百姓对黄金投资的热情，相比于其他投资理财方式，黄金投资成了时下百姓预防通货膨胀风险的“避风港”，于是“黄金首饰热、金条脱销”等词汇频频出现。但说起黄金投资，很多老百姓最先想到的是购买金饰品。事实上，装饰性实物金不具有真正意义上的黄金投资性质。黄金饰品变现出售时，即使是全新的饰品，也只能按照二手饰品来对待。同时，其加工成本带来的较高溢价以及回购不便而导致的流动性欠佳，投资者购买此类实物金并不能充分享受金价上涨带来的收益。

为了避免这个误区，我们就应该了解：当前我们通称的黄金投资主要是指实金投资和纸黄金等。其中，实金投资是指买卖金条、金币等，虽然有时也仅是记账，并不提取实物。纸黄金则以账面记录为主，通常并不和实物打交道。真正作为投资性的金条应当是通过交易所、银行、经纪人等出售按照规定标准制作的金条，其价格和交易所金价直接挂钩，只收取少量的手续费，而且有适当的回购措施，购买者容易变现。相对实物金，纸黄金交易更为方便快捷，交易成本也相对较低，获利空间更大。

(3)“预期收益率是理财产品的标准”

宋太太经过某股份制银行时，看到其门口挂着巨大的横幅：火热发售QDII产品，最高收益30%。宋太太经不住诱惑，走进这家银行，购买了10万元该产品。后来，宋太太从报纸上得知，有数家银行理财产品出现了“零收益”，她买的那款很不幸也在其列。宋太太找到银行询问，工作人员告诉她，预期收益率是根据过往市场情况测算出来的，但不代表未来的实际收益率。

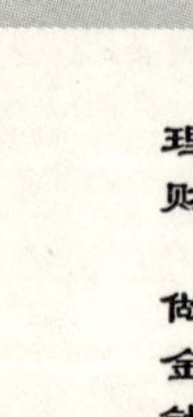

出现这种情况，是因为宋太太对“预期收益”的理解有误区。按照银行监管部门的要求，除了银行储蓄以外，其他多数理财产品均要用“预期收益”来表示。有些产品主要投资于稳妥型产品，所以实际收益基本等于预期收益。但不是所有的预期收益都能实现，很多时候，预期收益与实际收益不相符。尤其是理财市场火暴时，很多银行将QDII、打新股等风险相对较高的理财产品预期收益率比赛似的往上抬，以吸引投资者眼球。

为了避免这种情况的发生，我们就应该明白：银行推出的理财产品预期收益一般有一个收益区间，比如4%～15%。某些银行在进行产品营销宣传时便直接说“最高收益15%”，以达到吸引客户的目的。其实这种高收益仅是一种可能性而已，要真正达到这一收益水平并不容易，如果产品的运作水平得不到保证，那么“最高收益”就成了空话。比如，在新股发行数量减少、中签率较低的情况下，“打新股”理财产品实现最高收益的可能性极小。所以，购买银行理财产品时不要只看“最高收益”，还应对投资的方向进行分析，并且要留意“最低收益”是多少。

(4)“基金净值越低风险越小”

老巴退休后，开始玩起了股票，还买了一些基金。他买基金有一个特点：只买新基金，不买老基金。老巴认为，新基金比较“便宜”，买的份额又多，赚钱多；老基金净值高，“太贵”了。同时，他还有一个特点：一旦感觉手中基金净值过高，就认为没有上涨空间了，赶紧赎回另买新基金。

显然，老巴陷入了一个误区。净值恐高是典型的“菜鸟基民”心态。相当多的投资者只有当银行推出新基金时才购买，有些人甚至为了买新基金，把收益良好的基金卖了，这是典型的盲目投资行为。事实上，基金净值的含义与股票价格不同，基金净值代表相应时点上基金资产的总市值扣除负债后的余额，反映了基金资产的市场价值。投资基金收益的高低与买入时基金净值高低并无直接关系，真正影响投资者收益的是该基金管理人的投资管理能力。

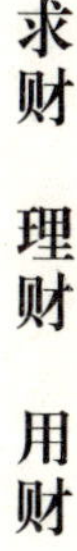

为此，我们应该认识到：在相同的情况下，基金净值高说明该基金投资收益高，基金公司管理水平优异，以及基金经理投资能力强。其实，基金不存在净值上限的问题，相信随着时间的推移，表现优异的基金会不断地创造出基金净值的新高，如果因为净值高就不买，投资者就会损失十分宝贵的投资机会。

3. 投资理财的误区

利滚利，钱生钱。这是投资理财的动因和目标。可是，为什么你觉得自己的投资非常完美，到头来却总赚不到钱呢？下列这些误区，可能是其原因。

(1)“投资房产最安全”

投资房产并非最安全，因为房地产市场也是波动的，同时也受物价因素的影响。例如，大刘和大王分别花 40 万元买了一套房子后又先后卖掉。在大刘卖房子时，当时有 25%的贬值率，所以大刘卖得 30.8 万元，比买价低 23%。大王卖房子时，物价上涨了 25%，结果房子卖了 49.2 万元，比买价高 23%。几乎 60%的人都认为大王做得最好，而大刘亏了。但事实上，大刘是赚钱的，考虑通货膨胀因素，他所得的钱的购买力增加了 20%。

(2)“房产是最直接的赚钱方式”

近年来房价一度狂涨，令人措手不及，因此房产投资成为一大热点。面对租金收入与贷款利息的盈余，不少房主为自己的“成功投资”沾沾自喜。然而，在购房时，很少人会全面考虑其投资房产的真正成本与未来存在的不确定风险，而只顾眼前收益。其实，在现今情况下，房地产的高收益不过是短期行为，在贷款投资的情况下，未来的前途非常不明朗。

(3)“定期定额的基金收益率一定高”

定期定额是许多基金公司宣传的一种懒人理财法，在他们的算式中，每个月存入1000元，在40年后退休时，你就可以拥有100万元的退休基金。其实这种模式是建立在理想化年收益的前提下的，按照经验，投资定期定额，大多只能做到保本而已。

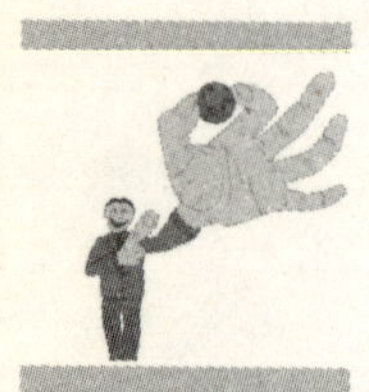

(4)“新股最好赚钱”

因为投资股票非常复杂，所以许多人热衷于新股的炒作。实际上，新股真的就不败吗？翻一翻前几年的新股就可以发现，很多上市后定位在30元左右的小盘股最后一路下跌，直至不到10元的价位，绝大多数新股都遭到了夭折的命运。可见，不管是新股还是老股，其风险性是一样的。

4. 银行理财的误区

银行理财是理财的第一站，但银行理财也需要技巧。如果存在以下误区，就会得不到应有的收益。

(1)“国债一定比储蓄合算”

多年来，国债利率一直高于银行存款，就算提前支取的利率也与同期银行储蓄相当。但近几期凭证式国债，不但到期利率接近同期银行储蓄，而且提前支取的收益也大打了折扣，并且还要交纳手续费。所以有短期投资意向的居民还是考虑银行定期储蓄会更为合算。

(2)“储蓄收益与存期成正比”

人们通常认为，储蓄存期越长，利息收入也就越高，但对于小额外币存款而言并没有这么简单。一年期内，央行定上限；而两年期存款利率，则完全由商业银行自主确定。只要处于外币加息周期，那就很可能出现两年期利率反而没有一年期利率高的“利率倒挂”现象。

(3)“银行卡存款都有利息”

在多数人的印象中，银行储蓄的原则是存款有息，但贷记卡却不同，此卡的主要功能是用于信用消费，持卡人可享受循环透支消费，但在贷记卡上存储现金是不计算利息的，甚至当你提取现金时，还要支付高额的提现手续费和贷款利息。

(4)“储蓄外汇不如购买理财产品”

过去，由于境内外汇存款利率太低，人们往往不愿意选择外汇储蓄而购买外汇理财产品。但经过连续多次升息后，外汇存款与外汇理财产品的利差在逐渐缩小。商业银行看准外币利率升息趋势后，又相继推出了优利存款、协议存款等形式的外汇储蓄，其收益率完全可与银行的外汇理财产品相抗衡。

(5)“银行的宣传资料最重要”

很多理财产品着重宣传最高回报率，实际上这是在最乐观的情况下获得的一种可能的回报，而实现的可能性还要视投资情况而定，不能兑现也没有人会负责。例如，银行的各种宣传资料中常出现“半年收益率 2.5%”的字样，但实际上 2.5%只是年化收益率，产品的实际收益率要打五折，只有 1.25%。我们千万要留意，除非特别表明是“总收益率”。

女性理财的误区

在当今社会，你是一个美女、才女还不够，想做一个独立自主的现代女性，你还得是一个财女——高财商的女性。你不仅要懂得赚钱，还要懂得理财，学会投资，为自己计划一个安全美好的未来。因此，你必须消除对理财的误解，重新审视自己的理财能力。

据一项调查显示，20～50岁的女性最想拥有的是“财富”，而过去10年最后悔没做的一件事情则是“没有做好理财规划”。可见，女性对理财具有强烈的意愿和参与意识。为此，作为一个已经成为或将要成为家庭主妇和财务总管的女性，你不仅要学会如何理财，也要了解哪些误区会影响你的理财活动。

1.“家财求稳第一”

由于受传统观念影响，大多数女性不喜欢冒险，她们的理财渠道多以银行储蓄为主。这种理财方式虽然相对稳妥，但是现在物价上涨的压力较大，存在银行里的钱弄不好就会“贬值”。在新形势下，每一位女性都应更新观念，转变只求稳定、不看收益的传统理财观念，积极寻求既相对稳妥、收益又高的多样化投资渠道，比如开放式基金、炒汇、各种债券、集合理财，等等，以最大限度地增加家庭的理财收益。

2.“干得好不如嫁得好”

一些女性往往把自己的未来寄托于找个有钱的老公，平时把精力都用在穿衣打扮和美容上，却忽视了个人创造、积累财富能力的提高。俗话说，伸手要钱，矮人三分。许多女性凡事都依赖老公，认为养家糊口是男人天经地义的事情，但长此以往，必然会受制于人，女性在家里“半边天”的地位就会发生动摇。所以，作为现代女性，应当依靠为自己充电、掌握理财和生存技能等方式，自尊自强，在立业持家上展现“巾帼不让须眉”的现代女性风采。

3.“理财由我丈夫说了算”

很多女性习惯于当被领导者，在理财上也是如此。她们一直以来都在让自己的配偶掌管经济命脉，因为男人都比较喜欢控制，而且不愿承认失败，这是男人的通病。但在理财投资上，由于他们大多是外行，失败比女人还多。失败了，女人往往会总结经验再来，男人又要面子又不承认失败，这对理财而言是最大的敌人。

如果女性不要求财权的话，这种不平衡状态就会永远持续下去。在你和你的配偶变换角色的时候，由于你的要求可能会在短期内使双方关系紧张，但坚持下去，你就会感觉大权在握。

4.“随大流可能避免理财损失”

许多家庭妇女在理财和消费上喜欢随大流，常常跟随亲朋好友进行相似的投资理财活动。比如，听别人说参加某某集资收益高，便不顾自己家庭的风险抵御能力而盲目参加，结果造成了家庭资产流失，影响了生活质量和夫妻感情；有的女性见别人都给孩子买钢琴或让孩子参加某某高价培训，于是不看孩子是否具备潜质和是否爱好，便盲目效仿，结果最终收效甚微，花了冤枉钱。

5.“会员卡消费能节省开支”

女性对各种会员卡、打折卡可谓情有独钟。许多情况下，用卡消费确实省钱，但有些时候用卡不但不能省钱，还会适得其反。有的商家规定消费必须达到一定数额后才能取得会员资格，如果单单是为了办卡而突击消费的话，就不一定省钱了。还有一些美容的会员卡，以超低价吸引你缴足年费，可事后要么服务打了折扣，要么干脆人去楼空，让你的会员卡变成废纸一张。

6.“把钱存在银行里最安全”

许多女性以为把钱存在银行里最安全，其实，把钱存在银行里看似没有风险，却是最大的风险。

甩掉这种想法非常重要，因为死守钱财不放才是最不保险的。如果储蓄利率是2%，而通货膨胀率是4%，你的购买力每年都损失2个百分点，这表示100元钱一年后实际只剩98元。

长期以来，投资者在股票上得到的利润远远多于其他渠道。比如，美国股票市场从1947年到2006年，每年增长比率是12.6%。虽然没有人能保证股市在将来也能创造同样的利润，但是任何有长远目标的人都不应该忽略这一渠道。

一旦女性懂得如何减少投资风险，她们就和男人一样有着成功的机

遇，有时甚至机遇更多。懂得了投资技巧，你便能增强自信心，也能够增加自己的独立性。

7. “我没有打理的时间”

很多妇女持这样的认识：我有这么多的责任、任务，根本就没有多余的时间。但是如果你拒绝掌握你的经济命运，那么别人——政府、税务局、银行、保险公司、券商、房地产商甚至亲友和丈夫会替你掌管，你要知道上面罗列的单位可是你人生理财一盘棋的对手，你不下棋，他们可不会闲着，他们会惦记着从你的口袋里多赚几个，你还能指望他们全心全意为你服务吗？要想美梦成真，就取决于你自己了。

其实，掌管钱财并不像你想象的那么费时，而且到处都可以找到帮手。个人理财网站及财务类报刊都会教给你一些储蓄、花费和投资的基本知识；也可以参加独立的理财讨论会，或听一些理财讲座；还可以让你的朋友介绍其信任的投资专家或理财专家给你。

8. “理财很容易”

许多妇女把理财看得过于简单。虽然理财比你想象的要简单，但投资却比你认为的要复杂。了解自己家庭的财务状况并不难，但真正要把家中钱财打理好，让资产的收益率超过通货膨胀率可不是件容易的事。因为现代的金融世界和原来大不一样了，在安全的前提下发现好的投资机会，变得越来越难，这就需要借助外脑，让专家帮忙。当然，即使你有最好的理财专家，决定权还是在你自己手中，你要了解足够的投资知识来决定是否采纳他们提出的建议。

白领一族的理财误区

我们知道：理财规划对于人生非常重要，一些人生过程中难以避免的财务危机，完全可以通过合理的理财方式来避免。虽然越来越多的人已开始关注理财，但大多数人对于理财还是比较盲目的，这其中也包括平时收入尚可的白领一族。

有这样一个故事，故事的主人公是一对40多岁的夫妇，他们收入稳定，没有小孩，属于典型的都市白领阶层。妻子原是某中学的一名教师，丈夫是某报社的一名编辑，而且喜好写作，有额外的稿费收入。

这原本是一个幸福的家庭。然而天有不测风云，2005年，妻子患了癌症，两年后，丈夫也在单位体检中被查出得了癌症。为了治病，他们自付的医药费已近40万元，几乎是他们所有的积蓄。

夫妻俩以前只买过养老保险，没有买重大疾病保险。在两人生病期间，夫妻每月自付医药费高达7000～8000元，而他俩每月只有1800元的病休工资，加上还有29万元的房屋贷款尚未归还，家庭陷入了严重的财务危机。

在这个故事中，这对白领夫妻的境遇是令人同情的。但是，试想一下，如果当初他们理财得当、考虑全面，发生这样的不幸是完全可以对付的。由此可见，他们陷入了一种理财误区，没有做好人生规划。

其实，像这对夫妻一样的白领阶层大有人在，他们普遍存在的理财误区包括以下方面：

1. 糊涂生活

在发达国家，“银发生活”是指一些有钱的老人，尽情地环游世界，过着他们想要的生活。而在中国，有许多白领一族年轻时不懂理财，退休后却用着他们毕生赚来的养老金在股市中搏杀，结果资产大大缩水，随后也就糊里糊涂地生活，生活质量大打折扣。因此，对于白领一族的你而言，当拿着别人羡慕的收入，你有没有想过，有一天或许会面临失业，原先赚的钱是否足以养老？当突发事件突然来临时时，糊涂的人往往会陷入困境。

因此，你应该意识到：理财是一种全面的人生规划，首先必须设定理财目标，然后请专业理财师按照你目前的资产状况、收入水平、家庭情况及社会发展等诸多因素来确定合理的理财与生活方式。这其中包括教育规划、养老规划、投资规划、风险管理规划、税务规划、遗产规划，等等。只有这样，才可以保证整个人生稳定的生活质量，老而无忧。

2. 透支健康

现在有很多人是今天用健康换金钱，明天用钱买健康。在日趋激烈的竞争环境中，越来越多的白领阶层面临着工作的压力，小病拖着不看，以致生大病后引发财务困难。

因此，作为白领的你应该注意投资健康。投资健康亦是一种投资，锻炼、必要的营养补充与劳逸结合构成健康投资的三要素。适度的休息是为了明天更好地工作与生活，千万不要透支体力与生命。

3. 保险障碍

在保险市场迅速发展时期，出现了许多保险代理人。由于代理人队伍素质的良莠不齐，使得许多市民对上门推销保险者嗤之以鼻，由此也产生了两种极端的保险障碍：要么一概不买，要么照单全收。

为此，你应该做到“有效保险”。保险的目的归根到底是将自身的风险进行转嫁，保险的缺口通常是不能工作时所需资金与现有个人资产之间的差额。因此在购买保险时，应充分认识自己或家庭的最大风险是什么。如果你是一名教师，单位离家很近，很少出差，那么航空意外险显然是不合适的。

购买保险时，在认清风险的同时，还需要考虑保险支出占家庭收入的比重，保险费一般以不超过家庭总收入的15%为宜；保险金额根据具体情况而定，家庭收入稳定的，保障额一般可控制在年薪的6～7倍。

4. 过度投资

现在，房产市场的红火造就了不少富翁。在财富效应的驱动下，有些投资者开始举债投资，购买多套房子以期增值，于是出现了许多“负翁”。但日本、香港房产泡沫的历史教训告诉我们：超负荷的过度投资，往往是财务危机的罪魁祸首。

因此，要“控制债务”。用明天的钱圆今天的梦的思想固然很好，但要有个度。一般而言，家庭债务的合理比例应控制在家庭总收入的50%之内，否则，一旦市场波动或家庭发生意外的话，破产的可能性也将增大。

5. 单一投资

如今，市场上的理财产品名目繁多，一些白领听到预期高收益率的产品，便一哄而上争相购买，却没有关注它的风险。遇到市场变化，如股市不好，则马上“谈股色变”。于是总有人在问，现在有什么可投资的？他们往往会将资金投向单一的投资领域，一旦发生投资风险，财务危机随之产生。

因此，要注意“投资组合”。天下没有免费的午餐，高收益的理财产品往往蕴涵着高风险。投资安全的产品（如存款）也存在着负利率的风险，因此，在做理财规划时，要根据自身的风险偏好、风险承受能力、年龄、收入、家庭状况等，兼顾收益与风险来构建一个高效的投资组合，以此获得稳定的收益。

投资股市的误区

近年来，股市利好消息不断，好多投资人斩获甚丰。在牛市的刺激下，有些人变卖、抵押家中财物，甚至通过高息借贷的方式筹款入市。由于欠缺法律知识，又忽略风险防范，容易陷入投资理财误区。

如果你手头有几十万元打算投资，你会怎么做？有很多人会说，现在股市见底了，投资股市必定捞一把。可是，投资结果如何呢？不排除少数人投资收益很好，有些人甚至取得了100％以上的收益。但更多的说法是：我10年前开始用10万元投资炒股票，曾赚到100万，可现在连5万都不到了。

为什么会造成这样的结果呢？一言以蔽之，他们对投资股市心存这样和那样的误区。事实证明，投资的误区有多少，理财的损失就有多少。

1．“有担保就有保障”

马先生欲委托某咨询公司理财，但该咨询公司要求马先生将资金划转到理财公司指定账户。为让马先生放心，咨询公司又让一担保公司担保，三方签订合同后，马先生放心地将钱打入咨询公司指定账户。但后来股市大跌，投入股市的资金大幅缩水，马先生要求咨询公司和担保公司兑现合同约定的收益和退回剩余资金，但该咨询公司一直以种种理由拖延，担保公司也拒绝担保，最后咨询公司“人间蒸发”。

马先生咨询后才知道：需经法院判决咨询公司无力承担赔偿才能要求担保公司承担担保责任，因为担保公司承担的是一般担保责任，而不是连带担保责任。三方在合同中约定：如果产生损失，在咨询公司不能赔偿的情况下，担保公司才给予赔偿。这样，马先生可能要经历两起诉讼（分别诉咨询公司和担保公司）才能获得担保公司的赔偿。另外，咨询公司的失踪给诉讼和维权带来重重障碍，马先生感到金额不大、工作又忙，诉讼得不偿失，无奈只好放弃。

表面上，委托理财虽然有担保公司担保，但受托公司利用客户法律知识的欠缺，在委托合同中设立了不少"坎"来保护自身和合作方担保公司，一旦出现损失，这些合同条款有利于帮助其摆脱或减轻法律责任，加重了客户追讨的难度，最终让客户承担了损失。

2."预收保证金就可以弥补损失"

孙太太通过朋友认识了一投资公司王经理，王经理自称有内部消息，保证孙太太一年内可在股市获利20%以上，承诺如亏损由投资公司承担，并且可以先向孙太太股市账号打入部分钱款作为保证金。孙太太感觉没有任何风险，就签订了委托理财协议。但后来买入的股票赔了，孙太太提出终止合同，收取保证金来弥补损失。但对方不同意终止合同，说保证金是保证继续购买股票获取收益的，不是赔偿金，孙太太不能收取。孙太太这才恍然大悟，但损失已无法弥补。

这是一起典型的理财公司利用客户的信任和预先设计好的委托合同侵害投资人的利益的案例，如果产生利润，理财公司分得利润，如果亏损，则利用合同规避法律责任，不承担损失。

3."理财收益可保底"

陈某因理财亏损将某证券公司诉至法院，要求证券公司按照委托合同中的保底条款支付68万元和利息。法院经审理，认定该条款违反禁止性规定，为无效条款。陈某败诉，还承担了诉讼费，损失较大。

相对来说，规模大、正规的基金公司和证券公司运营比较规范，但委托理财合同的条款拟订不好，也同样存在法律风险。部分理财公司为吸纳更多客户，在委托理财合同中设立"保底条款"，即保证客户的最低收益，但实际上，这样的条款是无效条款。我国《证券法》第143条规定，证券公司不得以任何方式对客户证券买卖的收益或赔偿证券买卖的损失作出承诺。

该规定属于禁止性规定，一旦产生争议，法律将很难维护客户的利益，有的理财公司也会借机逃脱责任。

4. “短线投资可以暴富”

程彪和妻子都有稳定的工作，经济情况相当不错。这两年，程彪看到一个朋友在股市赚了不少钱，心头直痒痒，两口子一合计，决定拿出几万元钱投资股市。入市后，程彪夫妇听人风传某只股票有变动就投进去，不见动静又快速撤出，这样反反复复多次，但一直没有赚到钱。

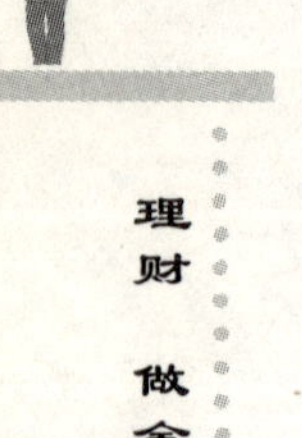

其实有不少像程彪这样的投资者，乐于短线频繁操作，以此获取投机差价。这种类型的投资人希望“一夜暴富”，但多数血本无归。

投资人要正确评价自己的性格特征和风险偏好，在此基础上决定自己的投资取向及理财方式。例如，若在银行工作，每天都可以接触到最新的金融信息，就可以发挥自己信息灵通的优势，选择激进型投资方式，从事股票、外汇买卖等。若对经济了解不多，性格又比较稳重，则应避开激进型投资方式，选择风险较小的国债、投资基金。如果夫妻俩都有稳定的工作，可以做一些长期的规划，选择一些投资收益稳健的产品。根据年龄、收入状况和风险承受能力合理分流存款，使之以不同形式组成个人或家庭资产，才是理财的最佳方式。

投资基金的误区

买基金是继炒股之后的又一时尚理财方式，前几年，确实有人从中发了大财。由于买基金产品比较方便，加上银行宣传单上的说明，使许多人把它当做一条致富捷径，殊不知，由于你的认识和知识有限，你可能已陷入了其中的误区。

投资基金，并不像有些银行宣传单上说明的那样，是没有风险的投资，是可以保本、收益又高于很行存款的一样理财方式。实际上，买基金亏损的也大有人在。为了避免出现这样的情况，一定要规避相关的错误认识。

1. 投资基金五忌

投资基金，要注意哪些认识是应该端正的，哪些方法是应该改变的。其中有五个方面要特别警惕，简称“五忌”。

（1）秉持炒股思维

大凡进入基金市场的新秀都是由股民转变而来，其思维的典型表现有两种：第一种，不是自视过高，就是有轻微的臆症，看着K线，就断定自己有低进高出的非凡才能；第二种，赚了就跑。

买基金与炒股是两种不同的理财方式，秉持的心态也应不同。特别是投资开放式基金，宜逆炒股思维而行。其依据的基本理论是：假使你有类似索罗斯那样的神话般的能将股市中高抛低吸的手段玩弄于股掌之中的天才，建议你坚决不进基金市场。

（2）依赖自己的直觉

相信直觉，想当然地认为某个基金一定会赚，这是不负责的。成熟的基金投资者应该具备一定的基金投资知识。不要轻信基金公司的夸夸其谈，不要相信基金公司收益率的所谓承诺，在投资基金产品之前，应对基金管理公司有一个尽可能深入的了解。如果你自己不是专家，那么一个笨拙的办法是：看一下基金管理公司的股东，尽可能想办法多知道这些股东的情况——其中最重要的，是他有没有违法违规的“劣迹”。还有，查阅一下该公司旗下其他基金的历史业绩，看看是否稳健，如在开放式基金累计净值排名中有没有大起大落。如果你相信世界经济总体趋势向好的话，那么，基金长期有较好的表现——寄希望于它能“跑赢”股市大盘，是我们投资基金的一个非常重要的理由。

（3）不计投资风险

投资基金，不要指望百分之百地全赚，要有风险意识和心理准备。生命学家认为，无论在什么处境下，生命始终充满着风险。同样，在成为投资者之前，你一定要明白一个道理：任何投资都有风险，即使是把现金存入银行，也有贬值的风险。不同风险的可能存在不同的发生概率，但发生的可能性始终存在，任何人都不能保证任何投资只赚不赔。所以，在大的方面，你要先考虑你对风险的承担能力。终极原则是：以投资“全损”不至于精神错乱，或“跳楼”、离婚为底线。

（4）投资过于集中

投资基金，太分散了不利于管理和收益，但也绝对不可以集中投资某一种产品。如果你不是一个极端的风险爱好者，那么你一定相信这句话：不要把鸡蛋放在一个篮子里。意思是说：如果那样做了，有可能你摔了一跤，整篮子鸡蛋就跟着一起完蛋了。投资适当分散，是避免风险集中的重要办法。首先，选择不同的基金管理者；其次，选择认购、申购不同的基金品种。有的学者把不同基金品种按风险的大小大致上进行了排序：货币型基金、债券型基金、混合型基金、股票型基金，你可以作为参考。

（5）投资后不闻不问

开放式基金投资固然要有绝对的中、长线投资的思维方式，但这并不意味着你可以对它不闻不问。情况是在不断地变化的，要使自己的思想适应已经变化了的情况，就得不断学习。你应该将关心基金每天的净值升跌放在次要位置，转为细致观察你的基金投资组合、基金投资策略的改变。还有，基金的运作不是基金经理个人的投资行为，关注基金管理公司比关注经理、净值更加重要。

2. 投资基金的误区

投资基金的误区，主要体现在以下几个方面：

（1）只买新基金

相当多投资者只有在银行推出新基金时才购买，有些人甚至为了买新基金，将涨得多的基金卖了。新基金发售时，银行门口火暴的排队场面似乎也证明了这种行为的正确性。但这是典型的盲目投资行为。

开放式基金每个交易日都开放申购，没有稀缺性，在基金新发之后仍可以买到。新基金没有过往业绩，投资策略可能没有经过实践检验，而且大多由新基金经理管理，投资者无从判断其管理能力的优劣。此外，新基金建仓时间较长，在建仓期间如果市场上涨，基金净值涨幅将低于同类基金。另一方面，投资者可以研究老基金的过往业绩，分析其业绩表现的优劣、是否具有持续性，作为投资依据。

（2）以净值高低作依据

将基金份额净值的高低作为投资的依据是基金投资的另一误区。在相同情况下，基金份额净值高是基金业绩表现优异以及基金经理管理能力较强的表现。基金的上涨空间取决于股票市场的总体表现和基金公司的管理能力，与基金份额净值绝对值的高低没有关系，也不存在净值的上限和上涨空间的问题。

中国基金业还相对年轻，2006 年是中国开放式基金业经历的第一个大牛市，净值最高的基金份额净值也才超过 3 元。而美国富达基金管理公司旗下的麦哲伦基金成立于 1963 年，已运作了约 44 年，2005 年 4 月底的净值曾达到 114.96 美元，约近 800 元人民币。虽然 2007 年基金市场波动较大，随着时间的推移，国内表现优异的基金会不断创出基金净值的新高。投资者枉自估计基金净值上限的做法，事实证明是失败的。

（3）大盘涨了，就应赎回

大盘涨了，手中持有的基金净值也涨了，就应该赎回。这是一些基金持有人的认识误区。虽然“低买高卖”是股市中股票投资者应遵循的赢利原则，许多做股票短线的投资人也是习惯于在上涨趋势良好时便进行抛售，这样做，一方面是为了及时套现，获得既得收益，另一方面也是为了避免因为股价下跌而带来的风险。但这样的股票操作手法，也套用在投资基金身上，就大错特错了，因为基金投资是一个长期的投资渐进过程，在这个过程中，基金的净值会随着市场的波动而波动，它的投资收益不可能一步到位、立竿见影。

（4）过分注重基金发行规模

从基金产品上来讲，每一种基金，按照市场的深度与广度、基金品种的特点与投资工具、公司的运营管理水平，单只基金应有它合理的规模。

多大的规模适合自己公司的投资、适合股票市场的容量、为投资人带来领先的收益，这需要根据基金公司的发展目标和自身的投资管理能力来决定。如果基金公司盲目追求发行规模，最终只会损害投资者的利益。诺安基金公司就明确提出，发行基金产品，更重要是做出业绩，树立品牌，而不应盲目追求发行规模。

（5）只看净值，不看基本面

一种基金的未来业绩增长潜力，主要来自于基金管理人管理和运作基金的能力，特别是基金配置品种的持续增长潜力。而要做到这些，还需要基金管理人建立科学的投资组合体系和跟踪评价体系。投资者若仅以净值的高低作为判断基金优劣的标准，而不研究和分析基金定期报告，不了解基金持仓品种的变化，也难以挑选到好的基金。

（6）多买基金以分散风险

有的投资者为了分散风险，就买多种基金。例如，张女士平时工作非常忙碌，她希望投资股票市场，但苦于没有时间，于是她接受了别人的建议：购买开放式基金。2006 年，她陆续购买了银行发行的所有开放式基金，每只基金购买 5000 元，累计购买了 10 只基金，共 5 万元。张女士的投资理念是，每只基金都不多买，每只基金也不错过，不同类型的基金可以分散不同程度的风险。结果一年下来，她的平均收益率为 10%。10%对于投资者来说也算是比较不错的成绩了，但是考虑到 2005 年开放式基金的整体成绩，张女士的投资仍不算成功。

张女士的失误在于对基金品种不加筛选。不同的基金品种适合不同的人，像张女士这样不愿承担较高风险的，应以平衡型基金为主，适当匹配偏股型基金，基金品种不应超过 4 个。此外，为规避单一投资带来的风险，投资开放式基金可以采用定期定额购买基金的投资方式，也就是每个月以固定的金额购买基金，这样不管基金净值如何波动，投资者都在购入，从而将基金的风险进行了分摊。

购买保险的误区

购买保险也是理财的一种方式。它既可以让财产增值，也可以避免财产的损失。它重在“保障”，分散风险，风险不存在了，财富也就永远属于自己。可是，买保险也是一门学问，许多人只是一知半解。

在保险市场完全放开后，中国的消费者第一次面对如此多的保险公司、如此丰富的产品，到底怎样选择呢？大多数人可能心里并没有一个准确的认识。认识不准确，购买保险存在误区也就在所难免。

1．“买保险就保险”

中国的保险公司起步时大多为国有性质，曾有人将保险业务员等同于国家干部，给消费者形成了保险公司有“国家作保证”的印象。于是，消费者在购买保险时，往往对保险公司不设防，毕竟我国还没有保险公司破产的先例。

随着中国保险市场的全面放开，保险主体迅速增加，按照入世承诺和市场经济的发展，市场竞争将不可避免，而竞争的最终结果就是优胜劣汰。除竞争外，管理不善也会使保险公司陷入困境。保监会正着手建立保险保障基金，为保险公司可能出现的破产做准备，这反映出保险公司经营的风险性。其实，美国从 1989 年开始就有大批保险公司倒闭，而日本互助生命保险公司 1997 年宣告破产，结束了日本保险公司不倒的神话。因此，那些经营不善、缺乏竞争力的保险公司最终破产也不是不可能的事情。

在这种情况下，消费者购买保险时，对保险公司要有风险防范意识，不仅要考虑产品和服务，还要对保险公司的前景进行判断，分析其经营策略、股东组成等情况，选择那些经营稳健的、能长足发展的公司。传统寿险等长期寿险要几十年后才能给付，更要风物长宜放眼量，做足事前功夫。一旦保险公司资不抵债，甚至破产，消费者虽然不会因此受损，但不免要大费周折和时间。

2.“外资保险更合适”

保险市场开放最让人关注的就是外资保险公司的大举进入，这让一些消费者充满了期待和神秘感。人们对外资保险的期盼是与对部分中资保险的失望分不开的，过去几年中，少数保险公司的一些行为动摇了部分消费者的信心。基于对其他外资企业的印象，消费者有理由相信：外资保险公司会提供更好的保险产品和服务。在这种心理的驱使下，外资保险公司的业务增长速度，远超过中资保险公司。但是，期待心理很容易引发盲从行为，从而出现不理智消费。

中国保险市场还处于发展的初级阶段，大多数人需要保险提供风险保障功能，如养老的传统寿险、针对疾病的健康险等。而新开业的外资保险公司表现出较强的取舍性，产品比较单一，以投连、分红等投资型险种为主，目标消费群为“中产阶层”。外资保险公司的高姿态还表现在销售人员的要求上，不少外资保险公司招聘营销员要求其有十几年的工作经验，年薪过10万元，培训后能为客户提供专业的理财规划。由此可见，外资保险公司“眼睛朝上”进入了市场，这是其在市场上站稳脚跟、打造精品公司的需要。投资型保险因人均保费高，可以迅速实现规模增长，在这方面，外资保险公司有着丰富经验，而内地市场由于投资型保险起步较晚，市场空间很大，投资型保险深受青睐也就不足为奇了。

相对来讲，中资保险公司经过十几年的发展，尽管产品仍存在针对性不强、同质化等问题，但产品体系已现雏形，在传统人身险、健康险等方面具有一定的特色。对等待选择保险的消费者来说，等待本身意味着风险的困扰和收益的损失，要尽快投保以防范风险。选择保险时，不要被“外资保险就是最好的”的想法所迷惑，要弄清自己需要的是风险保障还是投资收益。如果以风险保障为主，那大可从中资保险公司的产品中挑选传统保障型产品；如果以收益等为主，则要比较各相关产品的收益率、理财指导等因素，这样的保险才能发挥作用。

3. “价格低的保险最好”

保险市场放开了，竞争开始了，费率市场化成为趋势，产品价格将由统一走向多元化，保险公司为使产品更具竞争力，会拼命降低价格，从而引发价格战。而价格因涉及利益问题，会成为最能拨动消费者心弦的一根金手指，决定消费者对保险产品的取舍。

保险的价格具有间接性的特点，通常以提供的收益与保障表现。保费同为10元的意外险，保额为20万元比15万元者价格低；投资型保险收益率高的比收益率低的价格低。追逐利益最大化在市场交易中原本无可非议，但因为保险价格是非直观的，消费者购买保险时一定不要被表面的价格所迷惑，而要搞清其背后的条件，要把价格与其他因素放在一起衡量。例如，有的保险公司推出了保底分红险，承诺年平均保证收益2%，高于同业1.75%的平均水平。但是，收益是有条件的，客户必须持有保单满6年，否则会损失部分保底收益。此外，有的保险产品因责任范围不同，也会产生价格差异。

保险是产品和服务的综合体，消费者在比较价格的同时，不要忽视了服务。以健康险为例，保险公司选取哪些定点医院、是否每年提供体检服务、是否有疾病预防、干预措施等，这都不是简单的价格所能代替的。

用财 做金钱的会计师

第一章　做一个聪明的消费者

花钱需要技巧，也要防止陷阱。如何做到理性消费，全靠你自己。

现代家庭的消费观念

人类的一切活动都是受思想观念支配的，消费活动也是如此。消费观念不是一成不变的，而受许多因素的影响，在不断地改变。消费观念在受其他因素影响的同时，也深刻影响了我们的消费行为。为此，我们应该了解什么是消费观念，它对我们的消费行为到底有什么影响。

每一个家庭在安排消费项目时，总会秉持自己的消费观念。所谓消费观念，是指人们对待其可支配收入的指导思想和态度，以及对商品价值追求的取向，是消费者主体在进行或准备进行消费活动时对消费对象、消费行为方式、消费过程、消费趋势的总体认识评价与价值判断。根据经济学的理论，消费者消费观念的形成和变革，是与一定社会生产力的发展水平及社会、文化的发展水平相适应的。经济发展和社会进步使人们逐渐摒弃了自给自足、万事不求人等传统消费观念，代之以量入为出、节约时间、注重消费效益、注重从消费中获得更多的精神满足等新型消费观念。

家庭是一个最小的消费群体，也是最普遍的消费群体。家庭消费，应该从树立一定的消费观念开始。

1. 家庭消费观念的演变

家庭消费观念不是一成不变的，而是有一个不断改变的过程。消费观念的改变，一般经历三个时代。

（1）理性消费时代

在理性消费时代，由于生活水平低，消费者只是注重产品本身的质量，着眼于物美价廉，经久耐用。因此，产品的“好”与“坏”成为消费者购买的标准。此外，由于市场刚刚启动，生产企业和生产能力都很有限，而消费者的需求又极大，因而形成了供不应求的卖方市场，消费者的需求及欲望并不受生产者的重视。在生产者看来，只要他们产品的价格能够被市场接受，无论多少产品都能卖出去，根本不用担心消费者会有其他额外要求，因而生产者只是从企业自身出发力求产品标准化，提高效率，通过大规模生产来降低成本以获取利润，形成了一种重生产轻市场的“以企业为中心”的市场营销观念。此即“产品导向阶段”。

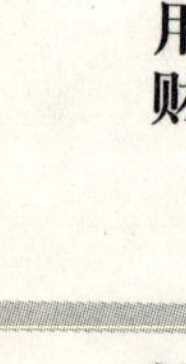

（2）感觉消费时代

在感觉消费时代，由于生活水平的改善和提高，人们的消费观念发生了很大变化，消费者开始注意同类产品在质量上的差异，并对创新的产品表现出极大的兴趣，他们宁愿花高一点的价钱去购买质量较高和比较新型的产品。“重品牌，重式样，重使用”，成为人们消费观念首先或主要的内容，因此，“喜欢”与“不喜欢”成为消费者的购买标准。对生产者来讲，生产再多产品也能卖出去的好时光已经渐渐消逝。随着工业化和现代化的发展，生产者的劳动生产率和产量迅速提高，这就使大量产品充斥市场，出现了供大于求的现象。买卖双方的位置也因此发生了显著的变化，市场状态由原来的卖方市场转化成了买方市场，买什么、买谁的、买多少都是由消费者在更大的选择范围中作出决策。所以，生产者的工作重点是用尽一切手段去刺激消费者购买自己的产品，使公司现成的产品能尽快地大量推销出去，成为“销售导向”阶段。他们花大力气成立专门的销售部门，或者不惜让批发商、零售商们分享利润，使用各种推销和促销手段，如广告、打折、赠送礼品、推销员上门游说等来达到目的，实现最大的销售量。至于产品是否真正符合消费者需要，消费者买后是否会后悔或觉得上当，则不予太多考虑。

在这个时代里，消费者的需求开始多样化，消费层次也越来越高了，生产者眼光也开始由生产向市场转移。在“销售导向”阶段，尽管生产者对消费者不得不刮目相看、敬若上宾，但由于这是种急迫的强销心理，因此生产者对消费者内心更为深层的需求还是处于一种漠然和忽视的状态，从本质上来讲还是属于一种“以企业为中心”的市场营销观念。

(3) 感性消费时代

在感性消费时代，随着社会的进步、时代的变迁，人们越来越重视心灵的充实，消费变得越来越挑剔，对商品的要求已经不再是质量、价格，也不再是品牌，而是商品是否具有激活心灵的魅力，在购买和消费过程中是否能够带来心灵上的满足。因此，“满意”与“不满意”成为消费者购买的标准。

在这个时代里，生产者的地位江河日下，一个空前严峻的课题摆到了生产者、批发商和零售商的面前，那就是市场竞争变得日益激烈，而消费者却变得越来越挑剔。产品的卖方不仅必须使其商品具有竞争能力，更重要的是要真正认清消费者的需求，根据顾客的需求来规划自身的经营活动，生产出符合人性需求的产品和服务，激起和满足顾客的欲望，把顾客作为整个市场活动的起点和中心，一切从顾客出发，一切为了顾客。市场由“销售导向”阶段转化为“需求导向”阶段，形成了一种“以消费者(顾客)为中心”的现代市场营销观念。

由此可见，消费观念与市场营销观念的演变是相互吻合的，需求导致生产，生产促进需求，两者随着人性需求的梯级式的变化而不断地相互联系、相互促进、共同提高和发展。

2. 消费观念对消费行为的影响

家庭的消费行为是受个人消费观念影响的。尽管消费行为的激发是商品本身的因素、品牌形象、消费者的主要消费动机及消费观念等各种因素综合作用的结果，但消费观念起着主导作用。具体说来，消费观念对消费行为的影响有以下方面：

(1) 对消费环境的影响

消费者的消费观念越前卫，对消费环境越没有太多的关注，对消费环境的要求也不高。可以看出，促进消费、提升消费观念必然使消费环境面临更为严峻的挑战，但环境的改善却是通过政府、企业和各界组织的努力才可完成的。

(2) 对消费场所、消费方式的影响

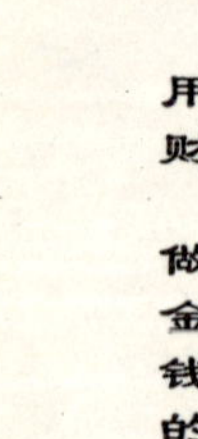

至少到目前为止，城市居民消费的主要场所是超市，其次为大型商场。选择超市是因为人们认为超市商品价格合适，且商品质量有保证，物品比较丰富，服务也比较周到，同时，物流频率高也保证了商品的新鲜程度和新产品的不断投放。大型商场选择较多，主要是认为它的服务和质量吸引人；自由市场、批发市场虽然价格低，但大多是流动性强的个体户，价格失真比较严重，且商品质量无法保证。据调查显示：有63.2%的居民选择价格，有25.1%的居民选择质量，有25.2%的居民选择购物环境。学历在大专以上者选择第一因素为质量、服务的比例明显高于平均水平，对价格的考虑则低于平均水平；在年龄段上，中年人选择的第一因素仍为价格，质量保证为第二因素，购物环境和方便程度则集中在老年和青少年群体中。

消费观念为节约型的消费者很少去专卖店或精品店购物，比例仅为12.9%，但选择去批发市场和自由市场的比率却是最高的；而具有提前消费观念的消费者，选择去专卖店或精品店以及大型商场的人数均超过一半，分别达到53.7%和55.2%，去批发市场和自由市场的比率均不及其他类型的一半。

(3) 对品牌偏好的影响

生活中不难发现，许多人以拥有名牌产品为豪，这说明人们崇尚名牌的意识是相当深刻的。调查发现，消费观念越前卫，消费者越倾向于喜欢和选择国际性的品牌。当然，也有保守的消费者根据价格、质量比而选择国内品牌。

（4）对未来预期和未来消费的影响

据调查统计，我国的消费者未来几年的主要消费，整体上集中在住房（51.3％）、子女学业（49.4％）、旅游（41.3％）三个方面，同时对汽车、金融、进修和家居装修等有部分的需求，其比率分别为22.9％、22.3％、27.9％和15.9％。消费观念越前卫，其在未来消费中住房、子女上学和家具装修的比重就越低，而在旅游、汽车、金融投资和进修等方面的比重就越高。节俭型和量入为出型的消费者在未来的消费主要还是住房和子女学业；而提前消费型在未来的消费中占比重最高的已经是旅游、汽车和金融投资。

3. 现代家庭的消费时尚

随着社会的发展和居民可支配收入的提高，人们的家庭消费观念正发生着日新月异的变化，很多新潮消费已成为都市家庭消费的新时尚。

（1）批发消费

如今利用休息日到购物场所成批采购的现象已不是新闻。批量购物有价格优势，也省力省时。工薪族乐此不倦，受益匪浅。

（2）反季消费

精明的消费者，利用卖家急于抛售季节性商品以回笼资金的心理，积极购进相对便宜的反季节商品。“夏天买棉冬买单”，经济实惠，省钱不少。普遍家庭多热衷于此。

（3）持卡消费

从“一卡在手，走遍神州”的金融信用卡到邮电系统的电话磁卡，为消费者提供了快捷、安全、方便的服务，越来越受到广大消费者的青睐。

（4）借债消费

买住房、购汽车，可通过借贷、分期付款先享受，超前消费。高薪族、双薪族和其他高收入人群多喜欢这种消费方式。

（5）月票消费

月票消费已不仅仅是公共汽车月票和公园月票，其种类很多，如早餐月票、歌厅月票、旅游月票、桑拿月票。上茶馆、打台球等消费形式都可加入月票消费的行列。

（6）租赁消费

如今，汽车出租、房屋出租等已被广大消费者所接受，越来越多的消费者也加入了租图书、租电脑、租婚纱、租汽车等租赁消费的行列。

（7）情感消费

温馨家庭对情感消费尤其青睐，如“情人节”、“母亲节”、“圣诞节”等，已经成为消费者传递感情的消费时机；“情侣表”、“情侣服”等，也成为情感消费的最佳选择。

（8）钟点消费

家庭服务业中，人们更加钟情于钻点服务。钟点保姆、钟点秘书等，招之即来，既经济又省力。

（9）文化消费

用电脑、K歌、弹钢琴、外出旅游等，已成为时尚消费，人们开始注重文化品味。

（11）休闲消费

双休日的到来，使休闲消费必不可少。例如，打球、游泳、郊游、读书，无不惬意。

家庭支出科学、合理

经济是家庭的支撑，是维护正常生活的物质因素。人们都希望建立一个全家和睦、经济宽裕的家庭，要实现这个目标，就要从生活的实际情况出发，切实制订计划，巧妙地安排家庭开支。

创造财富的目的，是为了改善生活，提高生活品位，这就涉及一个如何支出财富，即如何消费的问题。花钱人人都会，但钱要花得合理，要发挥其最大效能。在生活中，常常有这样的情况：两个家庭收入相差不多，但其中一个家庭有一个会理财的主妇，而另一个家庭却和丈夫一样得过且过，结果，前一个家庭生活虽不富裕，却井井有条，后一个家庭却常常陷入困顿之中。这其中就存在着一个家庭支出的问题。

1. 家庭支出的原则

为了切实做到合理开支、科学消费，必须及时地调整家庭支出计划，持之以恒，从而促使家庭经常保持科学合理的状态。因此，以下原则必须遵守：

（1）零存整取

所谓“零存”，就是家庭成员将每月各人的工资、奖金等收入放在一起，逐一记录。“整取”，就是根据各自的需要，取出一个整数，并记上账。这样，既做到了收支心中有数，又可避免夫妻矛盾。

（2）专款专用

生活中，我们常有一些预算外的收入和支出，这些钱最好“专款专用”，即集中起来，进行智力投资，这样既避免冲击正常支出，又保证了“重点建设”的资金来源。

（3）制订计划

近年来，在城市居民中，信用消费悄然升温，贷款购物逐渐成为时尚，花“明天的钱”也堂而皇之地在媒体上流行。但是，信用消费在满足部分家庭消费的同时，也给某些家庭造成了沉重的负担。其实，信用消费与借债度日压根就不是一回事。信用消费是针对某些特殊消费而言，且只适合于少数预期收入比较乐观的家庭。而对大多数家庭的一般消费而言，则必须根据家庭经济的承受能力，不能盲目地乱花“明天的钱”。首先，满足衣食住行等生活必需品的费用；其次，考虑并非马上要买的用品费用。不要贪便宜，不要赶时髦，力求做到计划用钱，量入为出。

(4) 保证重点

家庭的开支也有轻重缓急之分，保证重点需要应是一个原则。所谓重点，应因时、因地、因不同的家庭而区分，把各种需要加以比较便不难分清。如以基本需要与非基本生活需要相比较，显然前者是重点，即米、面、油、盐的开支和水、电、气的收费是重点；以儿童、老人的需要和成人的需要相比较，当然教育、医疗的支出是重点；以弹性需要和非弹性需要相比较，则非弹性支出为重点……重点需要优先安排。总之，一个原则：先雪中送炭，后锦上添花。

(5) 远近兼顾

有道是，人无远虑，必有近忧。谁也无法保证在未来不会发生不可预见的需大把花钱的事。因此，家庭在满足正常生活需要的前提下，为未来的大项消费做出有计划的安排准备不失为明智之举。例如，新婚夫妻有必要为子女的出生做好充实的物质准备；中年人要为自己的子女升学或出国深造等打好物质基础；多数家庭要为购买、改善住房或购买大宗消费品而积累；家有年迈父母，更要为老人做好必要的医药费用准备。

(6) 科学合理

实际上，怎样科学合理地开支，即把钱花在刀刃上，也是家庭理财的方法之一。这绝非盲目地倡导勤俭节约。理性地安排消费，对于家庭开支应重点把握两个方面，一是把应付意外开支留足，对未来的大项支出做出预算并逐步准备，其余的则充分用于消费；二是在不奢华消费的前提下，尽可能提高生活水平和档次。当然，消费和积累的关系也应处理好，在科学合理消费的前提下，适度累积，使家庭财产不断增值。

（7）因家而异

家庭开支因家而异，切不可盲目攀比，一般而言，决定一个家庭开支特点的因素有家庭现有资产数量、家庭现时正常收入的水平、未来预期收入的水平及稳定程度，等等。因此，不同家庭在开支方面是有很大差别的。

2. 家庭支出的技巧

在消费行为上，我们既不能大手大脚，月初松、月底紧，吃光用净，也不要为了存钱，舍不得吃、舍不得花，应当根据家庭财产多少、收入水平高低以及开支大小而定，即提倡适当、合理和有效地消费。

一般说来，家庭的开支主要由四个方面组成：一是固定支出，例如水电费、房租等。二是必要支出，例如伙食费、教育费、书报费、卫生费等。三是机动支出，例如购衣物、社交费、零用钱等。四是大项支出，例如购大件商品彩电、电冰箱等。在家庭收入已经确定的前提下，应该有计划地做到科学开支。除去正常的、必要的开支外，节省下来的钱用于储蓄，一可以解决燃眉之急，二可以支援国家建设。

总之，家庭支出的目标，可以用四个字概括：会花巧花。下面几种方法可供参考：

（1）价值比较法

在进行消费决策时，可以把同一种需求的客观价值与主观价值进行比较，比如你觉得多花 1 元钱买水果比买蛋糕能得到更大的满足，你就买水果。

（2）边际效用法

食物、衣服都能给人满足，这种满足经济学上称为效用。但是，消费每一单位商品时，它的效用是不同的。边际效用是指每增加一个单位消费时所增加的效用或满足程度。比如吃蛋糕，吃第一块香甜可口，边际效用很大；吃第二块时也不错；吃第三块时你可能就饱了，不想再吃，此时边

际效用下降为零；如果勉强吃第四、第五块，也许会反胃，甚至引起呕吐，这就产生了负的边际效用。根据边际效用法，在进行消费时，不如把5块蛋糕的开支分散到其他需求上去，比如吃两块蛋糕，买一本杂志，再理一次发，给小孩买一本小人书，花钱一样，但效用大大提高。这表明多元消费大大优于一元消费。

(3) 横向比较法

由于各地经济发展水平不一，城市与农村、南方与北方、沿海与内地，甚至同一地区的不同城市、同一城市的不同部位，其消费水准是有差距的，有时差距悬殊。例如，有人专程从北京坐火车到外地买手机，因为，搭上路费、吃喝，一部手机仍比北京的便宜许多。

(4) 纵向比较法

分析物价走势，设法在物价低时多购买商品，在物价水平高时尽量压缩消费。掌握消费时机能做到“少花”。但这话说着容易，做起来可大有学问。例如，市场上曾出现过彩电价格大战，据说其售价已接近成本了，对于消费者来说，这自然是一个难得的消费时机。

(5) 1%节约法

削减开支是多数家庭努力想做的。怎样才能既不影响生活又切实可行呢？你不妨试试1%节约法。例如，如果你的家庭月收入是2000元，你可以按1%的比例提取20元，这样全年你就可以积累240元。以此类推，把家庭中的衣、食、住、行及其他方面的开支也按1%的比例提取，对你的生活影响并不大，但一年下来就可以节约一笔“额外”的资金。

不同家庭的支出计划

不同的家庭有不同的消费计划，尤其是对于家庭收入低，或花费大的家庭来说，精打细算是最有必要的。有道是，“吃不穷穿不穷，算计不到一世穷”，只有具备财务头脑，才配“当家理财”的好手。

在这个社会，工薪家庭和低收入家庭还是占相当大比例的。面对收入和支出的矛盾，聪明的“当家人”不妨参考以下用财之道。

1. 工薪家庭的支出

工薪家庭如何精打细算地管理开支，避免入不敷出的现象，是摆在现代家庭面前的一道难题。根据许多家庭成功管理开支的经验，下面介绍一些方法，可供参考。

（1）开支要有计划

家庭财务最好编制预算，这样能有效地控制家庭经费。预算一旦编好后，家庭的每位成员都知道有些什么可用，而且可以作为当月开销的准绳。

（2）花钱要有重点

现在的家庭消费大体有三个方面：第一方面是生活必需品消费，如吃穿。第二方面是维护家庭生存的消费，如房租、水电费等。第三方面是家庭发展、成员成长和时尚性消费、教育投资、文化娱乐消费等，但具体开支就要分清轻重缓急。

（3）做到民主协商

夫妻双方通过民主协商，根据各自收入的多少，制订一个双方都能接受的方案，提取家庭公积金、公益金和固定日用消费基金。原则上，提够家用后剩余的归各自支配。

（4）适当独揽财权

这在夫妻有小宝宝的家中实行较好。一般的做法是夫妻一方集中管理全家的所有收入，并在民主原则上使用，较普遍的情况是经济大权由妻子掌握。

（5）拒绝推销员

对上门的推销员及电话、电视推销者，要敢于说“不”，千万不要贪些小便宜，盲目购物。这样不但可以省下许多赚来不易的钱，而且可以省下你许多宝贵的时间。有一点更应注意，不少推销员一旦交易成功，以后便见不到人影，让你吃亏上当。

（6）不充当阔佬

出门消费时，你的钱袋最好不要塞一把大面额钞票，只要带够紧急需用的开支就可以了。因为，如果身边没有带钱，便不会大把地乱花了。

（7）慎用信用卡

家庭成员拥有信用卡后大多会增加消费。根据有关资料显示，持卡消费者一般比用现金购货的购买欲高10%。因此，须少用信用卡。

（8）勿带自动提款卡

逛街时，你一旦把提款卡带在身边，你的钱就容易花掉。提款的次数越增多，就难以收支平衡。最好将提款卡放在家中隐蔽又安全的地方。

（9）设置零钱盒

你每天回到家中，先把提包和口袋掏空，把所有的零钱投入零钱盒内，以使聚宝盒成长快速。不过，你在口袋中应该留有足够的零用钱。

（10）购物要有目的性

你可将需要买的东西列出一张表来，然后一单购置。要克服从众心理，避免抢购或盲目采买，应把每一个钱用在刀刃上，才不会造成浪费。

（11）养成储蓄习惯

当你在购物时，应记得储蓄一部分钱作为未雨绸缪时的打算。人生无常，坚持储蓄好处多多。

2. 低收入家庭的支出

当今社会，既有一掷千金的富人，也有刚刚跨过温饱线的低收入家庭。那么，低收入的家庭如何安排家庭消费呢？

(1) 勤俭节约

低收入家庭，最需要贯彻勤俭节约的原则。也就是说，家庭经济越不宽裕，越需要精打细算。俗话说，节约好比燕衔泥，浪费好比河决堤，是很有道理的。如果家庭消费安排得当，家庭收入即使少一些，生活仍可过得幸福美满。

(2) 消费结构合理

低收入家庭，选择合理的消费结构很重要。消费资料一般分为生存资料、发展资料、享受资料三个方面。生存资料是指维持和延续人们生命的基本生活资料，如住房、水、电、食物、衣物等。发展资料一般是指发展人们体力、智力的生活资料，如体育用品、图书报刊等。享受资料的范围较广，通常指高级消费品，如摄像机、大屏幕彩电、家庭影院、高级组合音响、轿车等。所谓家庭消费结构，就是指这三方面的开支所占的比例。收入较低的家庭，其合理的家庭消费结构应该是先保证生存资料的需要，同时千方百计地保证发展资料的需要，有余力时再考虑享受资料的需要。当然，家庭消费结构并不是一成不变的，它要随着收入和生活水平的提高而变化。

(3) 尽量适当储蓄

对经济收入较低的家庭来说，在必要支出的基础上，要进行适当的储蓄。有计划地储蓄可逐步提高家庭生活水平，还可应付一些意外支出。

3. 新婚家庭的开支

李采和张丽是一对新婚夫妇，两人的年收入在13.1～14.6万之间，处于中等偏上水平。结婚前，两人的消费基本如下：29岁的李采是公务员，月薪5250元，公积金1500元，他的月支出为：伙食费1200元、交通费400元、手机费用200元、水电管理费用400元、公积金月供2600元、服

饰费用 250 元、生活日用品费用 400 元、运动费用 200 元、娱乐费用 400 元、旅游费用 400 元。30 岁的张丽是白领，年薪在 5 万～6.5 万元之间，有基本保险，但公积金很少，她的月支出为：伙食费 600 元、交通费 300 元、手机费用 250 元、座机费用 150 元、服饰费用 1000 元、生活日用品费用 750 元、美容化妆品费用 450 元、娱乐费用 300 元。由上述数字得出：婚前两人消费总额每月为 1.025 万元，占总收入的 84.25%。若单从李采婚前的收支状况来看，因每月有房贷压力，其收入仅够日常开销。此外，该家庭正处于形成期，有较大的家庭建设支出，应合理规划好家庭开支。按照目前的情况，较理想的收支比应该控制在 70%左右。其中，住房支出费用、伙食费用、服饰费用、娱乐费用、保险费用、其他费用占总收入的比率分别以不超过 20%、10%、10%、10%、5%、15%为宜。

因此，该家庭首先要做好每月的现金规划并养成记账的习惯，有助于既支付日常的消费，又满足储蓄计划的需要。具体的支出计划，可参考如下方法：

（1）水电管理费和公积金月供款的支出占家庭收入的 20%，不予考虑调整。

（2）减少在外用餐的次数。伙食费用控制在收入的 10%较为理想，每月 1300 元应可以保证伙食质量。

（3）合理安排出行时间，尽可能选择公车、地铁等公共交通工具，减少乘坐出租车的次数，交通费用降为每月 600 元。

（4）夫妇俩的电话费现为每月 600 元，建议尝试商旅套餐和集团网，座机则开通类似“家家乐”的套餐，这部分支出应可降低至 500 元。

（5）服饰添置要有计划，学会合理搭配衣物，提高使用率，或等待换季打折时购买。建议该部分费用不超过总收入的 10%。

（6）日用品采购也有很大弹性，尽量避免浪费。利用商场或超市的优惠活动采购，或定期批量购买，既可获得折扣优惠和免费送货上门的服务，也节省车费及时间，一年 8000 元的支出应能满足需要。

（7）爱运动的李采可在俱乐部办理自己爱好运动的年卡，享受优惠折扣，可有效将运动费用降到2250元；张丽也可选定自己喜爱的化妆品，成为会员后通常都有折扣不等的优惠，可将该部分消费降至4000元左右。

（8）旅游和娱乐费用占收入的10%左右为妥，可考虑将旅游费用增至6000元。建议提前策划旅游路线，选择淡季出游。娱乐费用则需要压缩至4000元。

（9）家庭形成期的保险需求体现在意外伤害险、人身保险、健康保险、财产保险等。李采是公务员，张丽也有基本保险，因此重点考虑配置家庭财产险。各家保险公司都有家庭财产的卡式保险，保费低廉，但保障全面，这部分的支出300元左右即可满足。

通过上述调整，家庭年支出为10万元左右，比婚前节约2万元左右，收入支出占比也降低至70%左右的理想比率。

做一个成熟的消费者

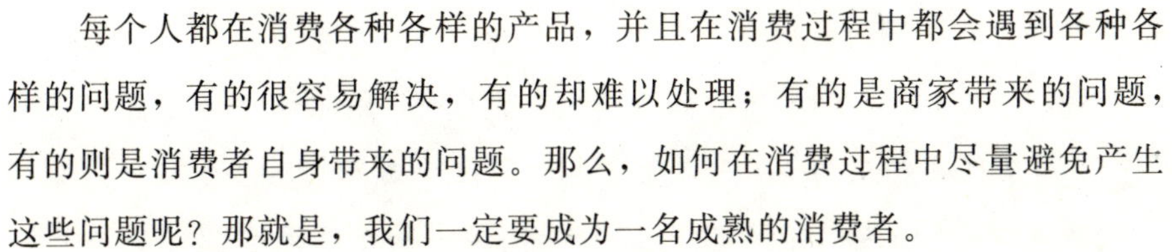

每个人都在消费各种各样的产品，并且在消费过程中都会遇到各种各样的问题，有的很容易解决，有的却难以处理；有的是商家带来的问题，有的则是消费者自身带来的问题。那么，如何在消费过程中尽量避免产生这些问题呢？那就是，我们一定要成为一名成熟的消费者。

会过日子的人，不仅会精打细算，也会理智地面对消费；而不会过日子的人，不仅购物无度，也会吃亏上当，步入许多消费的误区。那么，一个成熟的消费者有什么样的标准呢？

1. 成熟消费的知识

作为成熟的消费者应该具备哪些条件，从哪些方面着手呢？不同的商品，有不同的消费要求，在理智消费和维护正当的消费者权益方面也不尽相同。下面以购买家庭计算机产品为例，谈谈成熟的消费者应该具备的几个方面的知识，你可以由此及彼加以发挥。

（1）了解合理消费的界限

计算机的消费与日常用品、艺术品消费的不同在于，计算机消费强调理性。不要盲目追求技术上的先进，或者性能上的强大，而应基于实际的需求和效率改善所能带来的成本节约考虑，选择合适的，而不一定是最先进的计算机产品。

计算机属于高科技产品，用户都需要产品供应方提供支持性服务以及产品的延伸性的服务，比如产品的安装、维护、答疑等。所以在选购产品时，不但要注重产品本身介质、内容，还要了解它的服务支持情况，这一点对于用户的长期正常使用非常重要。

随着电脑及信息化产品的普及，计算机消费逐步成为家庭消费品的重要组成部分。计算机消费的合理性并没有明确的界定，只要是所选购的计算机产品能够在工作中帮助我们提高效率，在学习中成为我们的辅助工具，在生活中能成为我们的好助手，都属于合理的计算机消费界限。

（2）了解正规产品包含的服务内容

对于计算机产品来说，服务与传统的商品有相似的地方，其核心都是保证用户在购买了产品之后能够正常地使用，使产品在用户使用过程中发挥其本该有的功能。只不过由于计算机产品与传统产品在产品性质上的不同，决定了计算机产品的服务在实现手段上与传统商品有所不同。

而计算机产品的服务，主要在于它与传统产品相似的质量服务，比如出现质量问题的退换、由于生产过程中出现的质量问题引起的其他问题等。而且，由于计算机产品本身的技术性很强，通过电话、E－mail 等手段对某些用户使用计算机进行指导也是服务的一部分。

（3）了解如何选择服务与享受服务

一要在性能与成本之间仔细的权衡，购买计算机产品要在当前需求、性能与购买成本之间仔细权衡，尽量使产品提供的性能不超出现有的需要太多，避免不必要的投资，还要考虑购买价格的成本预算。

二要选择有能力提供支持与保证服务的公司。在很多情况下，用户的使用价值比产品本身更高，例如金融和军事领域。因此，对于关键业务一定要选择具备强大技术能力和服务保障体系的公司，以解除后顾之忧。

三要建立对于服务的认识。目前国内用户对服务基本上处于不认可的状态。但是在应用中，服务却是必不可少的，甚至是至关重要的。这种服务意识需要逐步建立。

四要重视培训。计算机产品在性能上最大限度地发挥在很大程度上还需要人的技能，因此选择产品的同时最好考虑到培训的时间和金钱成本。

五要了解服务条件是购买产品的关键要素。首先应该了解产品供应方提供服务的能力及其产品升级计划；其次要了解产品的报价中包含了怎样的服务内容，哪些服务是包括在报价之中的（是否有时间限定）；是否这些服务已经包括了你需要的全部内容，如果还有未包括的，那么购买价格是多少。

六要了解增值服务及安全性。用户在选择产品时不仅需要在安全上具有很高的性能，并且也要考虑到该产品所提供的增值服务。如电子信箱服务，用户主要考虑的因素为快速、安全、可靠，并能提供一定的增值服务（比如防毒、防垃圾、提供备份等）。作为一个成熟的消费者，应当做到科学消费，而对服务的正确认识则是其中的重要环节。

2. 成熟消费的习惯

一个家庭的消费状况如何，不仅关系到所有家庭成员的生活质量和健康成长，也关系到社会和集体的利益。养成成熟的消费习惯，有于树立正确的消费观。

（1）量入为出

量入为出，就是根据自己家庭的经济现状和收入情况，合理安排消费内容。现实生活中，多数家庭遵循量入为出的原则进行消费，但也有一些家庭认为财富有限，消费就是浪费，留给将来的积蓄越多越好，现时消费越省越好。抑制消费让这些家庭过着清苦日子，对他们的精神生活也有着不可轻视的负面影响。

（2）适度消费

适度消费，就是要依据经济实力，有计划、有节制地消费。有些家庭经济实力并不强，却常常超出自身的经济实力，盲目追求不切实际的高消费，结果导致家庭财政赤字高挂，遇到孩子升学、婚嫁、集资购房等大事、急事，拿不出一点积蓄，只能望而兴叹。

(3) 理性消费

理性消费，是指保持头脑清醒，不和他人攀比。攀比消费，就是别人买什么自己就买什么，生怕落人之后，被人嘲笑。这是一种完全非理性的消费方式，它造成了家庭投资的重大浪费，使家庭背上了沉重的经济负担。

(4) 聪明消费

聪明消费，就是把钱花在应该花的地方，花得有价值。然而，在现实生活中，落后、愚昧、无知的消费习惯大量存在，如修陵墓、看风水、大吃大喝、吸毒、赌博、酗酒以及婚丧嫁娶大操大办等。这些消费既有害身心健康，也浪费钱财，还破坏社会风气，有损人的道德修养，理应摒除。

(5) 计划消费

计划消费，就是有计划、有轻重、有目的地消费。有不少家庭在消费问题上从无系统的规划、宠观的决策，往往逮住什么就是什么，说买就买，想花就花，厚此薄彼，轻重颠倒。如，有的家庭平时省得要命，过起节来却大手大脚，认为不消费等于没过节；有些家长把子女当小皇帝来供养，自己却省吃俭用；有的甚至对长辈十分苛刻，尽量少给钱甚至不给钱；有的光注重物质消费，对精神消费的支出却一毛不拔。

3. 成熟消费的心态

成熟的消费者，要具有以下健康的消费心理状态：

(1) 独立自主的消费心理

独立自主，就是不盲从，有自己的主见，与之相反的则是过分温顺。有的人在购买消费品时，往往表现出谦和、顺从的态度，一味遵从他人的意见和介绍，受广告和经商者的诱导，少挑剔，容易满足；他们虽然也注重售货员的态度和服务质量，但当受到售货员的冷遇或吃亏时，往往不能据理力争，而是忍气吞声。

（2）随机应变的消费心理

随机应变，就是根据需要和情况的变化而决定购买何种商品、进行何种消费。有些消费者习惯于购买使用某种商品和消费方式，对多次消费的商品情有独钟，对别的商品和消费方式不感兴趣。这种消费心理在人们的意识中一旦形成，就不易改变。

（3）按需而定的消费心理

按需而定，就是一切消费都从自身需要出发，不粉饰、不摆阔。有的人把消费当做目的，为了消费而消费，而不是为了满足实际生活需要而消费，颠倒了消费的目的和手段的关系。他们打扮得时髦漂亮，吃要高档讲究，家里摆设要富丽堂皇，这些行为都是为了炫耀阔气，以赢得人们的羡慕。无论是对经济宽裕的人来说，还是对经济拮据的人来说，这种消费心理都是一种畸形的心理。在这种消费心理支配下的消费活动已失去了本来的意义和价值。

（4）沉着冷静的消费心理

沉着冷静，就是面对众多的商品和广告介绍，保持一颗冷静的心，认真甄别，果断挑选。有的人对琳琅满目的商品束手无策，不知如何挑选，个中原因，一是由于商品种类过多，容易使人眼花缭乱，另一方面是由于自身鉴赏能力和挑选能力较弱，不能鉴别各种商品之间细微的差异。这样的结果，往往造成消费者见异思迁。

有效、合理的购物方式

购物的最高境界，就是用适量的钱，买到最多和最称心如意的商品。为此，购物要做到有效、合理。你可以根据商家营业推广的不同促销形

式，结合本人所需商品，选择有利于自己的推广促销形式，达到有效购物。

购物消费，怎样做到用最少的钱，获取更多的消费品呢？有道是：好货不便宜，便宜非好货。一味贪便宜，你可能买到的是次品或伪劣产品。实践证明，购买打折商品往往是最适当的省钱策略。其次，在这个市场化的社会里，如果你善于讨价还价，无疑会省去许多钱。

1. 购买打折商品

商品打折，如今在商场里已经屡见不鲜。面对商家的打折销售，消费者应根据不同情况理智抉择，绝不要因为是打折商品，价格便宜，就随意购买。其实，购买不需要的东西也是一种消费。

（1）了解商家打折的原因

商家对商品进行打折的原因很多，如清理积货，销售季节性商品，销售款式、花色、号码不全的商品，节日促销，竞争需要等。如果是节日促销或竞争促销，花色、号码不全的商品，节日促销，消费者在需要某种商品的前提下，应货比三家后再决定购买。因为这种原因的促销，一般情况下货源都比较充足，且出于竞争，各商家打折的幅度不尽相同。若是清理积货、销售季节性商品或销售款式、花色、号码不全的商品，消费者如果需要某种商品，看中后应立即购买，不必犹豫，否则将失去机会。

（2）了解商家信誉

通常，一些大中型商场将某些商品实行打折销售，以便加速流通，盘活资金，此类打折通常货真价实。而一些小店小摊的打折，就要视不同情况而定了。

（3）根据打折幅度酌情选择

由于打折的原因不同，商家对商品打折的幅度也不同。通常，商品打折的幅度在30%以内。若超过30%，打折的商品往往是平时售价高、利润大的季节性、时效性商品，或质量上缺乏保障的商品。

2. 讨价还价的策略

在商品交易的过程中，买卖双方既相互依存，又对立矛盾。卖方往往希望售价高些，多获利，而买方则希望以尽可能低的价格买到自己喜欢的、需要的东西。有些商贩为了牟取暴利，漫天要价，侵害消费者的利益。因此，消费者应该学会保护自己的利益，与商贩讨价还价，达到双方满意的合理价格。一般来说，消费者进行讨价还价可采用以下策略：

（1）威胁

以不买来威胁卖主，迫使对方降价，但这要以卖主很想成交为前提。这种方法干脆利落，见效快，威力大，节省时间和精力。

（2）说服

努力与卖主沟通，拉近关系，让他了解市场真相，了解你的意愿和态度，以情感人，以理服人，以说服的方式来使对方放弃原价。

（3）诱导

给卖主提供可行的方法和途径，诱使、引导对方按你的意愿办。比如，“如果再便宜一点，我就多买点”，“你再降低一点单价，销售量一定大大增加，薄利多销嘛”。

（4）虚张声势

以市场行情为背景，说服、诱使卖方让步，如“别家的东西比你便宜，质量也不比你的差”。

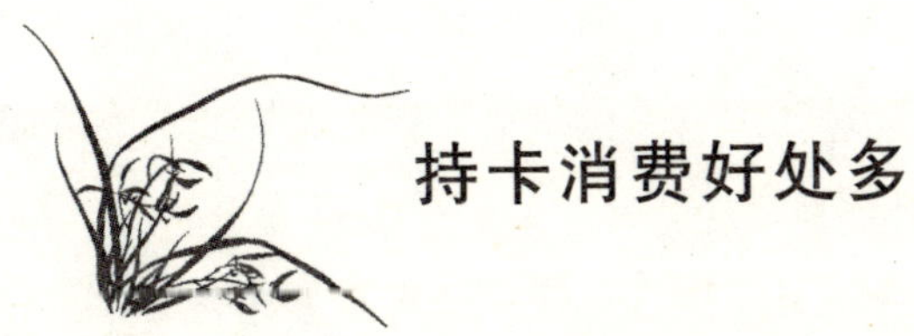

持卡消费好处多

银行卡集微电子技术、计算机技术和网络技术于一身，可以替代或部分替代传统的纸币、支票、存折的功能，行使货币的支付、存储、转账乃至信用贷款功能，是当今世界颇为流行的金融工具。它可用于生活服务，大大地方便人们的生活消费，提高资金的使用率和安全性。

卡的种类较多，按照卡的工作原理的不同，可以分为磁卡、光卡、IC

卡等；按发行主体不同，可分为银行卡（如长城卡、牡丹卡等）和非银行卡（如公交卡、电话卡、优惠卡等）两大类。如今，持卡消费的消费者已越来越多，并成为人们日常生活不可缺少的一部分。

1. 持卡的好处

(1) 方便、快捷

全国银联联网后，持卡人只要持有银联标识卡，就可以在所有贴有“银联”标识的商家的POS上进行同城或异地跨行消费，在银行ATM上进行同城或异地跨行取款、查询等。此外，中国银联会同医疗、交通等多种行业联网联合，给持卡人就医、旅游、购物、缴税费等带来很大的方便，使消费者的生活水平和质量大大提高。

(2) 安全、高效

我国银行卡受理环境改善后，持卡人均可使用银行卡进行消费或提取现金，而不用随身携带大量现金，商家也会省却收取现金、点钱、往银行送钱等诸多麻烦，还能防止假钞等现象。可以说，银行卡的结算非常安全、高效。

2. 持卡消费的方法

各家银行所发行的不同类型的银行卡实际上是为不同消费需求的客户设计的。一般来说，还未工作的学生适用借记卡，刚上班的年轻人适用准借记卡，有一定经济实力且外出频繁的商务人员可以使用贷记卡。

(1) 用足免息期

免息期是指贷款日（银行记账日）至到期还款日之间的时间。因为客户刷卡消费的时间有先后，所以享有的免息期长短不一。以牡丹金盛卡为例，其银行记账日为每月1日（暂定），实际免息期为25天，所以到期日为每月25日。也就是说，如果1月31日刷卡，那么到2月25日为止，共享有25天免息期；但如果是1月1日刷卡，那么同样到2月25日，将享有最长56天的免息期。

(2) 使用好贷记卡的循环额度

当透支了一定数额的款项，而又无法在免息期内全部还清时，还可以先根据所借的数额，缴付最低还款额，然后又能够重新使用授信额度。不过，透支部分要缴纳透支利息，因此也需合理使用。

（3）获取较高的授信额度

贷记卡的透支功能相当于信用消费贷款，所以事先银行要评估申办者的经济条件，确定授信额度。牡丹金盛贷记普通卡基本要求申领人月薪1500元以上，并且月收入不低于授信额度的20%，也就是说，授信额度相当于5个月的工资收入。如果想申请更高的授信额度，可提供有关的资产证明，如：房产证明、股票持有证明以及银行存款证明等。

（4）灵活使用贷记卡

全面了解了贷记卡的各项功能，接下来就看如何使用了：如果从事市场营销等工作，经常与客户进行商务活动，需要一定的营销资金，而所在的单位实行先垫付支出，凭发票报销的规定，就充分利用贷记卡的免息期，也可以利用贷记卡较高的授信额度。

3. 持卡消费如何节约

银行卡在给消费者带来方便的同时，也给持卡人增加了费用支出。尤其是时下各家银行已经开始跨行业务收费和收取银行卡年费，都会增加持卡消费的成本。对于单笔的银行卡使用费用，过去也许有一些人觉得不必笔笔计较，但在频繁使用中，银行卡的费用支出累计起来就不是一笔小钱了。因此，持卡消费要学会如何节约银行卡的使用成本。减少银行卡的使用成本应注意以下几点：

（1）减少“睡眠卡”的数量

减少银行卡的数量，可以提高每张卡的使用效率。因为时下各家银行已经相继出台了借记卡收取年费的规定，银行卡收费只是一个时间问题。同时，尽量不要在自动取款机（ATM）上跨行取款，因为自动柜员机每笔跨行交易，持卡人均要支付2元的费用。手中的休眠卡多了，跨行业务次数多了，都会增加持卡消费的成本开支。

（2）提高银行卡使用率

在商场、超市和酒店坚持刷卡消费，一是能获取积分（因为达到一定积分时，银行会将积分折算成物质奖品或是现金返回给持卡人）；二是能获取抽取大奖的机会（这个机会尽管概率很低，但千万不能轻言放弃）。

（3）减少异地存取款

在本省本市内尽量不凭卡号存款，而应持卡进行异地存款，因为目前许多银行对省内的通存通取也开始收费了；在省外持信用卡取款时，应坚持“用多少取多少”的原则，因为在省外取款要视不同的银行卡收取1%至3%的手续费，这可不是一个小数目，倘若你要取10万元钱就得支付1000～3000元的手续费。

（4）学会使用联名卡

一些银行与商家联手推出联名信用卡。这种联名卡能让持卡人“赚”钱，它包括购物、休闲、餐饮，甚至机票打折在内的日常生活中衣食住行的方方面面。有些联名卡还为持卡人投保了全年航空意外险。

4. 持卡消费注意事项

各式各样的银行卡在给人们带来消费便利的同时，也带来了一定的风险。所以，持卡人应注意以下事项

（1）了解发卡单位和卡的使用范围

随着卡的品种的增多和功能的扩展，它为人们提供的服务也日趋全面。但是卡的发行单位不同，使用范围也不同。最典型的是国内各大银行各自发行的信用卡长期并存，造成持卡人在其他信用卡特约单位无法消费，给消费者在使用上造成不便。所以，了解发卡单位及卡的使用范围，酌情购买，能有效地避免上述问题。

（2）了解所持卡的使用程序

一般来讲，消费者需要向发卡单位购卡，或向销售单位购买一定数量的商品获赠卡片后，才能持卡消费。

（3）牢记密码并谨防丢失

目前，大部分卡都设有个人密码，由于一人多卡的现象比较多，而卡上设置的个人密码不同，往往造成因持卡人遗忘密码而无法持卡消费的尴尬局面。此外，由于持卡人不慎丢失卡而造成卡的恶性透支现象也是比较多见的。所以，持卡人须牢记个人密码并妥善保管各种卡，以使个人利益免受侵害。

在具体使用时，还要记住以下几点：一是在领卡时当场检查密码信封。二是在领卡后马上修改密码，最好不用电话号码、生日等易被破译的号码做密码。三是不要将密码和卡号轻易示人。四是不可随意丢掉ATM柜员机上的回单。五是身份证和银行卡要分开存放，以防同时丢失。六是操作时注意ATM柜员机旁是否有摄像头等多余“装置”。七是注意不要轻信“紧急通知”和“公告”之类的提示，以防上当受骗。八是在公共场所消费时，收银员还卡后要注意仔细验收。

第二章 用财之道在于“省”

用最少的钱，获得最多的享受，这是花钱的最佳状态。

购房：一生中最重要的消费

人生在世，离不开衣食住行，购房则是人生最重要的消费，是安身立命的百年大计。宽敞舒适的住房不仅可以感受家庭的温暖、缓解生活压力，而且在某种意义上可以体现一个人的价值、追求和能力。

“少有所依，壮有所居，老有所养”，是自古以来的理想社会。在高度发展的现代社会，拥有一套属于自己的住房，更是人们最起码的生活要求和奋斗目标。但是，购买房产是一项金额巨大的投资，并且，它还涉及方方面面的关系和问题。因此，一旦决定买房，就必须详细调查楼盘情况，了解购房所涉及的法律问题和购房所应办理的各种手续。

1. 购房前的准备

购房前的准备工作，主要是侧重于自己的购房能力和需要，做一些必要的预算和准备，以免为房所困。

（1）制定购房预算

有些购房者眼睛紧盯着房价，却忽视了地段、物业、税费以及相伴而生的其他费用，造成预算一再超支，甚至形成买得起、住不起的尴尬局面。为此，当你在决定购房前，还要进行详细的购房预算，对投资进行可行性分析，充分考虑自身及家庭收入水平、现有存款额、可获得的贷款额度等各种资金来源及其他相关因素，从而正确估算自己的实际购买能力。

（2）选择可接受的房价

在对个人资产做完认真估量后，就要开始挑选品质好、价钱又不高的住宅了。现在，市场上可供选择的商品房众多，房价通常相差悬殊，众多的因素很容易使你感到无从入手、很难判别。其实，房价的制定是有一定规律的，它受到市场和成本的制约。这主要取决于商品房的土地成本、开发建造成本以及利润、税费、销售等相关费用。但房价的最终成因，还要回归到市场的认同度，所以，你可以根据实际购买力充分参照房价的成本和市场构成因素，最终决定自己能够接受的房价水平。

（3）确定适宜的房屋面积

你在选择了适合自己消费水平的房子后，就要着重考量房间的面积、户型等因素。由于商品房的价格高达每平方米数千甚至数万元，而房屋面积的大小又直接关系到房屋的售价，因此，每一平方米都要精打细算。

从房屋户型来说，应根据家庭人口的数量、房屋使用的功能以及资金实力进行选择。现在，人们一般喜欢“四大一小”、双卫生间、双阳台的房间，因为这样的房间更适合人们居住，但具体选择什么样的房屋，首先应确定房屋的总建筑面积要多大。要了解一座建筑物的有效面积系数，即“得房率”。它是指建筑物内可使用面积与总建筑面积的比例，有效面积系数越大，可使用面积就越大。有效面积系数的大小，意味着购房者花同样的钱，买到房子的使用面积可能差别很大。

（4）算清各项税费

税费的缴纳在购买房产时占有相当的比重，其中比较重要的几个税项

有契税、房地产交易费等。税费在房产买卖过程中占有相当重要的位置，因此了解税费项目种类及缴纳的方式对购房者来说很有必要。建议你在计算个人住房贷款时，最好同时计算相关的税费支出。

（5）考量物业管理费

物业管理费是指物业管理公司因提供管理及服务向业主或使用人收取的费用。物业管理公司管理服务费的高低直接与管理服务对象、内容及其业务量有关，通常按照不同档次根据住房的建筑面积收取。商品房一旦售出之后，购房人就要开始负担一切房屋的开支，如房屋的修缮、水、电、取暖、电梯、保安费等，对这些开支如果未加考虑或考虑不足，那么买房时就有可能造成失策。与其他费用不同，购买商品房入住后需要缴纳的物业管理费是一直伴随房子终生的，所以需要你在购买前了解清楚不同楼盘物业管理的收费标准，做到心中有数。

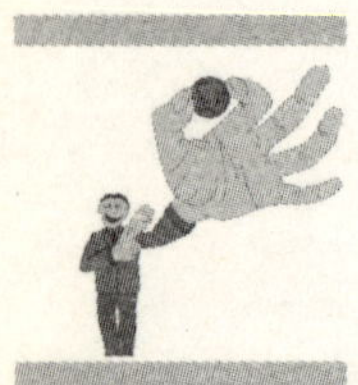

（6）评估还款能力

住房银行贷款和公积金贷款已陆续展开，对一些“花明天钱”的购房人来说，就要考虑贷款偿还的问题。也就是说，你在利用银行贷款购房时，要考虑银行利率的高低、银行可借贷金额、首期付款金额、分期付款的期限、每月付款额度等因素。此外，还要选择适合自己的还款方式。

（7）准备装修及维修费用

对于购房者来说，装修费用应与首期款一起考虑，仔细算计，同时应提前考虑适当的房屋维修款项。必需的生活设施还需要一些初装费用，如开通管道煤气、有线电视、宽带网等。另外，购置适当的家具、电器、装饰也是新居预算中必须考虑的。

2. 买房砍价技巧

房产也是商品，也是受市场调节的。同其他商品一样，房价也不是“一口价”，可以进行价格谈判。砍价要注意掌握以下方法：

（1）全面了解

尽可能多的了解开发商、销售商和预购房屋的情况，这是砍价的前提。

你可通过广告、售楼书、入住的购房者、房地产业内人士等多种渠道，了解开发商、销售商（开发商和销售商有时不分，有时为两家甚至多家）和楼盘的情况，包括它们的背景、经济实力、资质和信誉等情况，当然实地考察是必不可少的。只有多掌握对方情况，做到知彼知己，才能在洽谈中不致处于被动。因为房地产销售人员一般都经过专门训练，每天背熟了相关材料，交谈技巧很高。如果你对对方的情况一无所知，往往刚一开口砍价，就会被对方一大堆或真或假的说法所蒙蔽。

此外，还需要多了解房屋的销售情况及销售时间，销售不好的房屋，自有其滞销的原因；销售好的房屋，也不能任由售楼商随意开价，你还要参照同等水平的物业价格，提出合理的价格。房屋推入市场销售的时间越长，房地产开发商积压在房屋上的资金越多，对开发商就越不利，售楼方会急于销售房屋，你可凭此砍价。

（2）打好心理战

在购房洽谈时，要与销售商打好心理战。你先向销售商表现出一定的购房意愿，并举出几个同类的物业，说明自己正在其中选择。对销售商提出的房屋价格不要轻易做出让步，因为这会使销售商认为你的经济能力承担开出的价格绰绰有余，销售商就会使用种种借口，让你做出更大的让步。

在洽谈中，你应多找出房屋的各种缺点、毛病，略微夸大这些缺点、毛病的危害性。你还要流露出担忧的表示，同时要注意观察对方的表情，及时调整策略，做到进退适度、从容不迫。

有时，你要把自己扮成购房行家。购房者应多了解和掌握购房的一些基本常识，通过对收集来的信息进行分析，参照预购房屋周围物业情况，计算出所选房屋的价值，做到心中有数。洽谈时，你应将自己所掌握的信息适时地传递给销售商，让对方知道你是购房的行家，识破对方的一两个“花招”，这样销售人员的报价就不可能过于离谱，你才能砍出一个理想的价位。

（3）砍价要狠

你只要仔细想想这几年房地产商和炒家是如何肆无忌惮地炒高房价的，你对房产商和卖房者狠狠砍价就非常心安理得了。随着国家制定的“从紧”的货币政策一步一步到步，现在大多数房地产商和炒家都已经坚持不住了。我们知道所有的房产商和炒家都是用银行的贷款炒房，他们背负着巨大的银行贷款压力，已经无力偿还了，因此他们只要能够卖出套现就万事大吉了，不要相信他们的成本之说。抓住现在的市场机会，在同等地位平均房价的基础上，先砍价30%～50%。若是价格砍不下来，你可以“我再考虑考虑”为由，施以缓兵之计。只要还有降价空间，销售商是不会轻易放过一个客户的。有时，甚至可以拿到25%～35%的降价，因为如果他们现在不卖，下一年可能降价50%。

不要相信某某地的房价现在还在上涨，这是房产商的圈套。要全面了解市场走势，多观察、多了解，就会得到一个正确的判断。

3. 装修怎样不花“冤枉钱”

一般的家庭装饰工程，都是以实际材料价格和人工费用来计算装饰材料的，品种、价格变化较快，预算则很难用定额规范起来。装饰预算是一门学问，在审查预算时应掌握科学的方法，以避免花“冤枉钱”。

(1) 量力而行，砍价有度

装修时，应该在考虑满足基本使用功能和体现家居造型氛围的同时，根据自己的经济条件，事先确立一个合理的装饰费用投入。一般正规装修企业的毛利率占工程总造价的10%～20%左右，不过，也要防止砍价过度。例如，有的消费者将装修费用砍至工程总造价的5%，为了保持合理利润，装饰公司就只有在材料费、人工费上“偷工减料”了，最终的受害者仍是你自己。

(2) 有备无患，一气呵成

装修前一定要留出足够的时间把设计、用料、询价和预算做到位，前期准备得越充分，装修的速度可能越快。你在收到工程图和报价单后，一定要仔细阅读，要留意你所要求的装修项目是否已全部提供，有没有漏掉窗帘、少报了一扇门等。可惜的是，许多住户所关心的只是最后一个总价。若这报价不包括你要的全部项目，到最后还不是超出预算吗？这些漏掉的项目到现场施工时肯定少不了，届时不仅要多增加开支，还“受制于人”。

(3) 用料做工，清楚明白

装修公司提供的图纸和报价单，要能表示出项目的尺寸、做法、用料(包括型号、牌子)、价钱，不能笼统地说。例如，你看到一项标价“墙面立邦漆30元/平方米”，显然不够具体。首先，立邦漆是一个漆的品牌，有很多产品，如内墙漆、外墙漆、木器漆，而内墙漆中又分几大类，每种又有很多颜色，价格千差万别。

(4) 特殊情况，特别预算

在墙壁装修中，对于大面积的裂缝处理是要另行收费的，尤其是铺石膏板，通常每平方米要加30元以上，这项收费往往在预算中体现不出来，而到现场施工时根据实际情况才单独提出。有的家庭在铺地砖时喜欢用不同的颜色拼成一定的图案，这笔拼花费用通常也是在结算时才提出来。预算中关于水路、电路的改造费用通常先预付一小部分，竣工时再按实际发生的数量进行结算。对这些特殊项目及预算，你一定要摸准行情，做到心中有数。

中低收入者如何购房

随着购房政策的放开和售楼方式越来越具灵活性，如今中低收入家庭买房已不再是可望而不可即的事。只要掌握国家的相关政策，调动一切可利用的资金，许多中低收入家庭也有能力买到属于自己的新居。

所谓中低收入家庭，以目前的标准，是指家庭月收入在6000元以下的家庭。这样的家庭，要想购房安居，并不是一件很容易的事。但居者有其房，是每一个家庭的最低要求，也是检验能否达到“小康”的一把尺子。人生在世，每个人似乎都在为房子而奋斗，中低收入家庭同样会实现自己的住房梦。

1. 中低收入家庭的购房方式

中低收入家庭既然一时没有经济能力购房，只有靠贷款、靠政策、靠理财达到自己的住房目标。

(1) 借助银行贷款

住房个人购买时代已经随着房地产市场的发展而到来，贷款购房也成为房地产市场的消费热点。中低收入家庭可以根据实际情况来选择合适的房子，并借助银行贷款实现购房愿望。个人住房贷款的方式分为 3 种：公积金个人住房贷款、商业性个人住房贷款和个人住房组合贷款。

住房公积金贷款具有政策补贴性质，贷款利率很低。住房公积金贷款在办理抵押和保险等相关手续时收费减少了许多。如果购房款超过公积金可贷款的额度，不足部分应当向银行申请住房商业性贷款，两者组合即个人住房组合贷款。个人住房公积金贷款最划算，个人住房商业性贷款利息负担最重。居民在购买住房时，要充分利用公积金贷款，不足部分再利用商业性住房贷款，这样可以降低贷款成本。

(2) 利用政策选择低价房

国家为了改善住房困难家庭的居住条件，在大力开发商品房的同时，还建设了经济适用房、“两限房”和“廉租房”，主要面向中低收入家庭。所以，中低收入家庭在购买住房时可以优先争取经济适用房。经济适用房是指具有社会保障性质的商品住宅，是国家为解决中低收入家庭住房问题而修建的普通住房。这类住宅因减免了工程报建中的部分费用，并且优先享受银行信贷，其成本略低于普通商品房。

(3) 投资住房获利

房产一直是投资热点。房产周期长，赢利空间大。一般情况下，房子的寿命在 60 年以上，从举债买房的角度来看，投资住房不但赢得了产权，而且赢得了获利空间。对于中低收入家庭来说，如果不单纯把购买住房看成是一种消费行为，而是兼顾其投资价值，考虑其未来的升值空间，则即使是负债购买的住房也不会被“消费”掉。相反，在未来通过出售或出租还会有较高的收益。

2. 年收入 8 万元的买车置房计划

年收入 8 万，可谓中等收入家庭。一个具有中等收入的家庭，要实现自己的买车购房梦，只有靠理财投资才能实现。例如，有位舒先生，现年 29 岁，太太与他同年，都是中学教师，孩子刚两岁。夫妇俩年总收入共 8 万元，现住房为自建房。由于单位福利较稳定，两人也没有购买任何商业保险，目前有银行存款 6 万元，二人每月开支为 3500 元。他们的计划是：一两年内买一辆价格在 10 万元以下的汽车代步；6 年后购买楼房。预计费用一共 45 万元，准备借 20 万元，自己还需要筹备 25 万元。此外，单位刚刚发放了一笔现金补贴约 2.5 万元，他们看最近股市大热，也想加入股市热热身。为此，舒先生很想请专家设计一个合理的购房购车方案。

（1）家庭状况分析

该家庭的可用资产包括银行存款 6 万元和现金 2.5 万元；年总收入 8 万元，成员年轻，职业稳定，具有成长性与一定的理财空间；但家庭流动资产中只有银行存款与现金，资金收益率偏低。由此得知，该属于稳健型投资者，在投资组合中，可按低风险的产品占 20%的比例、中等风险的产品为 40%的比例、高风险的产品占 40%的比例来安排投资。

（2）投资方式

首先，为了保证投资后没有后顾之忧，舒先生夫妇应当买齐各类保险。例如，意外伤害保险，可按年缴费，以及为孩子买教育保险等。

为了尽快实现购车建房计划，进取型投资产品应是家庭投资的核心。舒先生可拿出 6 万元银行存款，用其中的 2 万元购买偏股型基金，剩余的 4 万元可购买蓝筹股票，投资半年到 1 年。

此外，家庭备用金的额度为 3～6 个月的日常开支，应留 2.5 万元为家庭备用金。这样一来，计算了保险费用在内，该家庭每月支出约为 5000 元，夫妇俩可将每月节余的 1700 元定时补充购买偏股型基金。

对于购买汽车，如果舒先生一年后就购买汽车，会锐减用于投资的原始资金，因此最好两年后再购车。到时基金资产将会有所增值，再申请部分车贷，即可实现购车目标。

6年后，投资于股市的金融资产和投资于基金的金融资产不断增值，可用于建房的积累资金达到20多万元，加上借贷，届时基本可以实现购房梦。

购车：人生第二大消费目标

有房有车是现在家庭的组成要素。以车代步，不仅是生活质量提高的标志，也是生活水平提高的标志。因此，越来越多的家庭把购车纳入自己的生活目标，其中许多人已成功地进入车友族。

家庭汽车，不仅大大地方便了个人的出行，也节省了许多出行时间，这是许多家庭购车的主要原因。但购车并不是一个小数目，对很多家庭而言，还只是一个奋斗目标。不过，只要计划得当，一般收入的家庭也可以拥有一部心爱的汽车。

1. 选择经济适用的车型

选择一款经济适用的汽车，是购车者的心愿。以下方法可以作为参考：

(1) 看油耗

从节油观点来看，汽车自重与油耗成正比关系，即重量越大的汽车越耗油，使用经济性相对较差。例如，小型车自重每增加40公斤要多耗燃油1%；但自重大的汽车具备急转弯和急刹车状况下稳定性较好的优点，不易发生“发飘”的现象。

(2) 看驱动方式

你可以从驱动方式入手，选择自己需要的车型。

越野车：前后轮都有驱动力，牵引力大，通过性强，附着力大，稳定性好，车身和传动系统的钢板比轿车厚，安全系数高，适于越野。但重量大，节油性差。

中、高级轿车：前后桥承载的负荷基本一样，动力性强，牵引力大，在爬坡、泥泞道路和颠簸路上行驶时，动力性、防后轮侧滑和稳定性明显优越于“前置前驱动”的汽车。传动轴退至后桥，导致地板凸起，几个总成分开布置，占据空间较大，很难使汽车小型化。

中小型轿车：省了传动轴，传动系紧凑，重量减轻，地板降低且平坦，重心下降。上坡时重量向后移，前桥负荷减轻，不能产生足够的牵引力，不易在上下坡较多的山区使用。

微型车：省了传动轴，附着力大，牵引力也大，轴距较小，地板下没有排气管，发动机废气、噪音不会污染车厢内。后桥负荷大，转弯易侧滑，操纵系统长而复杂，冷却系统复杂，行李箱太小。

（3）看操作方式

有的汽车是自动挡（又称无极变速），装备有自动控制装置，行车中可根据车速自动调整挡位，无须人工操作，省去了许多换挡及踏踩离合的工作。其不足之处在于价格昂贵，维修费用很高，而且使用起来比手动挡车费油。因为自动变速器的动力传递是通过液压来完成的，在工作中会造成动力损失，尤其是低速行驶或堵车中走走停停时，更会增大油耗。

（4）看汽车轮圈

铝合金轮圈的价格很高，一般是钢制轮圈的2～3倍左右，但其使用的效益也远高于钢轮：一是质量轻，省油；二是散热性能好，增加轮胎寿命；三是圆度高，可以提高车轮运动精度，适合高速行驶；四是弹性好，提高车辆行驶中的平顺性，更易于吸收运动中的振动和噪音；五是可100%回收，属环保产品。

（5）看是否磨合

买车，最好买“零公里汽车”。所谓零公里汽车，是指车辆出厂后未经任何运营而直接销售或经专用运输车送到销售商手中，其行驶里程为零。在购买时，不要选择已经行驶了一定里程的新车（尽管这段里程是送车里程）。因为送车司机常常会违反新车磨合期的行驶规定，为赶时间而超速行驶，造成磨合不良，甚至发动机早期磨损，买回这种车可能后患无穷。

（6）看产地

进口车从质量上看要明显优于国产车，但从综合利弊方面来分析，除了前面的性能价格比之外，在日后的修理费用及配件供应方面，进口车并不占任何优势。国产车修配网点较多，且收费相对便宜。而进口车辆一旦出现故障或事故，修理起来就相对麻烦，一是进口车的性能、构造变化较快，一些修理人员技术不全面，难以提供高质量的服务；二是进口配件不但价格昂贵，而且还存在许多假冒产品。因此，不论从经济性还是实用便捷方面考虑，都应尽量选择国产名牌车。

（7）如何选择进口小汽车

如今，人们对汽车的需求量愈来愈大，对汽车质量的要求也愈来愈高，进口小型汽车种类比较齐全，有供人乘座的小轿车，有供乘座和载一定货物的客货两用车及工具车等。当需要购买进口小型汽车时，应根据用途选择全程的车型。

汽车重量的选择：同类车型的进口小汽车都有一个技术指标是自重，一般自重低的经济性会好些。据测定，小型车自重每增加40公斤，要多耗1%左右的燃油。特别是选用小客车时，要注意根据我国的实际情况选型。我国的道路条件及润滑油、燃油的质量大多数还不能适应豪华程度高、贮备功率及自重大的车辆，如果勉强选用这类车，会在使用中造成浪费或缩短汽车的使用寿命。

发动机类型选择：进口小型汽车发动机有汽油和柴油发动机两种，在其他条件相同时，柴油发动机汽车的经济性好。同类车型中，发动机排量愈小经济性愈好。根据我国的道路条件，轿车选用排量为1500～2200毫升的发动机，9～12座旅行车选用1800～2200毫升的发动机，0.5吨客货车选用2000～2500毫升的发动机，1.50～1.75吨客货车选用3000毫升的发动机为宜。

维修方便性选择：应选择零配件有保障、维修方便的车辆，这样可以减少维修费用和减少停驶时间。目前，日本进口汽车中，丰田汽车配件的种类和价格都优于其他车型。自动变速器在我国道路上使用经济性差，维修困难，应尽量不选用。

车身的式样选择：车身式样一般按其用途和爱好选择，按经济角度选择时，车身愈小经济性愈好。

2. 年轻夫妻的购车计划

一个中等收入的家庭若想购车，又不影响正常的生活消费，最佳方式是依靠投资。例如，王录大学毕业之后，在一家私营企业工作，今年28岁；妻子在某国有企业任会计主管，今年25岁。两人每月固定收入合计约13000元。由于工作繁忙且处于创业时期，各种条件尚未具备，考虑5年以后再生小孩。两人刚购买了80平方米价值45万元的按揭房一套，贷款35万元，每月供房款2000元，家庭其他开支约2000元/月；现有银行存款15万元，无其他投资。王录本人单位买了社保（失业和医疗）一份，每月由单位代缴200元。其妻子没有购买任何保险。

他们的家庭目标是，计划在年内买一辆13万～15万元的小车，想一次性付款。另外，为了在5年后能轻松养育小孩，也想积累足够的资金。

（1）财务状况分析

王录夫妻目前拥有总资产价值为60万元（实际拥有产权的价值为25万元）。其中，固定资产实际拥有产权部分为10万元，流动资金15万元，分别占40%和60%，表明其基本生活设施尚未完成。经济基础仍属较为薄弱阶段，资金流动性适中但收益水平偏低；工薪收入16万元/年，没有其他投资收益，基本消费额为2.5万元/年，偿还贷款2.4万元/年，则其家庭年收支比例为31%，属于较低的负债水平。15万元流动资金均为银行存款，显示其投资结构过于单一和保守，仍有调整和增加保值增值潜力的空间。

（2）投资建议

鉴于目前该家庭经济基础一般、抗风险能力不足、正常负债水平较低的情况，王录夫妇可在家庭投资时重点关注以下几个方面：

一是确保基本储备按照近期消费规律。即将到来的将是高消费时期的更大压力，首先应重视保持储蓄习惯，维持足够的现金流量，以免影响正常生活运转；加强储蓄积累仍是目前为养育小孩和夫妻退休养老资金做准备的最基本途径。建议保持5万元最基本的存款储备，其余7万元可作进一步安排以提高消费品质或投资收益水平。

二是谨慎考虑近期买车。现时夫妻年内可积累资金6万元，加上现有7万元流动资金，基本上可支付买车款项。但要注意的是，买车之后每月将增加平均约2000元的养车费用以及带动消费500元，家庭支出将达到6500元，收支比例为50%，仍属可承受范围；并且，暂时将没有可用于投资增值的资金。因此，是否买车要看几个方面：是否属于必备的交通工具；养车费用是否可以轻松支付；是否能够带来一定的经济效益。由于车价仍有较大的下调空间，因此很难确定何时才是最佳时机，可根据实际需要做决定。

三是调整家庭投资结构。在购买汽车之后，每年的基本资金积累为8万元，按照2∶4∶4的比例将资金安排在银行存款、委托理财产品、股票基金及信托产品的投资，避免通胀造成的资金贬值，并在分散风险的前提下达到保值增值的目的。另外，由于目前的社保水平在退休之后将难以维持较高的生活质量以及应付大额医疗支出，应为夫妻双方购买必要的商业保险，以现有收入水平，其必备保险的保费支出可控制在6000～8000元/年。

家庭旅游莫忘理财

许多人持这样的思想：赚钱的时候就拼命赚，花钱的时候就尽情花。比如，在旅游时只要玩得开心，多花点钱也不冤枉。其实，这种观点是有悖于花钱原则的，正因为有这种思想，许多人在旅游时花了“冤枉钱”。

旅游是件令人十分愉快的事，玩得开心对工作、生活、身体都有益；相反，若花钱买气受，反而容易导致情绪不佳。因此，你在“整装待发”前，得花些时间事先计划，做到旅游消费时不落入陷阱、不花冤枉钱。

1. 旅游前的准备

旅游前的准备工作，一般包括以下几项内容：

(1) 制订旅游计划

出行就要有出行计划。制订旅游计划，要根据家庭成员的假期情况。首先，要确定具体的出行时间；其次，确定旅游目标。选择旅游目标要突出重点，再以重点目标为中心沿途选择其他次级目标。随后，概算出游所需费用。费用主要包括交通费、景点门票费、食宿费、购物费等。预算要略有余地，以备急需。

制订旅游计划应统筹兼顾，每次出游都要将就近的主要景点涵盖，以便与以后出游的目标不再重叠，这样能够避免某一景点没有观光到还要单独一游或成为遗憾。例如，把游少林寺作为主要目标，可以顺路看看洛阳龙门石窟、开封清明上河园等城市和景点。如果去北京，故宫、天安门、长城、颐和园、十三陵等要在游览之列。一次出游前可制订几个方案，再从中选择，这样既可减少浪费，又能增强观光效果。

(2) 选择交通工具

出行可以选择不同的形式。不同的交通工具各有优势和不足，例如：

飞机速度快，省时，但费用高，工薪族不能以其为主要交通工具；火车、轮船比较经济，一般家庭能够承担得起，但速度慢，浪费时间，增加疲劳，降低兴致。如果条件好，可优先选择飞机，增强观光效率；如果是经济型旅游，可以铁路、水路交通为主。

确定了交通工具后，还要根据旅游目标科学选择路线，以减少重复和绕远，并合理搭配好交通工具。如果主要目的地较远，可以选择飞机直达，之后再选择铁路、轮船、汽车等短途交通工具，归途时以铁路、水路交通为主，费用也不会太高。如果选择铁路到达主要目的地，白天且旅途不远可购买特别快车或旅游快车的硬座票，如果夜间或旅途较远，就要选择硬卧或软卧，以便在途中能够得到休息。在旅途中，选择夜间赶路、白天观光可以争取时间，节约费用。夜间赶路坐轮船或乘火车卧铺可省下宿费，也不误白天观光。另外，到哪儿都要买张当地最新版的旅游图，其作用也不可小觑。

(3) 带上信用卡

以家庭为单位旅游，一次花费要几千元甚至上万元，带现金既麻烦又容易丢失，带上信用卡就方便了。现在，各旅游景点的金融服务和信用卡特约商户较为发达，持卡可以充分发挥作用，个人持卡旅游可以减少携带现金的麻烦。可以利用信用卡支付住宿、就餐、购买物品等费用；可以异地提取现金；可以透支消费。

2. 旅游中的省钱技巧

有人认为，出门旅游毕竟不是经常性的，可以“大方”一回。实际上，旅游是可以省钱的，关键是我们要树立“省钱”的意识。旅游省钱的方式有：

(1) 以步代“车”

旅游重在身临其境，身体力行地体味、感悟自然和人文景观中的境界和内涵。随着旅游区现代化建设和城市交通的发展，一些人的旅游已变成一种“坐游”。出门要“打的”，登山要坐缆车，这种做法不仅多花钱，而且容易走马观花，失去旅游的真正意义。以步代车，既可以最直接地观光，而且还能节省一大笔交通费用。

（2）到景区外食宿

一般来说，在旅游区内食宿要多花费，因此要尽量到景区外食宿。比如在到达确定的旅游景点前，可选择离景点几公里的小镇或郊区住下，然后选择当地有特色的小吃用餐。游览完后，也要再选择远离景区的地方住宿。在旅游中，早餐一定要吃饱吃好，午餐如果在景区内，最好有准备地自己带些面包、火腿、纯净水等方便食品，既省时又省钱。如登黄山，山上一碗面条就要二三十元，而自己带方便食品几元钱就可以了。晚餐可丰富一些，以使身体能够得到足够营养补给。在景区外食宿一般可以节省40％的费用。

（3）淡季出游

旅游的黄金季节，例如黄金周，也是游客最多的时节，此时虽然气候适宜、风景最佳，但家庭出游最好回避这一时间。因为此时出游，一是游人过多，难以清静；二是食宿困难，价格昂贵；三是交通困难，车船票难以购买，容易耽误旅程。如果避开旅游高峰期，一是可以有条件选择更合理、更经济的交通工具，能够随时购买到自己需要的车船机票，如果坐飞机可能享受到机票打折的好处；二是可以在住宿、门票等方面得到折扣优惠；三是游人少，可以更直接地感受到各种不寻常的风光；四是有利于减少干扰，步行观光，能够到达旺季时因游人过多难以到达的地方。

（4）慎购旅游纪念品

在旅游景点购买纪念品，是人之常情，富有纪念意义。然而，有的旅游纪念品缺乏特色和纪念意义，并且粗制滥造，雷同和假冒的多。所以，在旅游区不要随意购买所谓贵重的纪念品、热情向你推销的土特产品、你不熟悉和不能识别质量的产品等，以防上当受骗。如果有必要购买些纪念品，可以采取以下方式：一是以购买小物件为主，如有当地景区标识的旅游帽、胸针、拐杖等；二是到当地的专卖店或大商场购买有质量保证的土特产品。

3. 明明白白地消费

旅游的过程，就是消费的过程。面对纷繁多样的旅游产品，如何选择质量好、服务优，行程、价格都适合自己的线路，是人们关注的热点。过去，旅行社的欺骗行为多是"强盗式"的明刀明枪，而现在很多消费陷阱则越来越隐蔽，隐性消费成为新的投诉热点。要辨别旅游产品优劣，可运用如下招数：

（1）不能只看表面价格

最重要是通过食、住、行、游、购、娱六大要素，来了解一个旅游产品的真正价值，如景点、住宿、餐饮标准等。

（2）用心看广告

打广告吹嘘是许多旅行社的惯用手法。所以，要谨防在数字游戏的广告中"迷了路"，如虚增天数、分拆景点，把同一景区的景点尽可能多地写在日程安排中等。

（3）谨防"零团费"、"负团费"现象

对低于正常成本很多的价格，游客到了旅游目的地，导游就会强迫游客购物和增加自费项目来换取利润。所以，报名前要看清楚团费包含了什么项目，什么景点门票，如合同上注明要增加自费项目的，则要小心"零团费"、"负团费"的价格陷阱。

选购空调省钱方法

空调早已不是企业和机关的专用品，它正在走进千家万户。它带给我们凉爽的世界，让我们远离夏日的酷热，享受四季如春的生活。选购空调时，不仅要图好，更要图省。

夏日炎炎的季节，热浪阵阵，"淹"得人喘不过气来。外面的世界实在待不下去了，那就回到自己的“小世界”里去吧！在那里，打开空调，冷气扑来，顿时置身凉爽的环境里，令人爽心悦目。仅仅一墙之隔，恍若两个世界。这就是空调的价值所在。

这个在几十年前难以想象的事情，如今不仅在都市，就是在富裕的农村也不是新鲜的东西了。许多家庭正在成为空调的消费者。购买空调，也是有窍门的，怎么才能买到又好又省的空调呢？

1. 选购空调的方法

夏日炎炎，热得人无处藏身。不过，如果你拥有一款家庭空调，暑气就会“退避三舍”。以下介绍的是空调选购方面的技巧。

(1) 按房间选择功率

选择空调，不能一味看它的制冷量，而应按房间的大小而定。制冷量是空调器的主要规格指标，制冷量越大，制冷效果就越好。但空调是一种比较费电的产品，如果一味追求高速制冷，小房间买大空调，就会造成不必要的浪费；而过分考虑电费问题，又会带来“小马拉大车”的尴尬。所以，消费者在选择空调的功率时，一定要“量房购买”。

一般地，可按下面公式计算房间所需的制冷量、制热量：制冷量＝房间面积×（140W～180W）；制热量＝房间面积×（180W～240W）。需要注意的是：该公式系按层高2.5米的房间计算的，如房顶较高，应适当加大功率。例如，一间15平方米以下的居室，选择2300W（小一匹）至2500W（一匹）的空调即可。不过，具体情况还应根据房间大小、格局、朝向、楼层高低、房间保暖性、居住人数等因素决定，在朝阳、通风不畅或是外墙较多的房间，所选空调的功率就应适当放大。

(2) 按环境选择类型

空调类型的选择，因所处地区以及房间的形状、布局、朝向、楼层的高低、居住人口等方面的不同而不同。例如，面积同样为28平方米的客厅，如果形状是四四方方的，噪音较小的分体壁挂型空调当然是最佳选择；但如果房间被拉成了长条状，就应该考虑让风力更强、送风更均匀的柜机一显身手了。再例如，如果你所住的地区冬季室外温度非常低（低于零下 5℃)，热泵型冷暖空调就会“罢工”，所以电辅助加热型冷暖空调才是你最佳的选择；另外，看好一拖二空调的家庭应当注意，一拖二机组的适用条件是：两个房间相临（隔壁）且面积相当（现在虽已有可供面积差异较大的两居室使用的变频一拖二，但造价较高，还不如选用两台分体机合算)。

(3) 按商家服务选择价格

随着空调市场竞争的日益激烈，空调价格的差距也越来越大，同一品牌、同一型号的产品在不同卖场的价格差甚至能超过 3 位数，因为空调售价不仅取决于空调器本身，还会因装配材料、装配水平以及商业利润的高低而有很大水分。所以，买价格过高的空调不合算，但价格过低也会有偷工减料之嫌。

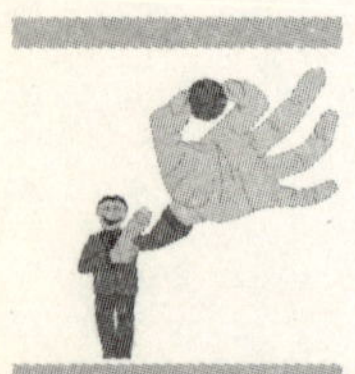

一般来说，到空调专营店购买空调要比在大商场买节省 10%～20%左右。但空调是一种“半成品”，不是买来就能自己使用的，还必须经过专业队伍安装、调试之后方可使用，如果安装、调试不好，会带来一系列毛病，譬如空气排不净、管道连接处泄漏等，不仅会影响使用效果，还会增添许多烦恼。同时，厂家的许多售后服务措施也需要经销商去执行、落实，在这方面，大商场的信誉比较可靠，而专营店的资质则良莠不齐。所以，如果看中了专营店的价格后，一定还要考察它的服务水平。

2. 选购空调如何省钱

省钱，也是购买空调的硬法则。怎样才能买到真正“省钱”的空调呢？众所周知，空调能效越高就越省电，能效越低价格越便宜。然而，高能效空调省电却不便宜，低能效空调价格便宜却不省电，为此消费者总是感到进退两难。对此，专家表示，有五大技巧可以让你买到“省钱”空调。

(1) 买得省钱

过去，我们只知道按面积选功率，比如，16～20 平方米房间就选 1.5P 空调挂机，21～37 平方米房间就选 2P 空调柜机。但是，如果只知道按面积选空调，而不知道按时间选空调，也会多花许多冤枉钱。因此，根据专家建议，选购空调要按自己每年使用空调时间来选择不同能效的空调最好。如果你家每年使用空调时间长达 11～12 个月，那么买一级能效空调最省钱；每年使用 8～10 个月，买二级能效空调最省钱；每年使用 3～7 个月，则买三级能效空调最省钱；使用时间低于 2 个月，则买四、五级空调比较省钱。

（2）用得省钱

购买空调最好买能效比为三级的空调，虽然低能效空调价格比较便宜，但使用起来却比较耗电。以 1.5P 空调为例，按一年使用空调 6 个月时间来计算，使用三级能效空调要比五级能效空调，每年在使用中省钱 200 元左右，10 年时间就可以省下一台空调。如果你不想花太多的钱，买高效空调又想节约电费，最好购买三级能效的空调。

（3）持久省钱

在购买空调的时候不仅要考虑能效比，还要考虑空调的“心脏”是否采用国际知名品牌高效压缩机，以及系统是否优化设计。事实上，中国空调业目前能效技术并不成熟，很多品牌所谓的“高能效”空调，是选用能力较小的压缩机配上体积较大的室内机和室外机，“用小马拉大车”，空调使用寿命可想而知。

（4）健康省钱

随着生活环境质量逐年下降，健康成了人们生活与工作普遍关心的话题，因此，购买空调除了看重节能之外，还需要考虑空调是否具有健康功能。使用健康空调不易得“空调病”，身体健康比什么都省钱。

（5）服务省钱

空调行业内素有“三分质量，七分服务”的说法。空调在安装前只相当于半成品，安装的好坏，直接关系到空调的使用安全、效果和使用寿命等问题。空调的售后服务也非常重要，奥克斯等企业提出“6 年包修”，即 6 年之内免费为用户提供维修服务，让消费者省去 6 年的维修钱。

3. 使用空调的省电技巧

在购买空调后，如何省电就显得非常重要。实际上，省电就是省钱。

省电的技巧有：

（1）设定适当的温度

制冷时，不要设置过低温度，若把室温调到26℃～27℃，其冷负荷可以减少8%以上。实践证明，对静坐或轻度劳动的人来说，室温保持在28℃～29℃，相对湿度保持在50%～60%，人并不感到闷热，也不会出汗，它应属于舒适性范围。人在睡眠时，代谢量减少30%～50%，可将空调设于睡眠开关挡，设置温度高2℃，可达到节电20%；冬季制热，温度设置低2℃，也可节电10%。

（2）清洗过滤网

空调的过滤网要经常清洗，这样才能保证空调轻松运转。太多的灰尘会塞住网孔，使空调加倍费电。

（3）改善房间的结构

对一些门窗结构较差、缝隙较大的房间，可做一些应急性改善。如用胶水纸带封住窗缝、在玻璃窗外贴一层透明的塑料薄膜、采用遮阳窗帘、室内墙壁贴木丝板塑料板、在墙外涂刷白色涂料减少外墙冷耗。

（4）选择制冷能力适中的空调

一部制冷能力不足的空调，不仅不能提供足够的制冷效果，还会使机器由于长时间不间断运转，增加使用故障可能性，并会给用户以耗电大、功率不足等不佳的印象。一部制冷功率过大的空调，会使空调恒温器过于频繁开关，导致对压缩机的磨损加大；同时，造成空调耗电的增大。

（5）开空调时关闭门窗

空调房间不要频频开门，以减少热空气进入；当室内无异味时可以不开窗，可以节省5%～8%的能量。

（6）提前关空调

离家前十分钟即关冷气，可以节省电能。

（7）其他技巧

还有一些技巧可以达到省电的目的。例如，出风口高度要适中，制热时导风板向下，制冷时导风板水平，效果较好；空调的配管短且不弯曲，制冷效果好且不费电；出风口保持顺畅，不要堆放大件家具阻挡散热，否则会增加无谓的耗电；在夏季，遮住日光的直射，可节电约5%。

冰箱选购讲究适用

结婚、买房、开汽车、购家电，是现代人，特别是年轻人的家庭梦想。然而，人们在购买家电时，又能懂得多少相关知识呢？冰箱是家庭不可缺少的贮存工具，什么样的冰箱才是最好的呢？

冰箱是家庭必备电器，如今已从城镇走进农家。商店里的冰箱牌子很多，令购买者眼花缭乱，无从着手。想买到一台称心如意的好冰箱，需要考虑的因素很多，如容积、外观、结构、质量、价格、品牌等。这些都令人们感到买一台冰箱并不是一件容易的事。

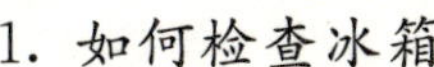

1. 如何检查冰箱

挑选电冰箱可分两步进行，一是通电前检查，二是通电试验。

(1) 通电前检查

一是外观检查。在开启包装箱后，应首先检查电冰箱的箱体，门及顶框等处是否存在碰伤、碰坏之处。由于电冰箱重量重、体积比较大，尤其要注意是否存在运输装卸过程中受力过猛而引起的底部变形。

电冰箱的表面涂层起色质应均匀发亮，不应有麻点，气泡和明显的划痕更不应有大、小面积涂层脱落现象存在。电冰箱的电镀件应光亮细密，不应有镀层脱落或生绣之处。此外还应注意塑料装饰件，尤其是拐角处有没有损坏之处。

冰箱的箱体和电冰箱的内部都是经过发泡工艺来处理完成的，如果在制冷过程中，工艺要求不严格或操作不谨慎，发泡材料溢出箱体或外部涂层表面，就很难除去，在外观挑选时应注意箱体表面有没有油迹。

二是电冰箱内部检查。首先先检查门封，因为门封是直接影响冰箱的耗电量和保温效果，也影响制冷压缩机寿命。质量好的门封有很好的吸合力，开启电冰箱门时，明显感到有阻力。如果没有，则门封质量不好。

电冰箱的冷冻室一般都是由铝板制作而成的，应仔细检查冷冻室的铝板有无明显的裂痕，因为电冰箱制冷室内胆是由ABS塑料板经过真空成形工艺制成。检查是否平整，是否有裂痕或有起皱的地方，尤其是过度原角是否圆滑、内胆镀板薄厚是否均匀。

在检查冷藏室时，要重点注意温控器是否转动灵活，化霜按钮按下，是否能迅速反弹回来。

然后，查看电冰箱的说明书，查看冰箱里带的一些器材如制冰盒、搁货架、果菜盘、霜铲子等是否齐全。

（2）通电检查

经过以上检查后，可通电试运行，将温控器旋钮调到一定的位置上，连通电源，检查灯开关和灯泡是否正常。在接通电源的一瞬间，应注意压缩机的启动性能是否能一次启动。

电冰箱运行几分钟后，用手摸电冰箱冷凝器，应有明显热感，而且热得越快越好，而回气管则有明显的冷感。若无冷感，则说明电冰箱的性能比较差。如果回气管上有霜，则说明制冷加得过多，不积耗电量大，而且制冷效果也不是很好。

运行20～30分钟后，检查冰箱内部蒸发器表面应有一层薄而均匀的霜层。若蒸发器上结霜不均匀或某一部位不结霜，则说明电冰箱的制冷性能比较差。对间冷电冰箱，用手按下风机开关，此时风口出出冷气。

噪音也是电冰箱的重要性能之一。由于大部分压缩机的自身噪音并不大，冰箱噪音主要来自压缩机运转时与管道及箱体产生的共振。但在商店选购时，由于环境噪音比较大，因而很难听出电冰箱的噪音。若用手接触箱体时，有轻微震动的感觉。

2. 冰箱的选择

购买电冰箱，不要光听售货员说得怎么怎么好，而要认真选择真正属于自己、适合自己的电冰箱，那才是最经济、最实惠的选择。

(1) 冰箱容积

关于冰箱的容积，专家建议人均60～70立升较为合适，一般三口之家选择200升左右的冰箱就比较理想了。当然，人口较多，经济条件好，住房面积大的家庭，可相应挑选容积大的冰箱。

(2) 制冷方式

电冰箱的制冷方式有直冷式（有霜）和风冷式（无霜）两种。直冷冰箱保鲜、保湿性能好，价格相对便宜些，但需经常除霜，最适合在冬季比较干燥的北方和内陆地区使用；无霜冰箱冷冻室自动除霜，箱体内温度比较均匀，且体积越大，具有的冷量分布均匀、冷冻效果的优点就越突出，较适合空气湿度较大的沿海、长江沿岸及以南地区使用。但要注意的是，现在市场上出现了一种冷藏室带有风扇的直冷型电冰箱，这种来自欧洲先进的动态冷却技术，既解决了普通直冷电冰箱冷藏室温度不均匀的问题，又有效保证了箱内的湿度，已逐渐成为消费新宠。

(3) 品牌

品牌反映一个企业的综合水平，通常是产品质量和信誉的标志，这就是人们追求名牌的原因。其实小到一种产品，大到一个企业，都需要一个不断发展完善的过程。历史悠久、知名度高的国际化公司当然在这方面具有明显的优势。聪明的消费者可根据自己的需要，从性能价格比的角度去选择冰箱，既不迷信洋货也不盲目追求名牌。其实，绝大多数300立升以下的进口冰箱并非进口国本土生产。

(4) 结构

现代冰箱的潮流向多温区和多门的方向发展，除了通常的冷冻和冷藏区间，还有冰温区、急冷区甚至变温区，这些功能不仅可提高食物冷藏质量，而且使用也方便。多门冰箱不仅使冰箱更显高档豪华，也使食物的冷藏更科学、合理、卫生。

(5) 质量

电冰箱是耐用消费品，所以你应该选择质量可靠的冰箱。随着我国冰

箱产业的升级换代，各牌子电冰箱制造质量方面的差异已经很小，在衡量电冰箱质量时，不妨多从技术档次和原材料使用两个角度来考虑。冰箱是制造工艺比较复杂的家用电器，其设计水平和生产工艺对冰箱的质量影响很大，技术起点高的厂家生产的冰箱质量有保证。零部件特别是关键部件的选用对冰箱的使用寿命影响很大，优质冰箱一般选用纯铜管、进口涂复钢板等优质部件，保证制冷系统的寿命和冰箱的防锈能力。

（6）售后服务

一般冰箱都会有一定的返修率，因此选择售后服务好的产品也是十分有必要的。国内的冰箱厂家都有自己的一套售后服务标准，不妨从维修费用、保修时限、维修速度、维修服务的全面性以及周到性等实在因素去衡量厂家的售后服务水平。不要盲目听信高谈阔论、不着边际的花言巧语，比如，多少多少“星级”的服务形式等。不妨向享受过厂家售后服务的人打听一下其真正的售后服务水平如何。一般来说，在同等条件下，就售后服务而言，国货比洋货、本地产品比外地产品更令人放心。

3. 什么样的冰箱最适用

市场上关于冰箱存在大量不切实际的宣传，各种冰箱几乎都被冠以“绿色冰箱”、“环保冰箱”、“无氟冰箱”、“节能冰箱”等名称，很容易使消费者步入误区。为此，以下问题值得购买者重视：

（1）是否低能耗

冰箱在长达10余年的使用过程中还要追加投人，这其中主要是电费支出和维修费用。消费者在购买之前对这两方面都要做充分考虑。特别是电价存在上调的可能，就更不能只顾冰箱价格便宜，忽视了今后高额的电费支出。因为冰箱型号各异，容积也各不相同，消费者在比较时常常无从着手。如果你用以下的公式进行计算比较，就可以化繁为简，轻松定夺：

冰箱每百升耗电量＝日耗电量/冰箱净容积×100。所得数值越小，越省电。

有些厂家参照欧洲能耗标准，给产品划定能耗级别并在冰箱的门板上贴有相应的节能标签，其中A级是最为节能的产品。消费者在购买产品时可作为参考。

同时，节能和环保也有着紧密的联系。现在中国多为人力发电，燃烧大量的煤来生成电，这既污染了大气，又加速了不可再生资源的枯竭。保护地球——我们共同拥有的家园，你我可从选择节能产品做起。

（2）冷冻程度如何

冷冻力是衡量制冷器具的一项重要技术指标。但制冷器具用途各不相同。与商业用途、科学研究等特殊需要相比，家用电冰箱主要的技术性能不应该是制冷，而应该是保鲜。过大的冷冻力不仅会无谓地增加用电量，而且会破坏食品内部的组织和营养结构。对于讲究色香味的人来说，保鲜是消费者购买冰箱的第一需要。

（3）是否价廉物美

追求名牌是当今的消费时尚。但是名牌并不意味着价高，特别是电冰箱这种技术成熟的产品，不同的品牌，其材料原件、制造工艺、质量性能都基本相同，因此制造成本也大致相同。影响产品价格的因素往往是一些软成本，诸如广告宣传费用的支出、内部管理的费用以及其他因素等，特别是企业的管理水平和营销策略的运用，对商品价格起着相当重要的作用。

（4）设计是否科学

和冷冻力一样，电冰箱的耗电量也是一个相当重要的性能指标。但是要达到最佳的保鲜效果，仅仅在减少用电量上做文章是不够的，必须要有最优化的结构和制冷设计。企业可以通过增加保温层（成本相应有所增加）这类简单措施达到节省电量的目的，也可以通过采用新技术成果提高能效比。因此，不能片面地强调越省电越好。

如何购买液晶电视机

现代科技日新月异，当模拟电视刚刚进入千家万家，数字电视又以不可阻挡的气势走过来，向我们展现其迷人的魅力。于是，许多人又开始更换旧电视，选择这种节能、环保的新产品。如今，液晶电视对许多家庭来说已不是新鲜玩意儿了。不过，如何购买液晶电视，并不是每一个人都清楚的。

很多家庭对液晶电视产生了浓厚兴趣，以往高高在上的液晶电视，现在离普通人家又接近了许多。但是，由于液晶电视价格较高，其技术参数指标也不为普通消费者所熟悉，容易使人陷入迷惑之中。下面就是液晶电视选购中最重要的九大指标，可以供你在选购时参考。

1. 屏幕尺寸

屏幕尺寸通常指屏幕对角线的长度，单位为英寸。和电视机一样，大的液晶电视观看效果好一些，更利于远距离观看或者在宽敞的环境观看。

目前，液晶电视比较适合在卧室或者书房使用，因为受液晶面板制造工艺的影响，大尺寸液晶面板的成本会急剧上升，现在的主流液晶电视的尺寸为26～37英寸。全球液晶领军厂商日本夏普公司曾推出65英寸的液晶电视，使液晶电视在尺寸上也大踏步地赶上了等离子和背投电视。但一般卧室观看26寸的液晶电视就足够了。

2. 屏幕比例

人们一般把屏幕宽度与高度的比例称为屏幕比例。目前液晶电视的屏幕比例一般有4∶3和16∶9两种。

20世纪50年代，刚刚诞生的电视行业面临着采用何种屏幕比例作为电视标准的问题。为了方便把电影搬上电视屏幕，美国国家电视标准委员会（NTSC）最后决定采用学院标准作为电视的标准比例，这也就是4∶3电视画面比例的由来。这个比例一直到今天仍是电视的主导标准。

由于这样的传统，目前我们所接收到的电视节目都是这样的比例。然而电影画面一般都是宽银幕的，将宽银幕的电影转换为4∶3比例显示会造成画面质量、形状或者内容的损失，为了在电视机上更好地收看电影节目，16∶9的电视屏幕比例出现了，并且未来的高清晰电视主要会以16∶9作为标准，因此目前绝大多数液晶电视也采用了这样的屏幕比例。

不过，需要注意的是，15寸和20寸的液晶电视没有16∶9的规格，只有4∶3的规格，我们在选购的时候要注意。

3. 图像分辨率

液晶电视的分辨率是固定的，这一点一定要记住。它不像电脑液晶显示器那样，可以调节分辨率。液晶电视的固定分辨率同时也是它的最佳分辨率，高分辨率可以很容易做到兼容HDTV。对于任何不是液晶屏最佳分辨率的视频信号，液晶电视都需要将图像分辨率转换后再显示。

对于液晶电视而言，分辨率是重要的参数之一。传统CRT电视所支持的分辨率较有弹性，而液晶电视的像素间距已经固定，所以支持的显示模式不像CRT电视那么多。液晶电视的最佳分辨率，也叫最大分辨率，在该分辨率下，液晶电视才能显现出最佳的影像。

液晶电视呈现分辨率较低的显示模式时，有两种方式进行显示。第一种为居中显示：例如在XGA1024×768的屏幕上显示SVGA800×600的画面时，只有屏幕居中的800×600个像素被呈现出来，其他没有被呈现出来的像素则维持黑暗，目前该方法较少采用。另一种称为扩展显示：在显示低于最佳分辨率的画面时，各像素点通过插值运算扩充到相邻像素点显示，从而使整个画面被充满，但这样会降低原本的清晰度与色彩。

目前液晶电视主要有800×600、1280×768与1366×768等几种常见分辨率。

4. 对比度

对比度是传统液晶的弱项，如果对比度不够，画面会显得暗淡，缺乏表现力。液晶屏的对比度指标决定着显示画面的层次是否丰富，不同产品在这个指标上存在比较明显的差距，用户在购买前应该注意了解这一指标。

对比度则是屏幕上同一点最亮时（白色）与最暗时（黑色）的亮度比值，高的对比度意味着相对较高的亮度和呈现颜色的艳丽程度。

品质优异的液晶面板和优秀的背光源亮度，两者合理配合就能获得色彩饱满、明亮清晰的画面。目前液晶电视的对比度为300∶1～600∶1。

5. 亮度

亮度是指画面的明亮程度，单位是cd/m2或称nits。在目前的情况下，提高亮度的方法有两种：一是提高LCD面板的光通过率；另一种就是增加背灯源的亮度。

亮度过低不利于清晰地表现出视频画面，对于一些昏暗的场景就更无能为力了。此外，屏幕的亮度均匀性也非常重要，但在液晶电视产品规格说明书里通常不做标注。亮度均匀与否，和背光源与反光镜的数量与配置方式息息相关。品质较佳的电视，画面亮度均匀，无明显的亮区。这一点，在将画面切换到黑屏状态下，更容易捕捉到亮度不均匀的情况。

现在，由于普遍采用了多支灯管背光的技术，液晶电视的亮度已经能够令人满意，观看电视节目已经足够了。

6. 观看视角

从目前情况来看，市面主流液晶电视的观看视角普遍都已超过170°，已经基本不会造成不良的影响，观者在不是太偏的位置都可以正常观看。当然，观看视角这一指标还是越大越好。目前一些新上市的液晶电视可视角度都可以达到176°。

7. 背光寿命

液晶面板本身不能发光，它属于背光型显示器件。在液晶屏的背后有背光灯，液晶电视是靠面板上的液晶单元“阻断”和“打开”背光灯发出的光线，来实现还原画面的。

只要液晶显示器接通电源，背光灯就开始工作，即使显示的画面是一幅全黑的图片，背光灯也同样会保持在工作状态。

由于液晶面板的透光率极低，要使液晶电视的亮度达到还原画面的水平。背光灯的亮度至少到达到 6000cd/m?。背光灯的寿命就是液晶电视的寿命，一般液晶电视的背光寿命基本在 5 万小时以上。也就是说，如果你平均每天使用液晶电视 5 小时，那 5 万小时的寿命等于你可以使用该液晶电视 27 年。

液晶电视背光灯的效果锐减比等离子电视要缓和得多，一般等离子电视在正常工作 2 年后，就会出现画质锐减的效果，液晶电视在这方面比等离子强出不少。

8. 响应时间

所谓响应时间是指：像素由暗转亮或由亮转暗所需要的时间。一般将响应时间分为两个部分：上升时间（Rise Time）和下降时间（Fall Time），而用于描述响应时间时，则以二者之和为准。从早期的 25ms 到刚刚推出的 8ms，响应时间在被不断地缩短，液晶产品不适合娱乐的陈旧观念正在受到巨大挑战。

实际上，我们上面所说的 8ms 响应时间是针对全黑和全白画面之间切换，由于这种情况下切换所需的驱动电压比较高，所以切换速度最快，可以达到 8ms，甚至更短。而实际应用中大多数情况都是灰阶画面的切换（其实质是液晶不完全扭转，也不完全透光），所需的驱动电压会比较低，故切换速度相对较慢。

数据表明：响应时间 30ms，每秒钟电视可显示 33 帧画面，足已满足 DVD 播放的需要。响应时间为 25ms，每秒钟电视能够显示 40 帧画面，完全满足 DVD 播放以及绝大部分电影或者游戏的需要。

9. 色彩数量

色彩数就是屏幕可显示颜色数的总和。对屏幕上的每一个像素来说，

256种颜色要用8位二进制数表示，即2的8次方，因此我们也把256色图形叫做8位图；如果每个像素的颜色用16位二进制数表示，我们就叫它16位图，它可以表达2的16次方即65536种颜色；还有24位彩色图，可以表达16777216种颜色。目前一般液晶电视都支持24位真彩色。

其他一些参数指标，比如液晶电视内置音响功率，以及液晶电视接口，相对都比较好观察和考核，大家在购买的时候看一下产品介绍，实际观察一下就可以了。

购买电脑配件谨防陷阱

如今，电脑已不是机关和企业的办公用品，而是许多家庭的娱乐品。购买电脑可以要整装的，也可以要拼装的。甚至，只要具备一定的电脑知识，个人也可以购买配件自己组装，这样又省钱又放心。

购买电脑配件之所以要强调防假，是因为电脑配件是整个电脑中最好做假的了。稍有良知的商人，最多是将使用过的产品、返修的产品当新品卖；而丧失良知的就干脆卖假货，或将收购来的旧货清洁一番，当做全新的卖。这就要求消费者一定要多留个心眼，谨防不良商家的小伎俩。

1. 购买电脑配件的陷阱

中国已出台了《微型电脑商品修理更换退货责任规定》，但《规定》主要是针对整机或随整机购买的配件，对于拼装电脑或单独购买的电脑配件方面却没有具体的说明。由于大部分消费者对电脑配件行业了解不深，在缺乏法律法规约束的情况下，当前的电脑配件市场假货、“水货”泛滥，损害了人们的合法权益。

购买电脑配件常遭遇的陷阱主要包括假货陷阱、“水货”陷阱、劣货陷阱、价格陷阱和售后陷阱。

(1) 假货陷阱

计算机配件的“假货”大致分为两类，一类是仿冒他人的品牌，主要集中在一些科技含量不是很高、不需要投入太大规模生产线的产品，像板卡、光驱、软驱、风扇、鼠标、机箱之类的产品，尤以板卡、光存储驱动器为最多；另一类是用技术指标较低的产品假冒技术指标较高的产品，以中央存储器 CPU 及内存的“REMARK”（打磨）为代表，这类造假是电脑配件特有的现象。

(2) 水货陷阱

以“水货”冒充正品，是计算机配件市场非常普遍的现象。由于进货渠道的不合法，“水货”除了偷逃关税，用户也很可能得不到正常的保修服务，这也是“水货”比正品便宜的关键所在。“水货”主要集中在 CPU、硬盘等重要配件。另外值得一提的是，目前普遍存在将盒装 CPU 拆开后，分别以散装 CPU 进口，然后换一个风扇再重新包装，因为厂家原装风扇质量比较好，销售商不但逃避了部分关税，也可以从风扇上大赚一把。

(3) 劣货陷阱

劣货陷阱是对消费者权益损害最大的一类陷阱，几乎各类配件都存在这个问题，尤其以显示器、板卡、光驱等为甚。劣质货一般以返修货、翻新货、次品等为代表。个别不法商家更是刻意以极低价格收购旧货翻新冒充新货出售，还有部分劣质电脑配件则是生产过程的次等品。

(4) 价格陷阱

价格陷阱是一种比较隐蔽的陷阱，最常见的手法是故意将 CPU、硬盘、内存等大家都关心的、价格透明的部件报一个很低的价格，在这些部件上甚至可以低于进货价，而从键盘、鼠标、机箱、显卡、显示器（尤其是不知名的品牌）等消费者不太留意的部件上面狠赚一笔。另一种手法则是，按消费者自己拟定的配置先报一个很便宜的价格，等消费者交纳了定金后，商家又告诉消费者这种型号没货，那个牌子停产等，然后极力推荐使用其代理的产品，最后一算，比原来的报价高了很多。

(5) 售后陷阱

售后陷阱主要是由于商家销售的是水货或假货，售后服务主要是商家提供，如果商家不在了，消费者就保修无门了；就算商家承诺保修，往往在真的出现问题之后，却以种种借口将责任推卸给用户；有些商家在遇到有售后服务要求时，口头承诺得很好，实际操作时则采取“拖延战术”；有些则干脆借口自己已经不是这种产品的代理商，叫用户直接去找上级代理商。

2. 对付陷阱的方法

对付假冒电脑配件的方法，就是让自己“明白”起来。对于购买电脑的知识比较缺少的人，主要依靠内行人指点；而对于内行的人，那就省事多了。

(1) 外行人购买法

首先要选择规模比较大、信誉比较好的商家。其次，最好找个懂电脑的人做参谋，可以先上网查一下报价，大概整理一下需要的电脑配置，这样才不至于被商家蒙骗。在购买时一定要向对方索要发票或购物凭证以及盖有其公章、写清楚配件详细价格型号的配置单和保修卡，保修卡上还需要注明保修期限等，这样才能保证一旦出现问题后，商家不能推诿。

另外，在购买电脑或配件后，想知道自己是不是买了假货，可以请专业人士使用测试软件测试一下，一般可测试出计算机各个配件的详细型号，如CPU的原始主频、型号，硬盘的品牌、容量、转速、缓存大小等，这样不用打开机箱就能知道是否购买到了假冒伪劣产品。

(2) 内行人识别法

CPU（处理器）：正品盒装处理器包装印刷精美，颜色调制也很纯，白色的部分绝对不会发黄，渐变部分也会显得很清晰。正品的封品贴撕下后在盒子表面会留下字母，而假盒子的封品贴撕下什么都没有。只要小心，还是能避免买到假盒装处理器的。

主板：一般来说，购买装机商摆放展示的样品没有大碍，但返修品可要留个心眼了，一看、二闻不可少。“一看”：看板卡包装、配件是否齐备，主板自身有无维修痕迹。“二闻”：新板卡有股塑料味，且较为浓烈，而返修板卡由于使用时间已久便没有这股味道了。另外，小品牌主板最好不要购买，因为这类产品的质量及售后通常缺乏保障。不过，尽管一些大品牌承诺3年质保，但部分经销商为了避免麻烦，都只会承诺1年。到时可要据理力争，并且要在电脑质保书上详细注明。

显卡：购买显卡时，在注意是否为返修品的同时还应注意显卡的规格。拿ATIX550及X1600PRO显卡来说吧。X550显卡分X550及X700SE改造而来的X550XT，两款显卡的性能不可同日而语。X550最多可能采用DDR2显存，而X550XT采用的可是DDR3显存，刨去核心的差异，单显存这一块，性能就差了不少。X1600PRO显卡就更混乱了，同样的产品有采用DDR31.4ns显存的，有的则采用2.0ns显存。而这些事，商家是不会告诉你的。

内存：购买内存关键的一点还是注意品牌及产品的售后，那种所谓的HY兼容条最好还是不碰为妙。如何鉴别内存的水货与假货？以知名品牌Kingston为例，第一步，查看PCB板和产品规格标签上的4位数字是否一致；第二步，通过变换角度查看kingston型号标签上的人像防伪区（官方称为guninekingston的人像防伪区），从不同角度观看，其颜色就会不同；第三步，到kingston网站的产品认证页面进行产品验证。

光存储：光存储的故障率相当大，返修回来的产品再次销售是一定的。少数问题较轻的产品，外壳只要磨损不大，返修回来换个包装就再次销售，这类产品的表面多半有少许擦痕，容易识别。但问题较重的返修品，且产品外观不佳，厂商方面一般会更换外壳再发给经销商，再由经销商包装售出。碰到这样的产品，只好自认倒霉。购买光驱的诀窍就是，不管黑猫白猫，能好好工作且售后有保障的就好，不用刻意追求大品牌。

硬盘：硬盘的技术含量比较高，所以在保修期内的硬盘都是返回厂家去修理，而厂家在维修硬盘之后，会在盘面上做出相应的标识，这成了我们区别的重要标志。看到这样的标记，就不要购买。另外，如果有的商家硬盘的价格比别处要便宜很多，也有可能是返修硬盘。只要记住一点，购买盒装正品长质保硬盘不会错。

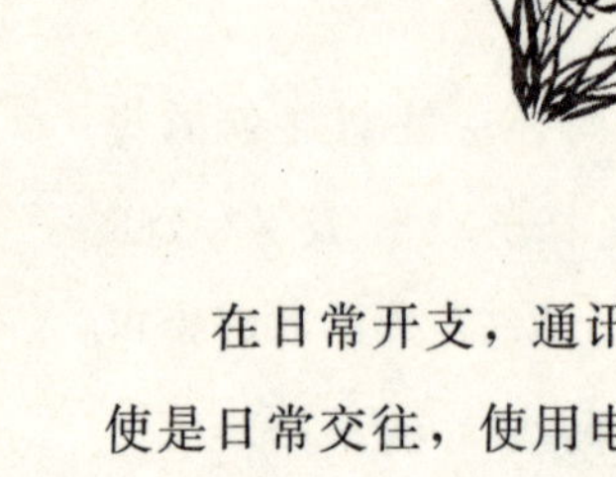

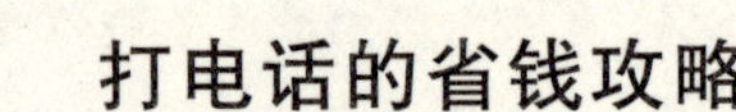

打电话的省钱攻略

在日常开支，通讯费用也是一笔不小的数目。不说业务上的需要，即使是日常交往，使用电话的频率也不会低。好在现在有许多省钱的技巧，可以让你的话费降下来。

电话分固定电话和移动电话两种。固定电话比较省钱，但使用受限；移动电话使用方便，但话费相对较高。不过，在使用不同电话时，电信或移动电话部门制定了一些优惠措施，许多优惠电话卡也应运而生，这些都我们降低话费带来了希望。

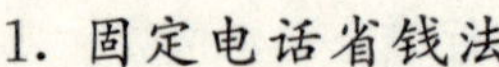

1. 固定电话省钱法

在使用固定电话时，通过通过以下技巧省去部分话费。

(1) 打市话越短越合算

目前，国内市话资费是这样规定的：营业区内通话费计费单元由按 3 分钟一次计费改为按首次 3 分钟，以后每 1 分钟计费 1 次，首次 3 分钟资费标准为 0.18 元、0.2 元、0.22 元；以后每分钟资费标准为 0.09 元、0.1 元和 0.11 元。如果连续打 1 小时市话，按最高档次，即首次 3 分钟 0.22 元，以后每分钟 0.11 元计算，话费自然还要高。对于习惯在电话里聊天的人来说，应该考虑有所节制，否则电话费真可能成倍增长。

(2) 联通比电信省钱

国内长途电话资费标准，将计费单元由 1 分钟缩短为 6 秒钟，资费标准为每 6 秒钟 0.07 元，并取消国内长途附加费。资费调整后，法定节假日、夜间国内长途电话费优惠问题，由电信运营企业根据市场情况自主确定。北京电信的选择是取消原来的法定节假日半价、夜间国内长途 3 至 5 折的优惠，把每日零点至七点设为唯一的优惠时段，在此时段内对国内长途实行超六折优惠，每 6 秒钟的话费仅 0.04 元。201、200、300 等密码记账电话与固定电话同步调整。这意味着人们习惯的晚上 9 点至 12 点国内长途半价的优惠已没有了，变为每 6 秒钟 0.07 元。

用固定电话直接打长途除了电信网外，还有中国联通的 193 长途网。这是国家第二个公众长途网。本地固定电话用户及其专网用户可通过拨打联通长途过往号 193 的方式选择使用这一网络。193 长途网覆盖全国上百个城市，通达 200 多个国家和地区。在拨打电话时，只需在区号前加拨 193 即可。除此外，还可以购买 193 长途电话卡，通过在固定电话机上注册或直接加拨 193 和卡号、密码的方式打长途。据测算，打国内长途，联通比电信每小时便宜 6 元，拨打港澳台电话每小时便宜 12 元，国际长途每小时节省 48 元。

(3) 使用 IP 卡优惠多多

IP 电话利用网络技术大幅降低长途通话费用，深受经常打长途电话的人们的喜爱。在电信领域，也从来没有哪一种业务可以让消费者有这么多选择。如今 IP 电话市场呈现出五分天下的局面，先是电信、联通、吉通三家竞争，此后中国移动、网通也加入其中，IP 电话市场随即风云突起。现在国内 IP 长途资费为 0.30 元/分钟，港澳台和国际电话有一些差异。吉通 IP 电话已实现按秒计费，6 秒为一个计费单元。不过 IP 电话的资费不包括市话的费用。

IP 卡打折的现象一直就引人注目。联通 IP 总是打得最低的，有时低于 5 折，北京电信的 IP 折扣最少，一般 7～8 折，吉通、网通介于二者之间，6～7 折。这样一来，用 IP 卡打长途更加实惠。所以，经常用 IP 卡打电话的人觉得固定电话长途资费调整对自己打长途几乎没有影响。不过市话费上涨后，打 IP 电话的成本会有所上升。但无论如何，比固定电话直接拨打长途便宜多了。

2. 手机省钱法

手机的通话计费越来越接近人们的心理承受，同时，各种电话卡也为人们降低手机通话费带来了希望。

(1) 使用IP卡

目前，中国网通、中国电信、铁通、卫通等运营商都推出了相应的IP电话卡，其价格大多都可以3～5折的价格购买。值得提醒的是，一些运营商充分考虑到用户操作的方便性，在一些地区纷纷推出可充值的IP直拨卡。如中国网通的手机伴侣卡，通过用固定电话将卡的金额充入指定的手机号码中，然后直接用手机拨打17909＋长途电话号码，其价格大多都能享受3折的优惠，即基本通话费（联通0.56元、移动0.60元）＋IP通话费0.30元×30％。

(2) 呼叫转移

如果每天的工作不需要东奔西跑，办公桌上又有一部程控电话，那么进了办公室就可以进行简单操作，把手机呼叫转移到自己的固定电话上。这样，若有人通过移动电话找你，你只需支付每分钟一角钱的通话费即可。如果必须全天开机，回家后可以把手机转移到自己家中的电话上，一来可节省话费；二来让手机进行休整。

(3) 以短信代通话

如果自己的手机能够进行中文编辑，那么就给对方发送一条简单明了的短信息，既节省时间又节省金钱。每条短信，你只需要付费一角五分，接收方则免费。

3. 使用电话注意事项

以下注意事项，可以帮助你避免话费损失：

(1) 打长途电话区号前面不要多加“0”

我们知道，国际通用的电话号码是由0～9的阿拉伯数字所组成。我国国内长途区号字冠是“0”，如北京市的长途区号“010”。而国际长途电话字冠是“00”，如美国的国家代码是001。如果打北京的长途电话时，区号“010”拨成“0010”，而用户号码又与美国某一地区区号、用户号码相同，那么，这个电话就由于多拨的这个“0”给“引渡”到大洋彼岸的美国去了。这是因为有些国家和地区的代码，与我国的内地城市区号前几位相同。如爱尔兰的代码是00353，我国山西平定的区号是0353，有的消费者在交电话费时，发现单据上有国际电话费，感到茫然，出现这种情况，有可能就是打长途时，区号前多按了一个“0”键。

(2) 当对方电话是分机时，先查清号码再拨叫

正常情况下，凡接入外线的公网电话，拨叫时遇忙音或对方没人接听时不计费。当对方电话不是外线而是接入内部无人值守的交换机，或是内部总机，拨叫时会听到“请拨分机号码”的提示音，或是总机话务员转接。由于不知分机号码或分机无人接听，即使未实现通话目的，这个电话也是接通并计费了。

(3) 注意电话账号密码冲消

使用200、300记账卡打电话后，拨号要冲消账号密码。只要记住账号密码，就可以不用随身携带电话卡而省却不少麻烦。但用记账卡按键打电话时，千万要注意保密，防止他人盗用。通话完毕时，这组号码便是被暂时保存在电话机的最后一个号码，可以重拨。为防止被重拨而受损失，通完话后再随意拨一组号码，冲消原来所拨号码，即可防盗。

(4) 尽量长话短说

新的电话资费实施后，长途电话记时单位由分钟缩短为秒，每6秒钟为一个计时计费单位。有话快说，长话短说，繁话简说，可说可不说的尽量不说，尽快结束通话，可以节省通话费。

合理选购家具

有家就离不开家具。家具不单单是实用品，更是一种装饰品、艺术品。它代表着品位和格调，也昭示着你的审美观。但是，要选购合理的家具，并不是一件容易的事。

普遍人家购买家具，首先要讲究实用，离开它的实用性，家具就没有

存在的意义。其次，要讲究实惠。买家具也是一项家庭开支，须以价廉物美为原则。再次，家具也要具有特色，能表现自己的情趣和格调。

1. 家具的种类

常见的家具，按材质可分为实木家具和板式家具两种。

(1) 实木家具

实木家具是指由天然木材制成的家具，家具表面一般都能看到木材真实的纹理。其实目前市场上的实木家具大致有两种：一种是纯实木家具，家具所有用材都是实木；另一种是仿实木家具，实木和人造板混合制成的家具，例如侧板、搁板等使用薄木贴面的刨花板或中密度纤维板，桌脚和椅背则采用实木。

(2) 人造板家具

人造板家具部件的结合通常采用各种金属五金件，装配和拆卸都十分方便，颜色和质地方面的变化可给人以各种不同的感受，在外形设计上也多变，而且不易变形。人造板家具的问题多出在环保上，如果以刨花板等材料制作家具，而贴面、封边时又没有将其全部包好的话，就容易释放对环境造成污染、对人体有害的甲醛。

2. 家具的选购

家具与人们的生活息息相关，影响着人们的生活质量和身体健康，因此提醒市民在选购家具之前，最好事先做好知识储备，学些挑选识别各种家具的窍门。

(1) 家具材料是否合理

不同的家具，表面用料是有区别的。如桌、椅、柜的腿子，要求用硬杂木，比较结实，能承重，而内部用料则可用其他材料；大衣柜腿的厚度要求达到2.5cm，太厚就显得笨拙，薄了容易弯曲变形；厨房、卫生间的柜子不能用纤维板做，而应该用三合板，因为纤维板遇水会膨胀、损坏；餐桌则应耐水洗。

发现木材有虫眼、掉沫，说明烘干不彻底。检查完表面，还要打开柜门、抽屉门看里面内料有没有腐朽，可以用手指甲掐一掐，掐进去了就说明内料腐朽了。开柜门后用鼻子闻一闻，如果冲鼻、刺眼、流泪，说明胶合剂中甲醛含量太高，会对人体有害。

（2）木材含水率不超过12％

家具的含水率不得超过12％，含水率高了，木材容易翘曲、变形。一般消费者购买时，没有测试仪器，可以采取手摸的方法，用手摸摸家具底面或里面没有上漆的地方，如果感觉发潮，那么含水率起码在50％以上，根本不能用。再一个办法是可以往木材没上漆处洒一点水，如果洇的慢或不洇，说明含水率高。

（3）家具结构是否牢固

小件家具，如椅子、凳子、衣架等在挑选时可以在水泥地上拖一拖，轻轻摔一摔，声音清脆，说明质量较好；如果声音发哑，有劈哩叭啦的杂音，说明榫眼结合不严密，结构不牢。

写字台、桌子可以用手摇晃摇晃，看看稳不稳。沙发可坐一坐，如果坐上一动就吱吱扭扭地响，一摇就晃的，是钉子活，用不了多长时间。

方桌、条桌、椅子等腿部都应该有四个三角形的卡子，起固定作用，挑选时可把桌椅倒过来看一看，包布椅可以用手摸一摸。

3. 立足实际合理省钱

很多人喜欢定做家具，总觉得直接找家具厂根据自己的要求定做，比购买卖场里的家具会便宜很多，而且还可以根据自己的喜好、生活习惯量身打造，真正实现个性化的家居理念。其实，定做家具并非想象中那么简单，一味地追求省钱，不了解定做合同中的一些细节，不清楚各种材料的差异，甚至遇上黑工厂，就会让你原先的“省钱梦”破灭。还是听听以下意见吧：

（1）做得越多越划算

从省钱角度讲，如果厂家的信誉很不错，那么定做家具是很划算的。值得一提的是，做一套家具要比做一件更划算，因为做一整套家具能最大限度地利用材料，只做一件，就不可避免地要造成材料的浪费，而浪费掉

的这些材料实际也是计入预算中的。所以，如果打算定做家具的话，最好做一个完整的计划，所有的家具都定做，找一个可靠的厂家，选定一种较为环保的主材，实施整体定做，这样下来你会发现，比购买成品便宜上千元。

(2) 追求个性要立足实际

现在很多人盲目追求个性，只考虑个人喜好而忽视家人生活习惯，这种盲目性忘记了家具本身的存在意义，用起来也不会舒服。有的人忽视房屋实际情况，按照杂志上的样式做家具，结果使家里显得很拥挤。这些都是因为消费者不够专业又盲目自信造成的。

(3) 定做家具前的准备

在定做家具前，需要考虑几个因素：

一是家庭成员的数量和情况。如果房子面积有限但人口略多，家具在造型上就要简单点，体积要相对小。

二是家具风格与装修风格一致。做什么风格的家具在装修前就应该确定下来。

三是制定合理的预算。开价比较低或砍价特别容易的厂家不要考虑。一些个体作坊，由于大量使用了质次价低的材料，因此家具的价格比较便宜，动辄能够砍价上千元，对这类看似便宜的家具千万要小心，表面上也许看不出什么毛病，使用一段时间后便可悟出"一分钱一分货"的道理了。所以前期根据自己的实际需要，做充分的市场调查是很有必要的，预算在定做市场上合理即可，要知道好材料哪里都不便宜。

四是将预算用在"刀刃"上。主要根据自己的生活习惯和职业，确定哪些是生活必需的家具，哪些是用不上或使用率很低的。比如书房家具，如果你没有什么书，平时也不把工作带回家做，那么家里就不需要书房，顶多需要找地方安放一台电脑。

(4) 选厂家多听多看

定做家具选厂家非常重要，可以通过网络论坛里一些过来人的介绍选择口碑好的厂家。另外，现在有些自立门户的家具设计师背后都有不错的制作厂家，对于喜欢原创的年轻人而言是个不错的选择，既可以听取专业人士的意见，又可以通过与设计师的沟通得到适合自己的个性家具。

确定厂家之前，要去他们的工厂或展示厅看样品，仔细观察样品的工艺细节，接缝处是否严密，上漆是否均匀，家具内部材料是否平滑，等等。所谓细节之处见功夫，细节处理得好的厂家才会重视产品品质。

(5) 验货过程要不厌其烦

家具做好后一定要亲自去厂家验货，确定各种材料使用无误。验货时，伸手抚摸家具内部眼睛难以看见的地方是否光洁平整，敲一敲听听声音是否厚实；量一下家具尺寸，避免“缺斤短两”；打开柜门闻一下气味，气味令人流泪的话，说明甲醛严重超标。

妥善处理家庭债务

很多家庭都存在着各种各样的贷款，如购房按揭贷款、汽车贷款、上学贷款、消费贷款等。债务如果处理不好，会成为你生活沉重的经济负担和心理的负担，如“房奴”、“卡奴”等，严重影响生活品质。

对于大多数家庭来讲，债务是家庭经济生活中不可缺少的组成部分。如果你能够妥善处理债务问题，那么适当负债对于你们的家庭生活还是有裨益的。如果债务已经困扰你的正常生活，那么你应该尽快摆脱它，并且考虑以后尽可能减少家庭开支中的负债比率。

1. 权衡利弊

当你在日常消费中决定采取负债的支付形式，那么就要权衡负债的成本，你是否愿意为此多支付利息。人们买房子通常采用抵押贷款的付款方式，而这正是负债消费的典型形式。几乎所有的负债，你都要付出利息，因此这就需要计算出利息额和产品的真实价格。假如你用分期付款的方式购买一件衣服，那么最终的购买价格可能是最初价格的两倍之多；假如你在三年之内付清所购买汽车的全部钱款，那么最终你承担的利息可能是汽车价款的一半。你可能在不经意之间为自己的消费支付了额外的费用，因此你必须仔细算计好。

大刘是一个喜欢过“大家庭”生活的人。他来北京不久，跟新婚的妻子合力购买了一套两室一厅的房子。但他觉得太小，刚住了半年就卖了，在另一处买了一套三室二厅，想把家乡的父母接过来一起住。刚过半年，太太怀孕了，现在的房子又显小，于是再卖，又在第三处买了套五室三厅。首付钱不够，还向家里借了20万元。现在，房子是够大了，父母也接了过来，但大刘乐不起来了。原来，现在的房子每月要供款7000多元，而他收入不过10000元。

由于房子离妻子的工作单位太远，妻子怀孕后就干脆辞了工作，供房便由大刘独立承担。而父母过来以后，家庭开支又比以前增大了，每月几乎到了入不敷出的境地，还要父母用退休工资贴补家用。大刘不由得感叹，现在真是给房子打工了。如果房价有所波动，大刘真是想都不敢想。

德国著名的理财专家舍费尔在其著作《七年成为百万富翁》里，就强调处理债务最重要的是“五五法则”。根据这条法则，债务支出不能超过每月可自由支配金额的50%，这样既能保证手头有宽裕的资金可供支配，又不必为了偿还债务而陷入“拆东墙补西墙”的恶性循环。更重要的是，有余钱储蓄，能够刺激人的致富意识。

大刘想要改善住房的愿望是美好的，但他高估了自己的财务条件，又对妻子辞职、父母和孩子的开销准备不足，使自己陷入了财务困境。在当前不确定因素很多的情况下，过多地积累债务，是非常不明智的。

借债时要综合考虑，房贷、车贷、信用卡借款，都是债务的一部分。如果不能及时还贷，宁可不要借款，以免发生信用污点，影响今后融资；负债要与可自由支配的收入相比，而不能看总收入。每个月的餐饮、公用事业、通讯、赡养费等都是固定支出，借债的时候，要将这些开支刨去的收入作为还贷的基础。

2. 处理个人债务的办法

在美国，个人消费债务或称消费者债务，是指汽车贷款和信用卡债务，但不包括如购买房屋等的分期付款。所以，实际上美国家庭的债务问题已经比公布的情况还要严重、还要危险。以下是美国的专业人士为人们摆脱家庭债务问题而提出的建议，可供我们参考。

(1) 选择债务咨询顾问

选择了一个好的债务咨询顾问，就意味着有了一个良好开端。但是，有一点要牢记，那就是切合自身的实际情况，切忌"病急乱投医"。

首先，尽量找那些非赢利性的公司。因为你已经花钱花得够多的了，何必再花冤枉钱呢？那些非赢利性公司已经从他们的基金债权人身上提取酬劳，而不是你。但是，也有的咨询公司是靠卖客户资料赚钱，所以有一点要牢记，那就是你的个人信息不会被当做商品来卖掉。

其次，弄清楚你将会得到哪些方面的服务，比如咨询、个人债务减轻计划和个人预算建议。更多服务当然意味着这个公司更完善、更值得依赖。

(2) 一次性还款计划

一旦找到你信任的咨询公司之后，那么在去见你的咨询顾问之前，将所有的账单全部汇总起来，他能够帮助你决定每个月应该还清多少债务。

在算清楚之后，咨询公司将会代替你同债权人交涉，这样做会为你减少很多麻烦。最主要的就是，每个月你不再会接到那些逼你还债的可恶电话了，因为咨询公司已经向你的债权人承诺，你会在未来的一段时间内还清债务。一旦你建立起一个还款计划之后，你的咨询顾问会自动和债权人谈判，尽量帮助你减少利息，甚至劝说他们放弃对你的罚金。而且，你的咨询顾问还会建议重新调整你的还款期限，以此来维护你的最大利益。

归根结底，还是债权人希望负债人能够长时间处于负债状态。他们既不希望看到自己的负债人一下子还清债务，也不希望他去申请个人破产。所以，如果你自愿花上几年的时间去还清这笔债务，并且有担保的话，那么债务、债权和咨询顾问三方都将会满意。如果你正处于偿还债务的状

态，那么你最好弄清楚预算问题，咨询顾问会帮助你。很多人都不知道自己每天究竟要还多少债务，他们可能知道自己需要还清债务的总数，包括抵押贷款、房屋贷款等，但是他们可能并不清楚自己在租借录像带、在饭店吃饭这些日常消费上究竟花费了多少。

所以，咨询顾问们能够帮助你追踪这些花费，然后再根据你的实际情况为你列出每月的预算开支，如果超过预算，就会给你提出警告。

最后要注意的是，如果你的信用记录一直非常良好的话，那么在选择咨询顾问的时候必须谨慎，因为不是所有的债权人都认为你寻找一个咨询顾问是件好事情。大多数债权人或债权公司会认为这很好，有利于他们最终收回债务，但是一旦发现你的咨询公司有问题，马上就会给你的信用记录写上一笔。

第三章 用财的误区

用钱不当或花费过度，不仅花了冤枉钱，到头来两手空空。

家庭开支没有计划

许多家庭过日子，只注意怎样增加收入，却忽视了对支出的管理。结果，不知钱花到哪儿了，或者入不敷出。事实上，注意日常开支，做到计划消费，对于提高生活水平有着极其重要的作用。

许多家庭常常出现这样的情况：本来预留了当月的开销，却发现钱根本不够用；本来作了当月的购物打算，却发现该买的没买，而买到的却是积压货……也许正因为这些情况，才有人发出了“家难当”的感慨。其实，这其中的原因往往是家庭开支缺少计划性造成的。

1. 家庭开支的误区

家庭开支的误区，往往表现在以下几个方面：

(1) 盲目性开支

盲目性开支，是指消费没有统筹计划，购物不实用，或积压。赶时髦、凑热闹，是导致盲目性开支的主要诱因。随意购物、为开支而开支，往往造成积压和浪费。讲求实用、有目的地消费才是正道。

(2) 有害性开支

有害性开支，是指把辛苦挣来的钱用在有害消费上。赌博是一个典型的例子，此外，如嗜烟、吸毒、嗜酒、纵欲等均属此例。这些危害性开支不但危及家庭财政，更严重的是危及家庭和睦与完整。

(3) 浪费性开支

家庭浪费性现象非常突出。例如，开灯睡觉、出门不关灯、人离不关水、饭菜无节制等，乍看似是鸡毛蒜皮，积少成多却是不小的一笔浪费。

(4) 积压性开支

当前市场供应充足，各种商品应有尽有、琳琅满目。但是预备、预留性质的开支应尽量减少，这样既可避免挤压资金，又能避免因商品更新换代，或超过保存期、保持期而带来的损失。另外，以躲避通货膨胀为理由作出提前性、积压性开支更不足取。

(5) 损耗性开支

任何物品，勤于护理总可以延长其寿命、提高使用率，无形中等于减少了因过早更新换旧而增大的开支。所以，对音响、电视机、电冰箱、洗衣机、空调等大件家电，以及自行车、摩托车等交通工具加强护理，虽非直接开支，也达到了勤俭持家的目的。另外，旧物利用、废物利用则更是直接减少开支的方法。

(6) 不注意再生性开支

家庭花费尽量做到精打细算，走省钱之路，怎么节省就怎么来。其中再生性开支是最明智的开支。例如，家里置一把电吹风、一套理发工具，一年即可节省不少洗理费用，这就是再生性开支。过去，一般人家均有缝纫机，一切缝缝补补的事均在家里完成，也是出于同一目的。

2. 如何合理开支

家庭合理开支，就是要讲究科学性、实用性、实惠性和节省原则。主要体现在以下几点：

（1）有计划地支出

一个家庭对打算买什么样的大件商品、有哪些大的开销，应该事先好好算一下，看买什么既经济又实惠，让有限的资金发挥最大的作用。然而，现实生活中，有很多家庭往往是该花的钱也花，不该花的钱也花，能少花的钱多花，结果造成了支出浪费。

（2）不攀比、重实用

如今，家庭大到住房、车辆，小到针头线脑，各种物品的更新换代速度非常惊人。所以，人们的消费观念应立足在实用、耐用、适用上，不要赶时髦、相互攀比，要知道“人比人气死人”，那样很容易在无形中又增加了新的支出。

（3）有钱切勿买闲

许多人因一时图便宜，买来暂时用不上的闲置商品，这是很不科学的。闲置的消费品不仅没有实用价值，而且可能起到副作用。要以真正有用为标准，有道是“有钱不买半年闲”，商品搬回家不用就意味着浪费。

（4）货比三家找“差价”

家庭过日子，重在“节俭”二字。最忌大大咧咧摆派头、比阔气。同样的商品，如果能买到最便宜的，岂不更好？因此，购买商品一是要货比三家，拣价格最便宜的购买；二是要掌握季节差，过季商品一般大打折扣；三是搭伙“批发”购买比较便宜；四是学习砍价，不要“顾面子”。

日常消费缺少科学性

日常消费，要有平和的心态。既不是为了摆阔，也不是为了哭穷，而是根据自己的需要，用少量的钱，获得最好、最实惠的商品。做到这一点，就应讲究科学性，理性消费，理智开支。

科学消费，理性开支，这个道理人人都懂。在日常消费中，人们都会遵循“少花钱、多实惠”的原则。而实际上，许多人虽然少花了钱，却没有买到“便宜”货；甚至多花了钱，仍然没有达到理想的目标。这里面的重要原因，大都是因为受一些误区的影响。

1. 消费观念的误区

买商品就是按需消费。然而，在人们的头脑中，却产生了不正常的消费观念，这些消费观念影响到行动，最终损害了自己的利益。

(1)“购物跟着打折走”

如今，“全场折起”、“买一赠一”、“买就送”等优惠措施已不再是节日消费的专用语，而成为多数商家促销的常用手段。面对如此诱惑，一些消费者容易产生购物冲动，导致过度消费。

因此，购物不要跟着“打折”走，把一些实用性不大、过时或低端技术产品买回家，造成不必要的开支。在购物时一定要擦亮眼睛，避免被一些商家先抬价后降价、假赠送、假抽奖等手段所欺骗。同时，还要提高自我保护意识，不要被一些商家以“降价商品不许退换”为借口所蒙蔽。

(2)“买保健品重宣传”

近年来，各种宣称能提高生活质量、抗疲劳、延缓衰老、延年益寿等的保健食品应需而生。然而，保健食品并不一定适合每个人。由于每个人之间都存在着个体差异，因此需要采取不同的方式进行保养。消费者对保健食品的成分不了解，只看夸张的宣传，乱吃保健食品是有风险的。

面对铺天盖地的广告宣传、层出不穷的保健食品，消费者要有正确的认识，切不可轻信广告宣传、盲目对号入座，影响自身健康。

(3)“装修随心所欲”

拥有自己的房子是大多数人的梦想。乔迁之前，对新居进行一番装修也无可厚非。但现实生活中，常常发生一些消费者肆意改变房子结构，影响房屋承重和使用寿命的野蛮装修和盲目跟风、互相攀比、不顾实际，一味追求大投入、高档次的装修行为，使本应安身立命之所变成“空中楼阁”、“小型毒气释放站”。

所以，在进行家庭装饰装修时，要考虑到房屋的承重，选材的安全性，对电路、水路、煤气管道的改造更要谨慎。刚装修好的居室不要立即入住，最好能做到通风三个月。

(4)“面制品越白越好”

一些消费者认为面粉越白越好，面条越筋道越好。殊不知，一些不法厂家正是利用消费者这种不科学的消费心理，在面粉中添加超量增白剂，甚至使用国家明令禁用的漂白剂“吊白块”，增加面粉的色泽度。

判断面粉和面制品中是否添加增白剂，可以从色泽、气味上分辨。色：未增白面粉和面制品为乳白色或微黄色，使用增白剂的面粉及其制品呈雪白或惨白色。味：未增白面粉有一股面粉固有的清香，而使用增白剂的面粉淡而无味，甚至带有少许化学药品味。

(5)“化妆品越贵越实用”

现在，女性消费者对于化妆品需求不断增长，但大多数消费者对自己的皮肤状况并不清楚，过分轻信广告宣传，迷信高档化妆品，极易造成皮肤问题，甚至毁容。

化妆品种类繁多，在购买时首先要了解自己的肤质，并根据四季变化选择适合自己的化妆品。不要采用杂家之品，化妆品中含有多种化学成分，而且功能越多，成分越复杂，如果把不同厂家、不同品牌、不同系列的化妆品混合使用，很容易使其中不同的化学成分相互作用，产生不利于皮肤的化学反应、过敏反应或引起皮肤病；不要苛求名牌，适合的才是最好的，并不在于价钱的贵贱。

(6)“想买什么就买什么”

有些人购物非常冲动，随着一时好恶决定自己买什么、不买什么。你如果有冲动消费的习惯，就有必要先算算这个习惯的成本。试想，如果每周都冲动地买个价值15元的东西，一年下来得花780元。当然，偶尔还是要慰劳一下自己，但不要太过分。如果经常有别人陪着购物，并且还鼓励你买超过预算的东西，那么，最好还是自己一个人去。

消费时间不恰当，买刚刚才送到商店里的衣服或当季货品是很昂贵

的，在不久后，商品的价值通常都会降下来，特别是在销售情形不佳的季节里。有些商品，如计算机、电脑和电子设备等，可以等到新产品上市开始降价时再买，替自己省下些钱。

(7)“洋货比国货强”

改革开放以来，洋货大量进入我国市场，发达国家的许多商品曾令国人大开眼界。洋货一方面填补了我国消费品短缺的市场，另一方面也促进了我国消费品的升级换代。但是，有些“洋货”的质量不如国货好，有些是“水货”，或是挂洋牌卖假货。就拿进口食品来说，这几年就让人担惊受怕，先是闹鸡瘟，后来是疯牛病、二恶英，甚至有报道说，日本的奶粉不能食用等。这些都需要中国消费者理智分析、认真对待。

(8)“便宜货能省钱”

一些商场经常摆放一些处理商品，有些上了年纪的老人或经济条件较差的消费者喜欢买这类商品。有的消费者不知道对于处理商品，商家是否负责“三包”或退换的。所以，购买处理商品时要慎重。俗话说：买者总没有卖者精。在小商品市场，更不能买便宜的家电商品，因为多数假冒伪劣小商品都在这里销售，千万不能为省几元钱，而买一个劣质电源插座，最后烧坏了几千元的家电。

2. 消费跟着广告走

商家为了推销商品，总是打出五花八门的广告宣传，以引起消费者的注意，挑起消费者的购买欲，消费者一不小心就容易陷入他们的圈套。以下就是商家经常变换使用的“伎俩”：

(1)“广而告之”

虚假广告常常使消费者受到迷惑。一些房地产开发商和代理商常常运用不切实际的“赠送屋顶或楼前花园”，“设备和装饰材料采用‘进口’产品、‘高级’产品”等广告夸大其辞，误导消费者。有的所谓花园、商场、游泳场、网球场等，其实是三五年后的规划，却先行标注在图中。

(2)“厂家直销”

以“厂家直销”、“批发价”诱惑消费者已成为一种新的“时尚”。批发消费可以省钱、省时、省力，但稍有不慎，也容易落入误区。批发，是需要一定数量的，一些消费者为了买到批发价格，即使不需要那么多，也只好勉强多购，反比零售花的钱更多了。

(3)“拆迁大甩卖”

一些商贩利用临街铺面拆迁之机，大打“拆迁甩卖”之牌，把一些积压产品倾销给消费者。还有一些“拆迁甩卖专业户”，哪里有拆迁，他们就到哪里去“甩卖”。还有“清仓甩卖”，一些商家以“清仓”为名，倾销积压商品，以便宜价格吸引消费者，结果是这些商品被“积压”在消费者家中。

(4)“以旧换新”

在旧物折价的标准上“就低不就高”，有的甚至随意压价，抬高新商品的价格。如此“以旧换新”，最后折算下来，消费者不仅没讨得便宜，反而赔走旧商品。更惨的是，有的消费者“以旧换新”换回的竟是劣质商品。

(5)“买一赠一”

“买一赠一”，大多数是买大送小、买多送少、买九牛送一毛。如“买1辆自行车赠送1把防盗锁”、“买50元化妆品送1小袋洗发膏”……这种赠送，其实价格早已计入商品之中，“买一送一”所谓的赠品，只不过是商家引诱消费者购物的“诱饵”罢了。

(6)“有奖销售”

街头上向你免费赠送商品，登记时说你中了大奖，用不多的钱可得更多的商品；购买某商品说你中了奖，还要“连环”再买商品，弄得你欲罢不能；送你优待券，说凭此券可打若干折扣等等，都是商家促销的伎俩。

(7)“让利回报”

开业庆典、节日酬宾，许多商场都搞让利回报的促销活动，但其误导欺骗消费者的违规行为时有发生。有的没有标明作为回报赠送的礼品，及其有关商品的品名、型号、数量等；有的则规定“下限”与“上限”，如只有购买500元以上商品时才能得到让利，而让利最多则有上限。

（8）“免费销售”

例如，有的影楼打出“免费摄影”的旗号，但是服务费、化妆费、相框、压膜，宰你没商量，没个千八百元别想出影楼。一些消费者常常在“免费”的幌子下上了大当，掉进陷阱。

3. 过度消费

过度消费是一种把无限占有物质财富、追求无度消费作为价值取向的生活方式和价值观念。它最本质、最核心的内容就是“消费至上”观念，消费就是一切，一切为了消费。它带给人们的理念是：今天有钱就应该拼命地花，管它明天会怎样。

在许多人当中，传统的消费观正在被过于奢侈和透支的理念所取代，“花明天的钱，圆今天的梦”，引领“负债消费”的潮流。更让人担心的是，一些年轻人高消费的出发点在于仿效富裕人群的生活，从众和攀比心理导致年轻的奢侈品消费群体不断增加。

必须清楚地认识到，我国是一个人均自然资源短缺的国家，在过度消费的情况下，也许人们的物质生活会变得丰富，生活和工作的舒适度会有所提高，但其所带来的许多负面效应值得警惕。近些年来，煤、电、油等资源日趋紧张；钢材、水泥等基本生产资料不时涨价；生态环境也遭到不同程度的破坏。如果任其发展，必将阻碍全社会的可持续发展。

可能有人持这样的观点：“负债消费”有弊也有利，起码有利于刺激经济的增长。的确，从经济学的角度来讲是这个道理，但有个前提，就是“适度”。不仅如此，从长远来看，这种“负债消费”拉动经济发展还需要具备其他条件，譬如建立强有力的社会保障体系和健全的个人信用体系。

遏制过度消费，必须从思想上着手，对奢侈的生活方式和消费观念进行一次全面彻底的反思。首先，要让人们认识到我国的基本国情——资源能源稀缺，人口众多，经济基础还比较薄弱，这样的国情要求我们必须适度消费，而非没有节制地消费。同时，“崇俭”也是中华民族的传统美德。一直以来，这都是人们消费价值观念的核心，我们要大力发扬这种传统，从思想上引导人们，尤其是青少年群体，树立“绿色消费”观念，即树立一种以简朴、方便和健康为目标的生活观念，构建一种更丰富、更高质的生活方式。

社会是不断发展的，人类也应该不断地觉悟。这个过程也许不是一帆风顺的，其间还会有所反复，但可以肯定的是，“简朴”的生活必将是大势所趋，人类一定能达到一个“简朴”的境界。

花钱随心所欲

在生活中，有人时常摆出一副大手大脚的姿态，有钱就花，挥金如土，并把这种行为当做潇洒；有人信誓旦旦地说：“钱是身上的汗，去了又来流不断。”不注重金钱的积累；还有人说：“也许我永远不是富翁，但我永远不做守财奴。”这些人也许没有意识到，正是因为他们没有珍惜每一分钱，才使自己永远成为不了富翁。

许多人，特别是刚踏入社会的年轻人，花钱如流水，把手里的钞票挥霍殆尽，他们这样做的目的无非是摆阔气、充潇洒，让人觉得他们很有钱。也有人认为，自己还会挣到更多的钱，所以根本不把钱放在眼里。他们与朋友聚会时，进最高级的饭店，抢着买单。有的男青年与女友约会时，即使是隆冬季节，也要买些价格很贵的鲜花，从来没想一想，这样花巨资追来的老婆将来是否能为他积敛钱财。由于入不敷出，他们就开始动歪脑筋，要么挪借公款为己所用，要么东拼西凑寅吃卯粮，要么偷盗抢劫，把别人的财物据为己有，其结果必然陷入犯罪的泥潭，落得身败名裂，一蹶不振。

有的人从来不存钱，收入多少花费多少，人到中年还一文不名。万一丢了工作，只好徘徊街头，不知所措。

分析上列人员的病灶，大都胸无大志、浑浑噩噩地过日子。他们没想到，也根本不会去创造业绩，把自己的人生变得辉煌一些。

事实上，从来没有挥金如土的人能成就什么大业。那些世界富豪、家财万贯的成功人士，哪一位曾经挥金如土过呢？哪一位不珍惜自己的每一分钱呢？

一位靠营销产品的成功人士，拥有亿万家财。他的弟弟在谈到他的创业过程时说：

“打电话时，为了省话费，凡是身边有固定电话的，哥哥从不用手机打电话。有一次，我开车去接一个朋友吃饭，因为堵车，慢了点。车到楼下，朋友的电话来了，我接了一下，说了几句话。哥哥埋怨说：“你干吗要接呀？已经快到了嘛，你一接就得多花一块钱话费，是个浪费。”

“哥哥每次出差，都住普通旅馆。有一次，他带着广告经理（女孩）去谈业务，让女孩住三星级宾馆，而他们却住普通的。他认为，谈业务在哪里也是谈啊。住哪里不都是睡一宿吗？

“他出门到市里办事，能开车的就开车，如果路太堵，就改坐地铁。一张地铁票三元钱，而开车时所耗的油钱也许不止三元，哥哥觉得划不来。”

也许有人认为，几元钱算什么，值得这么省吗？是不是抠门了点儿？几元钱固然微不足道，但把许多个小钱汇集起来，就能形成不小的力量，它可以对一个人、一个企业产生不可估量的影响。如果没有一点一滴的积累，哪来的富有？没有勤俭节约的习惯，怎能成为富翁？

是的，几元钱对现在的每个人来说，似乎都不太重要了。有时，连地上的一元钱很多人都懒得弯腰去捡，认为那是很丢面子的事。但是，这种心态却是成功致富的绊脚石。

要知道，世界上的许多富翁、许多大企业，都是以小事做起、从小钱赚起的，在他们或它们的财富大厦上，每一元钱都起着奠基的作用。

也许有人会说，在身家微小、创业起步的时候，珍视每一笔小钱是应该的，成了亿万富翁，再不放过小钱就有些过了。殊不知，富有之后如何对待小钱，才是见证其人品格的试金石。

一次，比尔·盖茨去参加一个隆重的会议，他的光临引起了许多嘉宾的兴趣，很多人都想一睹这位世界首富的风采。大家纷纷来到外面，迎接他的到来。

盖茨开车来到会场外，看到停车场到处都是车，一时无法找到泊车的位置，便在停车场里转圈。

比尔·盖茨在普通停车场转来转去，他的一个朋友看着很着急，便跑过来问他："那边贵宾停车场的空位很多，你为什么要在这普通停车场转来转去呢？"

"那边可比这边贵一美元呢！"盖茨答道。

这时，过来一位记者采访他："像您这样一个美国大富豪会在乎这点钱吗？别说一美元，就是几千、几万美元又算得了什么呢？"

盖茨严肃地说："别说一美元，就是一角钱，在我一文不名的时候，都会令我高兴好几天呢！"

这里，比尔·盖茨似乎是答非所问了。其实，他的心境许多人都了解，只不过想说得轻松幽默一些罢了。

让我们高兴的是，世界上还有许多知名富翁，都像比尔·盖茨一样，在这方面表现出了优秀的品质。他们对待金钱的态度难道不值得人们深思吗？

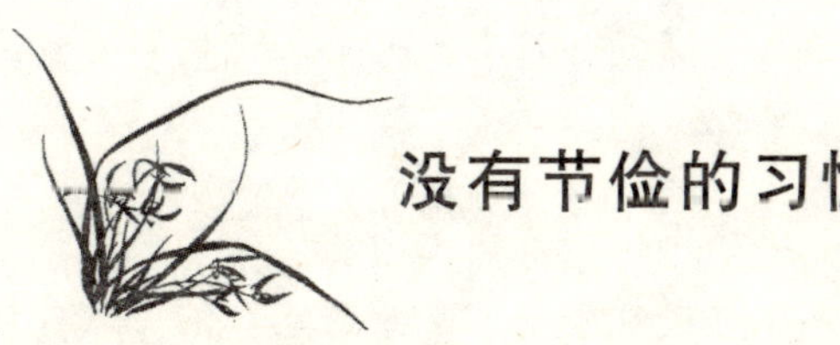

没有节俭的习惯

勤俭节约是公认的好习惯，它既是一种生活态度，也是一种美德。重要的是，我们不仅要在艰苦的日子里勤俭节约，在衣食丰盈的日子里要同样勤俭节约，这才是勤俭节约的本质。它将决定着我们能否立业、守业、成大业。

中国有这样一个民间故事：一位老人去世了，给他的两个儿子留下一块写着“勤俭”二字的牌匾，并忠告他们说：“这是我的传家之宝，你们按这个传家宝去做，就会发家致富，过上幸福生活。”

老人死后，两个儿子就分门立户，并把牌匾一分为二，各拿一块。哥哥要了写着“勤”的那一半，按上面的要求每日辛勤劳动，创造财富，却不知道节俭。最终，他还是所剩无几。而弟弟要了写着“俭”的那一半，按上面的要求省吃俭用，却不知道勤耕细作，结果也坐吃山空。

兄弟俩很着急，在一起苦寻对策。后来，他们把两半牌匾合在一起，按上面的要求，有勤有俭、勤俭持家，终于过上了丰衣足食的生活。

所以，节俭二字十分重要。如果不注意节俭，再多的财富也会浪费掉。

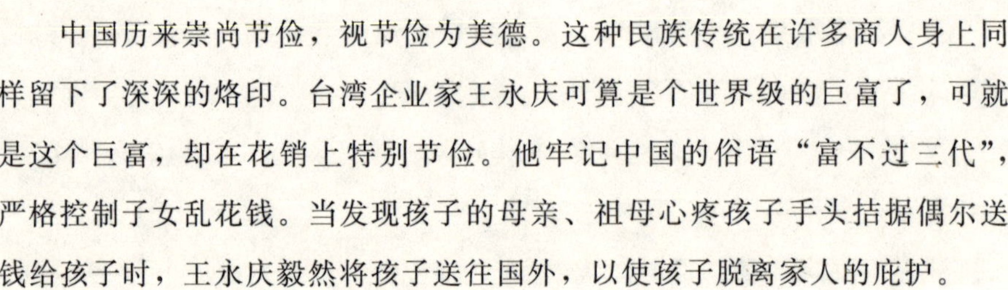

中国历来崇尚节俭，视节俭为美德。这种民族传统在许多商人身上同样留下了深深的烙印。台湾企业家王永庆可算是个世界级的巨富了，可就是这个巨富，却在花销上特别节俭。他牢记中国的俗语“富不过三代”，严格控制子女乱花钱。当发现孩子的母亲、祖母心疼孩子手头拮据偶尔送钱给孩子时，王永庆毅然将孩子送往国外，以使孩子脱离家人的庇护。

王永庆自己坐飞机从不坐头等仓，而坐经济仓。别人问他：头等仓大、安静、好睡觉，你为什么不坐头等仓？他说：“什么仓都一样嘛。”有一次，有人为王永庆买了一张头等仓的机票，王永庆没办法，就想好一个主意：上飞机的头一天不睡觉，看书；等上了飞机再睡觉。这样就觉得不吃亏了。

在吃的方面，王永庆很少在外面宴请客户，一般都是在台塑大楼后栋顶楼的招待所内宴客。还经常采用“中菜西吃”的方式，让大家围在圆桌旁，将个人盘子端出，由侍者个别分菜，一人一份，吃完再加，即卫生又不浪费。

在穿的方面，王永庆经常是实在有必要时，才去做一套西服，而不是像一般企业家一样，事先预备好几套西装。有一次，王太太发现王永庆的腰围小了，平常穿的西装显得不太合身了，特地请了裁缝师傅到家里给王永庆量尺寸，准备给他订做几套合身的新西服。没想到，王永庆却从衣柜里拿出几套已经很旧的西装，坚持请裁缝师傅把腰身改小，而拒绝订做新的。王永庆认为："既然旧西装还是好好的，改一改就可以穿了，又何必浪费去做新的呢?"

因为节俭，王永庆获得了生意上的成功。靠节俭思想的熏陶，他的女儿凭一张文凭、一把刮胡刀，在外独闯天下，同丈夫一起用25000美元积蓄在台湾创立了大众电脑公司，成了一家年营业额高达三四十亿元企业的总经理。

洛克菲勒也非常注重节俭，他对孩子的零用钱卡得很紧。他规定，孩子七八岁时每周30美分，十一二岁每周1美元，十二岁以上每周2美元，每周发放一次。他还发给孩子每人一个账本，让他们记清每笔支出的用途，领钱时交给他审查。如果账钱清楚，用途得当，下周递增五美分，否则就递减。他还鼓励孩子做家务并给予奖励，如逮100只苍蝇奖10美分，抓一只耗子奖5美分等，并对背柴、垛柴、拔草、擦皮鞋都明确提出奖励额度，从小着眼培养孩子的节俭习惯。

同洛克菲勒一样，美国许多百万富翁的儿子常在校园里拾垃圾，把草坪和人行道上的破纸、冷饮罐收集起来，学校便给他们一些报酬。这样做的目的是培养孩子自力更生、勤俭节约的习惯。美国著名喜剧演员戴维·布瑞纳中学毕业时，父亲送给他一枚硬币作为礼物，并嘱咐他："用这枚硬币买一张报纸，一字不漏地读一遍，然后翻到广告栏，自己找一份工作，到世界上闯一闯。"后来，取得很大成功的戴维在回首往事时，认为那枚硬币是父亲送他最好的礼物。

用节俭筑起防溃的大堤，就像千里河堤从堵蚁穴开始一样，堵住了，大堤就能保住，而堵不住或堵得不严，随时都会有溃堤的危险。同样是洛克菲勒家族，他的后代却不守家业，豪门恩怨迭起，常常为争夺家产大打出手，诉诸公堂。结果，洛克菲勒中心51%的股权傍落日本三菱集团手中，导演了洛克菲勒生前绝对不愿看到的一幕。而在中国，杭州叶种德堂国药号至四世孙叶鸿年经营时，积累有大量财富，无论规模还是声望在杭州都是数一数二的。但叶鸿年并未将心思放在药店上，而是大加挥霍。他盖豪宅，整日享乐却不问药店经营上的事，并结交官府，大肆请客送礼，使经营每况愈下，结果家业很快被折腾得入不敷出，落得将药店盘出还钱的地步。像这样的反面例证也是多得不胜枚举。

而在我们日常生活中，随处可以见到浪费的现象：浪费粮食、浪费钱财、浪费资源……也许你并未意识到自己在浪费，也许你认为浪费这一点点算不了什么。然而，财富是一点一点积累起来的，也是一点一点消耗掉的，小的浪费，日积月累，就成了大的浪费。

所以，奢侈浪费是一种可耻行为，勤俭节约才是一种美德，是创业的指南，也是守业的根本，更是日常生活的行为准则。无论何时，我们都要勤俭节约，贫穷时要勤俭节约，富有时更要勤俭节约。只有这样，我们才能守住财富，并且也会越来越富有。

日常购物花冤枉钱

吃、穿、用是家庭购物的三大目标。特别是日常消费，都离不开这三个方面的需求。如果在这三个方面存在购物问题，必然会直接影响日常生活，造成“花钱买气受”的境地。

手机、电器是最常见的家用品，价格比其他家用品也要高一些，但家庭电器的消费者投诉也往往比其他日常消费品多。如果减少或消除认识上的一些误区，做到明明白白消费，也许就不会发生那些不愉快的事物。下面以家电、保暖内衣和保健品等为例，谈谈日常购物上的误区。

1. 买家用电器的误区

由于“环保”、“节能”的概念越来越深入人心，人们购买电器总是希望买这样的产品，因为它有利于健康、安全的生活，但往往也因此走入误区。

（1）“节能＝省钱”

“节能就是省电，省电就能省钱”。许多消费者在选购电器时都把是否省电作为最重要的因素，买回家之后却发现：除了电表确实没走太快之外，其他功能却大不如意。由于功能缺陷而造成的浪费和耗损，折算下来远远高于节约的电费。其实，人们不应该只看重说明书上介绍的“耗电量”，而要选择功能适用的产品。

以电冰箱为例，目前市场上销售的节能冰箱品牌繁多，但表面省电的普通节能冰箱造成的其他损耗、产生的费用比高耗电量还可怕。如时间稍久鱼肉便流失了一大半营养，又得多跑一趟菜市场；新鲜的水果很快成了干果，等于白买；滋生的细菌更会直接影响家庭成员的健康……真正注重健康节能的电冰箱绝不会本末倒置——以影响食物储存为代价来达到单纯省电的目的，而是会全力营造一个更完美的环境，降低食物无谓损耗所形成的浪费，令人们健康无忧地去享受。

（2）“贵的＝好的”

贵的并非都是最好的，关键是要看价格是否合理。许多较高档的节能电器，也许每月的耗电量和其他浪费会少一些，但其价格却明显偏高。如节能冰箱A的每日耗电量比另一款规格基本相同的冰箱B低0.1度，仅此一项，A每年虽可比B节省几十元，但价格却比B整整高出几百元，即使B有其他更高的损耗，价格也显然比A合理许多。

2. 购买手机的误区

随着手机技术的不断完善和成熟，小小的手机可以实现的功能在不断地增多。这不，手机冲浪、手机炒股、手机购物等等，可以说手机时尚应用的热潮是一浪高过一浪。而且，随着手机价格的不断下降和消费者通信要求的不断提高，越来越多普通消费者都已经或者准备购买手机了。

但是，由于大多数消费者对手机各方面的知识认识比较有限，在购买手机时存在着许多误区，这直接影响到手机的使用。各个消费者的消费观念不完全一样，总的来说，消费者存在着下面的消费误区。

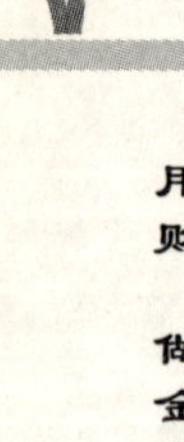

（1）“品牌手机最令人迷恋”

由于市场上手机的品牌和种类繁多，而且许多产品的价格定位都很高，如果我们过分追求品牌，最后的结果可能是花了高价钱，却并不能得到相应的产品品质保证。因为，许多品牌的手机因受先天条件限制，其产品最初的定价就比较高，以至于经过各种渠道上市之后，其售价就有些高的让人叹为观止。

另一方面，部分商家，甚至有部分厂家，为了牟取更高的利润，在柜台销售或在产品出厂时，就故意将手机的技术极限值作为手机适用值来进行推广，恶意吹嘘其产品性能。以此来定位价格，当然就造成了手机价格居高不下，名不副实的情况。

（2）“型号相同价格也应该相同”

也许，刚刚购买手机或者还没有购买手机的用户常常会有这种想法。他们往往简单地认为，手机型号相同的话，它的生产成本、销售费用也应该相同。其实，在讲究经济效益的年代，早已没有什么应该不应该的事情了。许多商家特别喜欢在价格上做文章，即使是同型号的手机，他可能会说出几种不同的价格，或者价格相同，他们就用那些假货、水货来蒙骗没有接触过手机或是刚买手机的用户，并且还大放厥词，胡乱吹嘘自己的手机如何如何的好，以诱惑你上钩。此时，我们应该多选几家销售商作比较，并可上网查询它的价格，以此来了解最低的价格。

3. 买保暖内衣的误区

保暖内衣的材料都会在内衣吊牌上标明，购买时不能只听营业员的介绍，还应该参照吊牌上的成分，小心一些消费观念的误区。

（1）“越厚越保暖”

有人认为，保暖内衣越厚越好，一件可以抵三件。可是，按照国家的检测标准，在同样重量同样厚度的情况下，测试内衣的保暖度，厚内衣和薄内衣相比，保暖度是没有可比性的。

（2）“抗菌内衣可以杀菌消毒”

实际上，做过抗菌处理的内衣可能会降低细菌繁殖的速度，减少异味，但是在洗涤过一次或几次之后，它就不具备这种功能了。

(3)“美体、瘦身内衣会让人更苗条”

所谓的美体、瘦身内衣跟内衣的纤维材料没有任何关系，因为纤维材料是不具备美体、瘦身功能的，这种内衣是根据人体线条来裁剪和设计的，所以穿上以后，只是看上去有美观的效果。

4. 买保健品的误区

如今的保健品琳琅满目，有美容保健品、缓老保健品、性保健品等等。实际上，许多人正不自觉地陷入购买误区。

(1)“多吃维生素E有美容作用”

近年来，不少人习惯将维生素E视为补品长期大剂量服用。的确，维E对于延缓衰老以及预防冠心病、高血脂等症有一定作用和疗效，通常人体对维E的耐受性良好，但大剂量长期服用可能造成视力模糊、头晕、恶心、腹泻以及其他胃肠道紊乱症状，改变内分泌代谢和免疫机制，因此服用维E还需遵从医嘱。

(2)“性保健品对人体没有坏处”

现在市面上早已出现了不少性保健品专卖店，对性功能障碍的病人，其实真正器质性病变造成的占不到30%，而心理性的一般占到70%以上。对于器质性的原因，应先到医院进行检查，服用保健品于事无补；对于心理性因素，大部分保健品也只能起到安慰作用。因此，对于市面上的性保健品应该慎选慎用，切忌只为贪图享乐而忽视了一些保健品的副作用，适得其反。

网上购物上当受骗

如今的网上购物很红火，也很时髦，许多网民纷纷加入进来，构成了一道崭新的购物风景线。然而，同商场购物相比，网上购物会受到种种限制，一旦产生误区，就会上当受骗。

网上购物，由于是新鲜事物，自然会让许多人趋之若鹜。实际上，网上购物也确实快捷、方便，省去了许多工夫和精力。但这其中许多情况是带着好奇性和盲目性的，一不留神，不是钱打了水漂，就是花钱买了水货，令人悔之不已。

1. 对网站认识的误区

目前，淘宝网与易趣网是知名度最高的两家购物网。这两家都是非常有实力的大公司。但是，外行的消费者往往认为在这样大的网站购买商品是很安全的，而实际恰恰相反。

淘宝网与易趣网实际提供的只是一个交易平台，就相当于提供了一个小商品市场，而在这个市场上卖东西的只是一些个人和普通店家。在这样一个市场环境里，虽然有很多诚实的卖家，但是，不能排除一些卖假货，甚至是完全欺骗性质的商家。很多商家只留有电话号码，没有实际地址，甚至连电话号码都没有，只有 QQ。所以，很难保证你买来的商品是真品，更难保证完好的售后服务。

因此，淘宝网与易趣网虽然是大公司，但是他们的属性决定了在他们网上销售商品的都是一些个人和普通店家，不能保证为消费者提供充分的保障。

与此相反，像当当网、卓越网、热蜂网、喜可龙邮购、小康之家邮购、七彩谷商城、北京便利网等购物网，都是一些专业的购物网站，他们与淘宝网、易趣网的区别就像是百货商店和小商品市场的区别。这些网站的经营行为，是一个公司与消费者之间的交易行为，他们会为了公司的信誉而保证货真价实，保证良好的售后服务、退货服务。因为，如果他们的服务不好、商品不好，就会毁了自己网站的声誉，进而影响了公司的发展；而淘宝网、易趣网的个人和店家是不可能为淘宝网、易趣网的声誉着想的。当然，淘宝网、易趣网也做出了相应的措施，比如使用支付宝、给店铺评分等等，但是这些并不能改变其本身固有的特性。

当然，对于专业型购物网站也有辨别技巧：

一是看网站是否有效存在。有些购物网站其实已经没有经营，但还可能在网上继续存在，这种网站，你一旦付款之后，将石沉大海。因此，要看该网站近期是否举办过促销活动，或者是否有能表明该网站还在经营的一些迹象。

二是看网站是否合法。购物网站要求有 ICP 证，有备案，有工商执照等，要注意该网站是否具有这些手续。

三是看网站的正规性与规模性。正规或者有实力的网站一般拥有多个不同的电话或者分机，有传真，有固定地点，或者有分公司。如果你看到的购物网站只留有手机号码和 QQ，最好不要在这样的网站购物。

四是网站是否专业。购买商品要选择专业网站，比如，当当网以卖图书和音像为主，所以最好不要在该网买衣服、珠宝等，因为那些只是他们商品的扩展，不够专业，自然无法与专业网站相比。

2. 对网上交易的误区

网上交易，具有很多隐秘性，面对面的机会很少。所以，网上交易比面对面交易要多留个心眼儿，以免吃亏上当。以下是网上交易存在的误区。

(1)“网上的商品都是真货”

网上的商品，由于商家和个体鱼龙混杂，其可靠性很值得怀疑，交易时切勿上当。例如：现在，网上的翡翠都说是天然翡翠，而据保守的估计，其中九成是 B、C 货。所以，你出价前一定要弄清是否货真价实。

(2)“卖家有质量保证就行”

千万不要相信卖家的A货保证。请你记住，无论在网上还是现实生活中，总有那么一部分人，做着对不起良心的事情，难道你买到假货后，会为几十元或几百元而花去时间和精力找他“算账”吗？所以，你唯一要相信的就是鉴定证书。如果鉴定证书是假的（你可以通过网上查询，或者打全国防伪免费电话8008301315查询，权威签定证书都有密码区，刮开后打电话就可以了），或者鉴定部门有误，就可以通过法律解决了。

(3)“商家代办产品证书就可靠”

有一部分商家标明可以代办证书，但要收取30～50元的费用，其实这也是一种误导。有人认为，既然商家可以做证书，就一定是A货了，而实际情况并非如此。

(4)“付款方式无所谓”

你付款时最好选择“支付宝”，这样，货到后，你满意商家才能拿到钱，购物就没有风险了；如果你直接付款，风险就相对大了很多。